경청

국제제자훈련원은 건강한 교회를 꿈꾸는 목회의 동반자로서 제자 삼는 사역을 중심으로
성경적 목회 모델을 제시함으로 세계 교회를 섬기는 전문 사역 기관입니다.

경청

초판 1쇄 발행 2006년 5월 18일
초판 7쇄 발행 2013년 2월 25일

지은이 조이스 허기트 **옮긴이** 윤관희
펴낸이 오정현 **펴낸곳** 도서출판 국제제자훈련원

등록 제22-1240호(1997년 12월 5일)
주소 (137-865) 서울시 서초구 서초1동 1443-26
e-mail dmipress@sarang.org **홈페이지** www.discipleN.com
전화 (02)3489-4300 **팩스** (02)3489-4309

ISBN 89-90285-30-5 03230

※ 책값은 뒤표지에 있습니다. 잘못된 책은 구입하신 곳에서 교환해 드립니다.

경청

Listening to Others

조이스 허기트 | 윤관희

국제제자훈련원

Listening to Others

Copyright ⓒ 1988, 1996 by Joyce Huggett

Published by Hodder and Stoughton

A Division of Hodder Headline Ltd

338 Euston Road London NW1 3BH

All right reserved.

Translated and used by the permission of Hodder and Stoughton

Korean translation copyright ⓒ 2006 by DMI Publishing,

1443-26, Seocho-1dong, Seocho-gu, Seoul 137-865, Korea.

본 저작물의 한국어판 저작권은 Hodder and Stoughton사와 독점 계약한 도서출판 국제제자훈련원에 있습니다.
신저작권법에 의해 한국 내에서 보호받는 저작물이므로 무단 전재와 무단 복제를 금합니다.

너무나 큰 빚을 진 앤에게

서문

"누군가가 당신의 말을 사랑으로 주의 깊고 정중하게 들어줄 때 어떤 기분이 듭니까?" 이것은 내가 기도나 결혼, 일반적 관계에 관한 세미나를 인도할 때마다 던지는 질문이다. 그에 대한 반응들은 대개 이렇다. "내가 소중한 존재라고 느껴집니다." "위안을 얻습니다." "힘든 상황 속에서도 꿋꿋이 살아갈 수 있는 자신감이 생깁니다." "내가 사랑받고 있다는 느낌을 받습니다."

"사랑받고 있다는 느낌을 받습니다." 이 얼마나 놀라운 반응인가! 누군가가 우리의 말에 귀 기울여 주고, 경청하며, 관심을 보여 주면, 우리는 깊이 사랑받고 있음을 느낀다. 스위스의 정신과 의사인 폴 투르니에가 말했듯이 "이해받고 있다고 느끼는 사람은 사랑받고 있다고 느끼고, 사랑받고 있다고 느끼는 사람은 이해받고 있다고 확신한다."

이 말은 다른 사람의 말에 귀를 기울인다는 것은 그 사람에게 천만금을 주고도 바꿀 수 없는 선물을 줄 수 있다는 뜻이다. 그러나 그런 선물을 주기란 생각만큼 쉽지 않다. 남의 말을 들어주는 것은 쉬운 일이 아니기 때문이다. 그러므로 듣는 것은 배우고 또 배우며 계속 발전시켜야 하는 일종의 기술이다. 이 책은 이 기술을 배우고 싶어 하는 사람들, 이 기술을 계발하고 싶어 하는 사람들, 듣는 것 자체가 사역이라고 믿는 사람들을 위한 책이다.

1988년 이 책을 처음 쓰기 시작하면서 듣기에 대한 나의 이해는 완전히 바뀌었다. 초판 원고의 서문에서 이야기한 대로 나는 다른 사람의 말을 경청하는 것을 내 기도의 일부로 생각했었다. 물론 지금도 그렇다. 묵상이 하나님과 그분의 세계에 푹 빠지는 것이라는 피터 도드슨의 주장이 사실이라고 나는 굳게 믿는다. 또한 진정한 기도의 행위는 수직적이면서 동시에 수평적이라는 성 베네딕트의 주장도 옳다고 믿는다. 기도하는 사람이 하나님과 연합되어 있다는 점에서 수직적이고, 기도자 자신이 속한 세상과 연합되어 있다는 점에서 수평적이다.

다른 사람의 기쁨이나 고통에 귀를 기울이는 것 역시 주님을 섬기는 것이라고 생각한다. 양과 염소에 관한 예수님의 비유가 기록되어 있는 마태복음 25장을 묵상하다가 이 같은 결론에 도달했다. 예수님은 여기에서 자신이 재림할 때 우리를 깜짝 놀라게 할 만한 일이 일어날 것을 비유로 말씀하신다(마 25:31~40).

"인자가 자기 영광으로 모든 천사와 함께 올 때에 자기 영광의 보좌에 앉으리니 모든 민족을 그 앞에 모으고 각각 구분하기를 목자가 양과 염소를 구분하는 것같이 하여 양은 그 오른편에 염소는 왼편에 두리라

그때에 임금이 그 오른편에 있는 자들에게 이르시되
내가 주릴 때에 너희가 먹을 것을 주었고
목마를 때에 마시게 하였고
나그네 되었을 때에 영접하였고
헐벗었을 때에 옷을 입혔고
병들었을 때에 돌보았고
옥에 갇혔을 때에 와서 보았느니라."

이에 놀란 '양들'이 언제 자기들이 그렇게 임금을 섬겼느냐고 물었다.

"임금이 대답하여 이르시되 내가 진실로 너희에게 이르노니 너희가 여기 내 형제 중에 지극히 작은 자 하나에게 한 것이 곧 내게 한 것이니라 하시고."

굶주린 자에게 먹을 것을 주고, 병든 자가 도와 달라고 부르짖는 무언의 외침에 귀를 기울이고, 누더기 옷을 걸친 자에게 옷을 건네주는 일은 심오한 뜻을 지닌 일종의 듣기 행위이다. 다른 사람의 고통, 동정, 기쁨에 귀를 기울이는 것 역시 마찬가지이다. 집에서 조용히 있을 때나 시끌벅적한 직장 속에 있을 때나 휴가를 즐기고 있을 때나 언제든지 그런 사람들에게 관심을 갖는 것은 색다른 방식으로 예수님 바로 그분을 섬기는 것과 같다.

나는 이 책 『경청』(Listening to Others)을 처음 쓰기 시작한 후로 주변 상황이 많이 바뀐 것에 대해 기쁘게 생각한다. 당시 나는 영국에 살면서 많은 대중 연설과 글쓰기, 그리고 상담을 했다. 지금은 인터서브(Interserve)라는 조직과 선교 동역을 하고 있다. 키프로스에 살고 있는 요즘의 주요 사역은 대중 연설 강단에 서는 것도 아니요, 글쓰기도 아니며, 바로 듣는 사역, 즉 키프로스에 살고 있거나 키프로스에 여행 오는 선교 동역자들에게 귀를 기울이고, 세계의 멀리 떨어진 곳에 가서 그곳에 있는 선교 동역자들에게 관심을 갖는 것이다. 그 결과 사랑하는 마음으로 남에게 관심을 갖는 태도가 가지고 있는 변화의 능력과 하나님과의 동역에 대한 나의 믿음은 더 깊어졌다.

우리의 동역은 상담이라기보다는 영적 휴식을 제공하는 것이다. 우리는 선교 동역자들을 위한 수련회를 준비하면서 그들에게 '하나님과의 휴가'에서 무엇을 얻기 바라는지 말해 달라고 한다. 또한 그들의 안부를 묻기도 한다. 그들이 우리와 나누고 싶어 하는 이야기를 다 듣고 나서 성경의 한 구절을 묵상한 후, 그 다음날 우리를 만나서 듣고 분별하는 훈련을 계속 받도록 한다. 우리의 목적은 이 사람들을 우리 편으로 만들려는 게 아니라, 그들을 하나님의 사랑 속에 깊이 잠기게 하기 위함이다. 우리는 이 사역을 하게 된 것을 굉장한 특권으로 생각하며, 그동안 하나님이 개인과 단체들에게 이 사역을 얼마나 놀랍게 사용하셨는지를 봐 왔다.

지금 나는 이 듣는 사역을 전임으로 감당하고 있지만, 아직도 이 책에서 설명하는 종류의 통찰력과 같은 기본으로 되돌아갈 필요가 있다. 우리같이 해외에서 사역하는 그리스도인들은 종종 깊이 있게 나눌 사람이 가까이에 아무도 없기 때문에, 편지나 카세트테이프나 전화로 많은 사람들과 연락을 주고받는다. 마찬가지로 나도 또한 내가 영국에서 당연하게 여겼던 기댈 만한 사람들이 전혀 없는 외국에서 살고 있기 때문에, 도움을 받기 위해 편지와 팩스, 카세트테이프, 전화 통화, 속으로 울부짖는 호소로 의사소통을 할 수밖에 없는 처지이다. 이런 종류의 의사소통에 민감하게 귀를 기울이는 법을 알고 있는 사람들에게 감사하다. 편지에 즉각 귀를 기울이고 반응하는 데 은사가 있는 사람들, 사랑 가운데서 다른 사람들의 느낌을 금방 알아채고 반응하는 사람들, 그리고 전화나 팩스를 통해 '거룩한 음성'에 귀를 기울이거나 카세트테이프에 그것을 녹음해서 보내는 사람들 말이다. 바로 그런 이유 때문에 나는 첫 번째 책 후반부에 부록을 덧붙였다. 바라건대 그것이 이 책 독자의 안목을 넓혀 주고, 남의 말을 잘 듣는 사람이 되기 위해 반드시 '현장에' 있을 필요는 없다는 점을 일깨워 주었으면 한다. 우리 모두는 가깝거나 멀리 있는 친척, 친구, 아는 사람들에게 귀를 기울이는 법을 배울 수 있다.

    내가 왜 개론서 같은 책이 아니라 자서전적 방식으로 이 책을 썼는지 의아해하는 독자도 있을 것이다. 거기에는 두 가지 중요한 이유가 있었다. 하나는 남의 말을 듣는 것을 배우는 것은 우리들 대부분이 종종 개인적 위기를 겪을 때, 점차 터득할 수 있는 일종의 기술이라는 것을 보여 주기 위함이었다. 두 번째는 남의 말을 들어주는 태도가 필요한 사람들의 연약성을 강조하기 위해서였다. 그런 연약성은 약점으로 생각해서는 안 된다. 오히려 특별하고도 소중한 치유 사역을 담당하기 위한 자격이 될 수도 있다.

1995년 키프로스에서

조이스 허기트

감사의 글

"현재 우리가 누구이고, 앞으로 어떤 사람이 될 것인지는 대개 우리를 사랑하는 사람들에게 달려 있다." 존 포웰의 이 주장은 내가 이 책을 쓰면서 누군가에게 얼마나 감사의 빚을 지고 있는지에 대해 어느 때보다 더 확실히 깨닫게 되었을 때, 새로운 의미로 다가왔다. 자신을 희생하면서 나를 돌보아 주고 내 인생에 영향을 미친 분들에게 이 자리를 빌려 감사를 표하게 되어 기쁘다.

먼저 결혼 서약을 준수하고, 기쁠 때나 어려울 때나 끝까지 나를 사랑해 준 남편 데이비드에게 감사한다. 둘째로, 여러 번 나를 치유하는 하나님의 도구로 자신을 드린 앤 롱에게 감사를 표한다. 이 두 사람의 헌신적인 사랑과 지속적인 돌봄이 없었다면 나는 상처받은 마음에서 결코 회복될 수 없었을 것이다. 또한 오늘날 내가 누리고 있는 성숙함에 결코 이르지 못했을 것이다.

로버츠 거리와 가장 최근에 살았던 오스트레일리아의 퍼스에서 '어린아이'였던 나에게 모든 사랑을 쏟아 부은 오빠 레이에게 감사를 드리고 싶다. 그는 나보다 우리의 어린 시절을 더 잘 기억하고 있다. 그의 도움이 없었다면, 나는 우리 이웃들의 이름을 기억해낼 수 없었을 것이다.

이 책이 나오기까지 나를 위해 기도해 준 분들께도 심심한 사의를 표한다. 이 특별한 작품을 낳는 산고는 계속됐고, 때로는 고통스러웠다. 신실한 친구들은 기도하기를 멈추지 않았고, 어느 가정은 내가 평안한 마음으로 기도하고 글쓰기를 계속할 수 있도록 먹고 쉴 수 있는 장소까지 제공했다. 그들의 도움과 염려와 관심에 대해 어떻게 감사를 표현해야 할지 적절한 말을 찾지 못할 정도이다.

편집자 팀 앤더슨과 개인 조교인 샬럿 스원은 특히 실제적인 도움과 조언을 아끼지 않았다. 팀은 훌륭한 격려자이다. 그와 대화를 하면 생각이 맑아져서 편집자-저자의 동역 관계를 더욱 더 소중하게 여기게 되었다. 샬럿 역시 이 책이 막 시작 단계였을 때 책의 가치를 믿어 주었다. 그녀는 원고를 반복해서 읽고, 기발한 제안을 해 주었고, 철자법 수정, 참고 문헌 편집, 그리고 인용문 확인 같은 따분하고 시간이 많이 걸리는 작업을 함으로써 내 짐을 덜어 주었다. 그녀는 뒤에서 묵묵히 감당하는 그런 일들을 언제나 그렇듯이 성실하고도 효율적으로 해냈다.

내 인생에 풍성한 삶을 시작하게 도와준 로버츠 거리에 사는 동네 사람 각각에게도 감사를 드리고 싶다. 그들이 없었다면, 이 작업은 엄두도 못 냈을 것이다. 내가 할 수 있었던 것이라고는 아서 드라울리와 도린 드라울리와 다시 연락을 한 것인데, 데이비드와 내가 전임 사역에 헌신하도록 일깨워 준 것에 감사를 드린다.

마지막으로, 한때 우리와 함께 사역했고, 내가 이 책에서 묘사하는 많은 부분의 고통을 무심코 가져다 준 일레인에게도 고마움을 전한다. 원고를 마친 후 한때는 긴장 관계였던 우리 사이의 일을 출판해도 되겠냐는 허락을 얻기 위해 편지를 보냈을 때, 그녀는 훈훈한 답장을 보내왔다. "내 허락이나 권리는 흔쾌히 사용해도 됩니다. 우리의 혼란한 세상을 회복시킬 수 있는 한마디 말이나 노래 하나라도 당신이 쓴다면, 하나님이 섬김을 받고 영광을 받으실 것입니다."

분에 넘치는 사랑이 담긴 이 용서와 화해의 편지는 나를 겸손하게 만들었고, 놀라게 했다. 일레인은 우리가 함께 보낸 해에 대한 오랜 기억을 이렇게 기록한다. "당신의 집에는 멋있고, 웃음 짓는 총명한 당신의 아들, 딸과 당신의 웃음이 늘 있었지요."

그녀는 남편과 사랑스런 그녀의 아이들과 같이 찍은 사진 한 장을 보냈다. 그들은 지금 내 서재 벽에서 나를 향해 미소를 짓고 있다.

당신에게 다가가며

당신의 고통을 느끼기에
그 상처를 어루만져 주고 싶고,
저만치 떨쳐 버리기를 원합니다.

저도 압니다.
당신이 처해 있는
어두운 골짜기의
깊이와
넓이를
진정으로 모른다는 것을.

나는 진정 모릅니다.
당신의 영혼 속에
꽂혀 있는 비수가 얼마나 날카로운 것인지를.
그것은 그 고통 속에 있는 자가 내가 아니라
바로 당신이기 때문입니다.

하지만 나도 여러 번 골짜기를 지나왔습니다.
그리고 내 마음 한 구석에는
여전히 비수에 찔린 상처가 남아 있습니다.

하지만

내가 할 수만 있다면,

당신이 걸어간 길을 걸어가고,

당신의 고통을 끌어안고 싶습니다.

지금은 그렇게 할 수 없습니다.

하지만 아마도

어디에선가

어둠 속에서

나는 당신이 잡을 만한 손길이 될 것입니다.

어디에선가 당하는 비참한 고통을

이겨내도록 해 보세요.

하지만 그럴 수 없다면,

내가 당신을 돌아보고 있다는 것을 안다는 것만으로도

조그마한 위로가 될 겁니다.

— 크리스틴 릭덴

목차

서문 _ 6
감사의 글 _ 11

1 긍휼의 씨앗 _ 16

2 위기 극복 _ 39

3 토끼굴 그리스도인 _ 63

4 사람이 더 중요하다 _ 85

5 경청하는 법 배우기 _ 109

6 듣고자 하는 마음 _ 135

7 소중한 것을 잃은 이들 _ 163

8 과거의 상처 돌아보기 _ 189

9 과거와 화해하기 _ 219

10 우울증에 걸린 사람 돌보기 _ 251

11 바퀴살 _ 279

12 기쁨에 귀 기울이기 _ 309

13 부록 _ 323

주 _ 348

1
긍휼의 씨앗

 반 짝 거 리 는 검은 다임러 자동차가 내가 살던 로버츠 거리 24번지와 맞은편 빨간 벽돌의 교회 사이를 미끄러지듯 조용히 지나갔다. 서서히 움직이는 그 차를 나는 뒤쫓아 갔다. 그 차는 로버츠 거리와 프랭클린 가 모퉁이에 있는 웨버의 단아하고도 비좁은 식료품 가게를 지나서, 로버츠 거리와 템플 거리에 있는 볼트의 정육점을 지나서, 하트 부인이 늘 물건을 사는 평범한 유제품 가게를 지나갔다. 하트 부인은 남편과 몸집이 작은 아들 배리와 함께 그 가게 정반대 편에 살고 있었다. 오후 2시 정각, 그 다임러가 멈춘 곳은 조그만 테라스가 딸린 그녀의 집, 즉 5번지였다.

그 차가 부르릉거리며 24번지를 지나는 것을 엄마와 나는 침실의 창으로 지켜보았다. 무거운 레이스가 달린 커튼은 엄마와 나를 가려주면서도 엄마가 그 커튼을 아주 살짝만 걷어올리면 우리 침실은 리무진과 그 안에 탄 검은 양복의 운전사, 그리고 역시 검은 정장을 한 그의 친구를 볼 수 있는 특별관람석이 되었다. 그때 네 살이었던 나는 호기심으로 가득 차 커튼 안쪽에서 창문 유리에 코를 납작하게 대고는 다음에 무슨 일이 일어날지 기다렸다.

로버츠 거리에는 자가용을 가진 사람이 아무도 없었기 때문에 길가에 차가 한 대라도 주차해 있으면 엄청난 관심을 모았다. 이번 일도 그랬다. 잠시 후 아주머니들 몇몇이 교회 앞에 모여들었고, 신문 기자는 특종 냄새를 맡은 것처럼 하트 씨 집이 보이는 공중전화 박스 근처에 서 있었다.

엄마 역시 무슨 일이 일어날지 계속 지켜보고 계셨고, 나도 덩달아 궁금해 하며 엄마 곁을 서성거렸다. 얼마 후 그 검게 빛나는 다임러는 다시 우리 집 앞을 지나서 레드포드 거리 쪽으로 향했다. 그 뒤를 검은 정장을 입은 사람들이 따랐고, 그 뒤에는 노랑, 흰색, 진홍색, 보라, 빨강 등 형형색색의 꽃들로 뒤덮인 상자가 있었다. 내 평생 그렇게 많은 꽃은 본 적이 없었다. 그리고 그토록 아름다운 상자도 본 적이 없었다. 당연히 그게 뭔지 알고 싶었다.

교회 앞 수다스러운 아줌마들이 그 행렬의 마지막까지 지켜보다 흩어졌고, 엄마는 배리 하트가 예수님과 함께 사는 세상으로 갔다고 이야기해 주었다.

네 살짜리 아이의 생각으로 어떻게 그토록 복잡한 색깔을 띤 그날을 정확하고 자세하게 짜 맞출 수 있었는지 기억나지는 않는다. 어두운 검정의 장례식 행렬, 침묵이 흐르는 음산한 색깔의 어린아이 크기의 관, 밝은 색깔의 화환들, 그리고 평소의 분주하고 활기찬 거리를 뒤덮어버린 따분할 정도의 갑작스런 침묵 등. 뿐만 아니라 주일 학교에서 배운 대로라면 사랑하는 친구인 예수님을 만나러 가는 굉장히 기쁜 날인데 다들 너무나도 슬퍼하고 있다는 현실을 내가 어떻게 받아들였는지 기억이 나지 않는다. 다만 기억나는 것은 이 슬프고도 갑작스런 죽음이 엄마와 로버츠 거리에 몰고 온 결과이다.

그 후로 엄마는 하루 종일 힘없이 슬퍼하는 것 같았다. 이런 엄마의 표정은 내가 식탁에 앉아 찬장 안에 있는 세인트브루노 담배통에 들어 있는 옛날 사진들을 뒤적거릴 때마다 늘 보던 것이었다. 그때마다 우리의 대화는 똑같았다. 내가 사진을 한 장씩 보면서 "이 사람 누구에요?"라고 물으면, 부모님은 전에도 여러 번 대답했지만 다시 한 번 인내심을 가지고 그 사진에 관련된 뒷이야기를 다시 이야기해 주는 그런 식이었다.

특별히 사진 한 장이 내 흥미를 끌었다. 그것은 부모님이 무덤이라고 부르던 풀이 덮인 아주 작은 언덕이었다.

"이게 뭐예요?"

"모리스가 있는 곳이란다." 아빠가 대답하셨다.

"모리스가 누군데요?" 계속 질문했다.

"너의 오빠가 될 수도 있었는데, 네가 태어나기 전에 죽었단다."

"왜 죽었죠?"

"태어났을 때 청색병에 걸렸기 때문이란다."

이 설명은 언제나 나의 당돌한 질문을 막아버렸고 그 다음 사진으로 넘어가게 만들었다. 그 사진은 오래되어서 거의 갈색으로 변해 버렸고 귀퉁이는 너무 많이 만져서 낡았다. 나는 어렸지만 '청색병 아기'라는 단어를 알고 있었다. 그것은 로버츠 거리에 사는 어른들이 배리 하트를 이야기할 때 늘 사용하던 단어였기 때문이었다. 그것은 정확한 묘사였다. 가끔 유제품 가게에서 엄마와 함께 배리를 만났는데, 그는 입술이며 얼굴이며 손가락 끝이 모두 잉크처럼 푸른색을 띠고 있었다. 나의 건강한 얼굴인 장밋빛 뺨과는 정반대였다.

어른이 된 지금, 그날 엄마가 왜 그렇게 눈사람처럼 창백하게 슬퍼했는지 이해할 수 있다. 배리와 모리스는 틀림없이 둘 다 비슷한 나이, 대략 세 살쯤 죽은 것 같았다. 그날 오후 식료품 가게 주인이 전화를 했을 때, 엄마는 "그들이 정말 불쌍해요."라고 했다. 엄마의 많은 고통스런 기억들이 다른 아이의 장례식을 볼 때마다 생생하게 다시 떠오른 것이다.

로버츠 거리에서 배리의 죽음에 영향을 받은 사람은 엄마뿐이 아니었다. 로버츠 거리의 온 동네가 강한 충격에 휩싸였다.

로버츠 거리는 붉은 벽돌로 지은 집들이 두 줄로 단조롭게 늘어서 있었다. 옆집과의 거리가 너무나 가까워서 비밀을 갖고 싶어도 도저히 그럴 수 없을 정도였다. 이 동네의 단점은 개인적인 고통조차도 곧 동네 문제가 된다는 것이고, 장점은 그 문제를 서로 나눈다는 것이다. 동네 사람들은 서로가 서로를 돌보아 주었다. 동네 아주머니들은 공중전화 박스 옆에 모여 끊임없이 관심과 염려를 나누었다. 이 동네에서는 '무슨 일이 생기면 우리한테도 알려라.'는 것이 암묵의 규칙쯤 되었다.

로버츠 거리의 또 다른 좋은 점은 한 사람이 고통을 당하면 마을 전체가 그 사실을 같이 아파하고 그렇게 행동한다는 것이다. 마을의 누군가가 슬픈 일을 당하면 마치 2월에 안개가 짙을 때 찾아오는 우울함과 같은 적막함과 침묵이 모든 이웃에게도 찾아왔다. 장례식 후 며칠 동안 집 밖의 거리에는 평상시와 달리 노는 아이가 한 명도 없었다. 정원 역할을 하는 로버츠 거리의 뒤뜰에서 공을 튕기며 노는 아이도 없었다. 학교에서 집으로 오는 길에 휘파람 부는 아이도 한 명 없었다. 감히 라디오 볼륨을 크게 틀어 놓거나 웃는 사람도 없었다. 만약 그렇게 한다면 몰상식이나 실례의 극치를 드러내는 것이었다. 그들은 진심으로 슬퍼하고 있었다. 로버츠 거리의 어느 가정에 죽음이 찾아오면 다른 모든 사람들에게도 찾아왔다. 비극이 닥치면 모두가 그것을 겪었다. 우리는 하나였다.

아무도 이 사람들에게 긍휼이란 단어가 두 개의 라틴어 단어 *pati*와 *cum*이 합쳐서 '함께 경험하다'라는 뜻을 의미하는 말에서 유래한다는 것을 가르쳐 준 적이 없다. 그 누구도 그들에게 '긍휼한 마음이란 상처받은 자에게 찾아가서 고통을 같이 나누고, 상한 마음과 공포, 혼란, 고뇌를 함께 겪는 것'이라고 가르친 적도 없다. 또한 '긍휼을 품으면 고난에 빠진 사람들과 같이 울고, 외로운 사람들과 같이 슬퍼하며, 애통하는 사람들과 같이 울고, … 힘없는 사람들과 같은 처지가 되고, 연약한 사람들과 같이 연약해지며, 권세 없는 사람들과 같은 처지를 맛보게 된다.'는 것을 그들에게 가르쳐 준 사람도 아무도 없다. '긍휼은 가장 인간다운 상태에 완전히 몰입하는 것'을 의미한다고 가르쳐 준 사람도 아무도 없다.[1] 그러나 이 사람들은 본능적으로 긍휼 그 자체를 소유하고 있었다. 그들에게 긍휼은 가히 본능적인 것이었다. 그들은 자연스럽게 떠오르는 대로 행동할 뿐이었다.

내가 태어난 바로 이곳은 민감하고도 긍휼이 풍성한 동네였다. 전쟁이 도시들을 파괴했을 때조차도 내가 있던 곳은 이 사랑의 마을이었다. 다른 사람들에게 관심을 갖는 것이 사람의 본질임을 깨닫게 된 곳도 바로 이 돌봄의 지역공동체에서였다. 누군가 이 사실을 나에게 가르쳐 준 것이 아니다. 로버츠 거리에서 다른 사람들을 돌보아 주는 것은 배운 것이 아니라 그냥 체험하는 것이었다. 나도 매우 어린 나이에 그런 개념을 자연스럽게 터득하게 되었다.

엄 마 의   모 범

그 당 시 에 는 미처 깨닫지 못했지만, 배리의 죽음에 대한 사람들의 반응은 감수성이 예민한 내 성격에 큰 영향을 미쳤다. 2차세계대전이 로버츠 거리의 행복과 평화를 점점 더 빼앗아 갈 무렵, 긍휼과 돌봄에 대한 나의 훈련은 새로운 전기를 맞이했다. 그와 같은 격랑의 세월을 겪으면서 살아남은 사람들 사이의 유대감은 임박한 위기로 인해 더욱 강해졌다.

로버츠 거리에서 우리와 가장 가까운 이웃은 중년이 넘은 랭미드 부인이었다. 뚱뚱한 그녀는 류머티즘과 난청으로 고생하고 있었다. 집안에서 이 방 저 방으로 절뚝거리며 걸어 다니던 그녀의 모습은 마치 온몸이 삐걱거리는 소리를 내는 것처럼 보였기 때문에 내 관심의 대상이었다. (그 이상한 소리가 그녀의 몸에서 나는 것이 아니라 코르셋 때문이라는 것을 몇 년 뒤에 알게 되었다. 내 오빠들과 그 친구들은 그녀가 두목 행세를 한다고 비난했다.) 그것은 그녀가 문 앞에서 몇 시간 동안이나 서서 그들이 길가에서 노는 것을 지켜보다가 혹시라도 공이 창문 가까이에 튀어오거나 시끄러운 소리가 나면, 화를 내며 지팡이를 흔들며 딴 데 가서 놀라고 소리쳤기 때문이었다.

하지만 늘 심술궂은 것만은 아니었다. 가끔 상냥할 때도 있었다. 엄마와 나를 자기 집으로 초대했을 때이다. 그때 나는 까만 가죽 쿠션에 앉아 크고 둥근 테이블을 덮고 있는 검은 벨벳 천의 감촉을 느끼면서 무미건조한 그녀의 거실에서 중심 역할을 하는 거무죽죽한 납으로 만든 난로를 뚫어지게 쳐다보았다. 그 난로 위에는 전체가 완전히 까만 주전자가 터줏대감처럼 얹혀 있었는데, 늘 노래하며 때로는 공기 속으로 물방울을 내뿜으며 시퍼렇게 달구어졌다. 벽난로 선반 위에는 목에 검은 쇠사슬을 맨 흑백 얼룩무늬의 개 한 쌍이 우리를 아래로 내려다보고 있었다. 개 두 마리 사이에는 시간마다 예쁜 종소리가 울려서 나를 아주 즐겁게 해 준 오래된 시계가 있었다. 나는 그 종소리가 들리면 손가락을 입술에 갖다 대고는 이야기 중이던 어른들에게 "쉬!"라고 말하곤 했다. 레잉(내가 부인을 부르는 애칭)이 겨울날 오후에 우리를 초대하면, 나는 행복에 겨워 어쩔 줄 몰라 했다. 왜냐하면 그녀가 손에 긴 밀랍 초를 들고 당시 유일한 조명이었던 가스 불을 켜고는 빅토리아 시대풍의 물건들이 늘어져 있는 자기 집으로 우리를 맞이했기 때문이었다.

전쟁이 일어나자 엄마는 레잉을 걱정했다. 가벼운 천둥만 울려도 어쩔 줄 몰라 하는 그 노부인을 걱정해서 계단 아래에 있는 숯 찬장 속으로 그녀를 숨겨 줄 정도였으니 말이다. 그 노부인은 계속되는 사이렌 소리와 폭격기가 급강하 하면서 내는 그 소름끼치는 굉음을 도대체 어떻게 견뎌 냈을까?

엄마의 걱정을 덜어 주고 레잉의 안전을 확보하기 위해 우리는 그녀의 집과 우리 집 사이의 벽을 뚫고 서로 연락을 취할 수 있도록 했다. '웡' 하는 사이렌 소리가 속이 메스꺼울 정도로 크게 들려오면 우리 온 가족은 즉시 집 계단 밑에 있는 찬장 속으로 비집고 들어갔다. 그곳은 떨어지는 파편의 위험으로부터 우리를 안전하게 보호해 줄 수 있는 유일한 곳이었다. 마찬가지로 레잉도 경직되고 육중한 몸을 가누어서 자기 집 찬장 속으로 들어갔다. 모두 그곳에 자리를 잡았다 생각되면 우리는 벽을 세 번 두드렸고 레잉이 같은 방법으로 대답하면, 우리는 그녀가 안전하다고 안심했다. 그리고 우리는 '공습 해제 경보'가 울릴 때까지 그 은신처에서 쭈그리고 있다가 경보가 울리자마자 한 명이 26번지로 가서 레잉이 다친 데가 없는지 확인했다. 나는 이런 식으로 레잉을 돌보는 책임을 맡은 것에 흡족했다.

항상 나는 구슬픈 사이렌 소리가 사라지기 전에 나는 우리 집 계단 아래에 있는 찬장 속으로 달려가 가스계량기가 째깍거리는 벽에 몸을 바짝 붙이고는, 벽을 쾅쾅 치면서 최대한 목청껏 소리를 질렀다. "레잉! 레잉! 내 말이 들려요?"

언젠가 기억에 남는 날이 있는데, 일상적인 경고 사이렌이 동네의 평온함을 깨뜨렸다. 나는 여느 때처럼 찬장 속으로 뛰어 들어가 오른 주먹으로 벽을 두드렸다. 주먹이 벌겋게 되어 아플 때까지 두드렸는데, 레잉은 아무런 대답을 하지 않았다. 분명히 못 들었다고 생각한 나는 가서 사이렌이 울렸다고 말해 주어야겠다고 생각했다.

그때쯤 우리 가족은 앞쪽 방에 모리슨 은신처라는 공간을 마련했는데, 이런 혼란의 시기에 피신처로는 금상첨화였던 최상의 방이었다. 아빠와 오빠들은 이 피신처로 기어들어 갔지만, 나는 문으로 뛰어나갔다. 내 생각을 눈치 챈 엄마는 내 뒤를 곧장 쫓아왔지만, 엄마보다 더 민첩한 내가 먼저 거리에 도착했다. 짙은 녹색 문을 뛰쳐나가자마자 비행기가 날아오는 무시무시한 소리가 들렸다. 26번지로 재빨리 뛰어갔지만, 나는 결국 비행기 동체가 우리 집 정반대편에 있는 집의 슬레이트를 거의 휩쓸고 지나가는 장면을 목격했다. 엄마는 뒤에서 뭐라고 외쳤지만, 소리를 못 듣고 레잉이 안전한지 확인하기 위해 안으로 뛰어들어 갔다.

레잉은 육중한 몸을 찬장 쪽으로 질질 끌고 가고 있었다. 그녀는 흔들의자에서 잠이 들어서 내가 두드리는 소리를 듣지 못하다가 갑작스런 비행기 엔진 소리에 화들짝 놀랐던 것이다.

"빨리 집에 돌아가거라." 그녀는 우리 집 쪽으로 지팡이를 흔들며 재촉했다. "레잉은 무사하다고 말해 주렴."

그녀의 목소리에 질겁한 나는 가능한 빨리 24번지로 허둥지둥 돌아왔다. 엄마는 빨간 벽돌 담벼락에 몸을 기대고 우리 집 밖에 서 있었는데, 얼굴이 사시나무처럼 창백했다. 그리고 매우 화가 나 있었다.

"일단 집에 들어가서 보자. 너 때문에 엄마가 거의 죽을 뻔했어." 그녀는 감히 거부할 수 없는 목소리로 꾸짖으며 문을 쾅 닫고는 나를 집안으로 끌고 들어갔다.

사실 엄마가 나를 쫓아왔을 때, 비행기에서 한 다발의 총알이 발사되었던 것이다. 파편 한 조각이 아주 미세하게 엄마를 스쳐 지나가서 앞쪽 창문을 깨뜨리고 아빠와 오빠들이 쭈그리고 있었던 모리슨 피신처의 강철 지붕 위에 떨어졌었다.

엄마가 친척들과 이웃들에게 이 이야기를 할 때마다 뾰족한 탄환 조각을 보여 주면, 나는 창피해서 얼굴이 빨개졌다. 내 무모함 때문에 엄마가 죽을 뻔했던 것을 생각하면 소름이 쫙 끼쳤다. 하지만 이 사건이 다른 사람을 도와주려는 내 간절함을 꺾지는 못했다. 이때쯤 긍휼의 씨앗이 내 마음속 깊이 뿌리내린 것 같다.

아 빠 의 모 범

아 빠 도 엄 마 처 럼 긍휼의 마음이 많았다. 저녁때면 신문과 성경을 읽고 난 아빠는 이렇게 말하며 나가곤 했다. "연로한 데이비 부인을 찾아뵈어야 하겠는데." 또는 "존즈 부인을 뵈러 간다. 금방 올 거야." 그들은 집안에서만 지내는 노부인들이었다. 아빠는 그들과 함께 자신의 여가 시간을 보내곤 했다. 그 부인들의 인생은 아빠의 방문 덕분에 견딜 만했을 것이다.

누군가 직장을 잃거나, 자살하려 했거나, 병원에서 막 퇴원했거나, 사랑하는 사람을 잃었다는 소식이 들리면 그들을 찾아가는 것은 늘 아빠였다. 그는 세상에서 가장 훌륭한 보호자였다. 긍휼에 관한 책 하나 읽은 적은 없지만, 그리스도의 인격으로 충만했던 아빠는 고난과 고통의 순간에 누군가 옆에 같이 있어 줌으로써, 해결책을 제시해 줄 수 없더라도 그저 힘이 되며 위로와 평안을 주는 것이 가장 중요함을 본능적으로 알고 있었다.

아빠는 어른들뿐만 아니라 아이들도 돌보았다. 엑서터소년단원대회에서 처음으로 훈련대장이자 책임자를 맡아 달라는 초청에 응한 것도 노동자 계층의 아이들을 향한 아빠의 관심 때문이었다.

로버츠 거리에 있는 집들은 정원이 없었다. 거리의 뒤쪽에 있는 손바닥만한 마당은 시끄럽게 뛰놀 아이들의 놀이터로는 턱없이 작았다. 가끔 우리는 근처의 공원에서 놀았지만, 대부분은 거리에서 놀았다. 우리들에게는 보이 스카우트이나 걸 스카우트 같은 조직이 필요했다. 그것이야말로 우리의 에너지와 창조성을 뿜어낼 수 있는 분출구였으며 인성 훈련 단체였다.

아빠는 자신의 책임 하에 소년들을 훈련시키는 일에 전력을 다했다. 여름에는 캠프에 데려갔고, 겨울에는 나팔과 드럼과 심벌즈 연주를 배우도록 격려했다. 밴드는 갈수록 발전했다. 그는 항상 자신이 대장이 아니라 자신이 섬기는 예수님이 대장이심을 일깨워 주었다. 이와 같은 그의 훌륭한 선행으로 그는 청각장애학교의 교장 선생님을 비롯해 많은 이웃 사람들의 존경과 애정을 한 몸에 받았다.

1940년대에 청각장애학교의 교장 선생님이었던 케틀웰 씨는 아빠에게 찾아와서 자신이 하고 싶은 교육을 시도하려는 데 아빠의 도움이 필요하다고 했다. 그 학교의 아이들은 모두 태어나면서부터 청각장애인이다. 조금도 들리지 않기 때문에 정상의 아이들처럼 부모로부터 언어를 습득할 수 없었다. 그 학교의 교사들이 당면한 주요 과제는 이 아이들에게 정상인들과 의사소통을 할 수 있도록 말하는 법을 가르치는 것이었다. 그는 학습을 촉진시킬 수 있는 한 가지 방법으로 들을 수 있는 아이들과 섞여 어울리는 것을 생각해냈다. 그래서 아빠한테 이런 뜻을 전하면서 소년단원들과 청각장애 소년들을 같이 어울릴 수 있을지 물었다. 아빠는 동의했다.

청각장애 소년들이 보이 스카우트 단원들과 함께 어울리게 되었을 때 그 아이들은 당연히 아빠를 좋아하게 되었다. 토요일이면 아래편 도로에 있는 우체국이나 신문 판매대로 가는 길에 가끔 우리를 보기 위해 집에 들르곤 했다. 우리 집에서는 자기들이 언제나 환영받는다는 것을 알았기 때문이다.

"아빠는 그 아이들이 무슨 말을 하는지 어떻게 알아듣죠?" 아빠한테 물었다.

그 소년들은 모음은 매우 쉽게 발음할 수 있었지만, 자음은 대부분 빠뜨렸다. 그래서 아빠의 이름을 부를 때는 두긋 씨가 아니라 '이-어 우-우'라고 부르곤 했다. 그럴 때면 나는 무척 당황스러웠다. 그들의 목소리는 항상 비음이 섞여 있어서 집중이 어렵고 듣기 거북했다.

"인내심을 갖고 주의 깊게 들어보면 너도 익숙해질 거다." 아빠는 이렇게 대답했다.

"그리고 그 애들한테 어떻게 말하죠?" 끈질기게 물었다.

그러면 아빠는 몇 가지 규칙을 가르쳐 주었다. "그들이 너의 입술을 읽을 수 있도록 빛을 너의 얼굴에 비춘다고 생각해 봐라. 천천히 하지만 자연스럽고 조심스럽게 말하면 된다. 그 아이들은 귀가 아니라 눈으로 듣고 있기 때문에 너를 뚫어지게 쳐다보더라도 신경 쓰지 말아라." 나는 아빠가 이 규칙을 적용하는 것을 잘 관찰했다.

때때로 아빠도 무슨 이야기가 오고 가는지 이해하지 못하는 경우도 있었다. 그럴 경우 소년들은 아빠한테 무슨 '말'을 해야 할지를 종이에 쓰기 전에, 자기들끼리 먼저 수화로 '이야기'를 나누곤 했다.

어린 시절의 출발

아이들은 부모를 모방하는 것을 좋아하는데, 나도 예외는 아니었다. 그래서 청각장애학교에 다니는 소녀들이 내가 활동하던 걸스카우트에 참여했을 때 나도 아빠를 흉내 내면서 그들과 의사소통을 하려고 최선을 다했다. 나와 애들 모두가 기쁘게도 내가 분명하게 말하면 그들이 내 말을 이해했고, 나 역시 그들이 낸 소리와 문맥을 매우 주의 깊게 들으면, 그들이 말하는 내용도 대개 이해할 수 있었다. 그 소녀들은 내가 신뢰하는 친구들이 되었고, 케틀웰 씨가 나를 그 학교에 초대해서 그 애들과 언덕에서 놀 수 있게 해 준 때는 내 어린 시절에서 가장 중요한 시기였다.

걸 스카우트 중 몇몇 아이들은 '바나도 의사의 집'에서 온 아이들이었다. 엄마는 그 집에 있는 아이들은 부모나 가정이 없기 때문에 큰 집에서 같이 모여 살고 있다고 설명해 주었다. 나는 엄마나 아빠, 오빠가 없이 산다는 것보다 더 끔찍한 건 없다고 생각했다. 그래서 걸 스카우트에서 이 아이들을 가끔씩 집에 초대해서 차를 마시는 시간을 가질 사람을 모았을 때, 나는 자원했다.

우리 집은 비좁았다. 위층에 침실 두 개와 아래층에 방 두 개, 즉 방이 네 개밖에 없었다. 각 방은 1평방미터도 채 되지 않았다. 게다가 편의시설이라고는 거의 없었다. 욕실도 없고, 따뜻한 물도 안 나오고, 화장실은 뒷마당에 있었다. 우리는 가진 돈도 거의 없었다. 아빠는 빵집 주인이었지만, 수입이 적어서 엄마가 동네 중심부에 위치한 카페에서 종업원 일을 해야 했다. 그러나 주일 오후, 한 달에 한 번쯤은 바나도 의사의 집에 사는 소녀들을 초대해서 차를 마셨고, 안방은 사람들의 흥겨움과 웃음으로 가득 차곤 했다. 우리가 베풀 수 있는 얼마 안 되는 것이라도 다 나눴다. 전쟁은 계속되었고 식량은 배급받아서 먹어야 했지만, 어쨌든 우리는 늘 부족함이 없었다. 우리는 모두 그런 생활을 좋아했다. 그 경험은 긍휼이 많은 사람들일수록 풍성한 생활을 누린다는 것을 일깨워 주었다. 그런 사람들은 조그만 것이라도 혼자 움켜잡으려 하지 않으며, 그것이 가장 필요한 사람들에게 기꺼이 나누어 준다. 긍휼이 많은 사람들은 그러한 돌봄이 손해가 되더라도 지속적으로 돌보는 삶을 산다. 그런 비용을 기꺼이 감수하고 지불할 때, 진정한 기쁨을 갖게 된다. 그 당시에 나는 그 가치를 제대로 몰랐지만, 긍휼에 관한 심오한 교훈을 배우고 있었다. 헨리 나우웬은 그것을 다음과 같이 잘 설명한다.

긍휼은 특권을 가진 사람이 없는 사람에게 고개를 숙이는 것이 아니다. 높은 지위에 있는 사람이 보다 낮고 불행한 사람에게 손을 내미는 것도 아니다. 성공하고자 노력했지만 실패한 사람들을 향한 동정이나 연민의 제스처도 아니다. 오히려 긍휼은 가장 극심한 고난을 당하는 사람들과 장소에 직접 찾아가서 거기에 가정을 만들어 주는 것이다.[2]

'가장 극심한 고난을 당하는 사람들과 장소에 직접 찾아가서 거기에 가정을 만들어 주는 것이다.' 나의 부모님은 그렇게 했다. 가장 극심한 고난을 찾아 헤맬 필요가 없었다. 바로 그들 가까이에 있는 비극, 즉 사별, 청각장애, 고아, 노년의 무력함이 가져다주는 비참함이 그것이다. 그들은 하나님의 사랑으로 그것을 어루만지기 위해 할 수 있는 모든 일을 했다. 내 부모님은 가난했기 때문에 가난한 자들을 효과적으로 도울 수 있었다. 몸소 사별을 겪어 보았기 때문에 사별 당한 자를 어루만질 수 있었다. 그들의 긍휼에는 진심이 담겨 있었기 때문에 역사가 일어났고 고난받는 자들에게 긍휼이 임했다. 그리고 나도 그들의 일부였기 때문에 '사역'이라는 거창한 이름을 갖다 붙이지 않고서도 이른 나이에 남들을 돌아볼 수 있었다.

지역의 모범

내가 자란 환경은 긍휼을 베푸는 인생을 사는 방법뿐만 아니라 긍휼한 마음을 품는 능력까지도 내게 선사했다. 그런 능력은 오늘날의 그리스도인들의 모임에서조차도 발견하기 힘들다. 그러나 로버츠 거리의 사람들은 어떤 감정을 느끼면, 그것을 반드시 표현했다. 나는 어렸을 때, 특히 전쟁 기간 동안 어른들이 자주 우는 것을 볼 수 있었다.

1941년 봄 전까지만 해도 톨만 부인이 우는 것을 결코 보지를 못했다. 부인은 몸집이 크고 유쾌한 기질의 소유자로 평일에는 하이힐을 신고 향수를 진하게 뿌렸으며, 주일에는 몸에 꼭 끼는 구세군 옷을 입었다. 친자식은 없었지만 남의 아이들은 좋아하는 편이었고, 겨울에는 목에 여우 모피를 두르고는 나보고 만져 봐도 된다고 했기 때문에 나는 그녀를 매우 좋아했다. 숙련된 모피 가공업자인 그녀는 할로웨이 거리에 있는 가게에서 일했다. 직장에서 집으로 돌아오는 길에 매일 나에게 손을 흔들면서 고음의 유쾌한 목소리로 나의 애칭인 '조이시' 혹은 '쿠이'를 불러 주곤 했다.

1941년 5월 어느 아침 나는 집 문 앞에 앉아서 우리 집 흰 복슬 고양이 스노우이와 함께 따사로운 햇볕을 쬐고 있을 때, 도로를 딸깍딸깍 걷는 톨만 부인의 하이힐 구두 소리가 들렸다. 그녀는 머리를 아래로 숙인 채 울며 집을 향해 서둘러 가고 있었다. 평상시처럼 인사를 기대하며 그녀를 향해 인사했다. 그러나 그녀의 유쾌한 대답을 들을 수 없었다. 그러기는커녕 나를 보자 더욱 당황한 듯했다. 그녀는 크게 흐느끼며 아무 말도 없이 급히 가 버렸다.

그날 늦게야 그녀가 괴로워한 이유를 아빠에게서 들었다. 로버츠 거리에 인접한 할로웨이 거리에 공중 폭탄이 떨어졌고, 다음날 아침 톨만 부인이 직장에 가 보니 그녀가 매우 자랑스러워했던 고품격의 패션 가게들 대신, 한 더미의 파편 조각들과 연기 나는 폐허만 덩그러니 놓여 있었다는 것이다. 그녀는 가진 모든 것을 잃어버렸다.

아빠는 속에 있는 고통을 숨기지 않았다. 그는 전쟁이 시작되었을 때, 공습 감시원으로 자원했다. 그의 임무는 로버츠 거리, 프랭클린 거리, 템플 거리의 뒤쪽에 있는 복잡한 거리를 순찰하는 것이었다. 아빠는 사람들이 창문을 가린 소등 상황에서 한 줄기 빛이라도 새어나오고 있지 않는지, 가스가 새는지, 그리고 숨겨진 폭탄이 있는지를 점검하느라고 밤새도록 순찰을 돌았다. 제빵사였던 아빠는 아침 일찍 순찰을 시작했다. 아빠의 얼굴은 점점 여위어갔고 주름살로 뒤덮였다. 그런 아빠가 눈물을 흘리고 있었다. 예수님처럼, 그는 우는 자와 같이 솔직히 우는 것을 부끄러워하지 않았.

그 당시에는 아빠가 표현한 그 고통이, 예수님이 고통을 당했을 때의 것과 똑같은 긍휼임을 알지 못했다. 그러나 지금은 그 둘 사이에 유사점이 있음을 안다. 헨리 나우웬은 인간의 고통에 대한 예수님의 반응을 다음과 같이 설득력 있게 설명한다.

사복음서에는 비록 열두 번밖에 나오지 않지만, 예수님과 그의 아버지에 관해서만 절대적으로 사용하는 아름다운 표현이 있다. 그 표현은 '불쌍히 여기시니'(to be moved with compassion)이다. 이에 해당하는 헬라어 동사 스플랑크니조마이(*splangchnizomai*)는 이 표현이 갖고 있는 심오하고도 강력한 의미를 전달해 준다. 스플랑크나(*splangchna*)는 오늘날 우리가 말하는 '창자'를 가리킨다. 그곳은 우리의 가장 개인적이고, 비밀스러우며, 강렬한 감정이 솟아나는 곳이다. 예수님이 불쌍히 여기셨을 때 모든 인생의 근원이 흔들렸고, 모든 사랑의 근본이 넘쳐흘렀고, 하나님의 광대하고도 끝없고 측량할 수 없는 자비가 드러났다.

예수님은 무리가 목자 없는 양과 같이 고생하며 힘없는 모습을 보았을 때, 마음 깊은 곳에서 긍휼을 느끼셨다(마 9:36). 소경, 혈기 마른 자, 귀머거리들이 사방에서 그에게 몰려오는 것을 보았을 때, 영혼 깊은 곳에 근심이 있었고, 자신도 마음속으로 그들의 고통을 느꼈다(마 14:14). 며칠 동안 자기를 따라온 수천 명이 지치고 굶주린 것을 보았을 때도 '내가 무리를 불쌍히 여기노라.'고 말씀하셨다(막 8:2). 자기를 부르며 따라온 두 맹인에게도(마 9:27), 앞에 와서 무릎을 꿇고 간구하는 나병환자에게도(막 1:41), 독자를 장사 지내러 가는 나인 성의 과부에게도(눅 7:13) 그는 동일한 긍휼을 느끼셨다. 예수님은 그들을 불쌍히 여겼고, 그들의 깊은 곳에서 우러나는 슬픔을 맛보았다. 그는 잃어버린 자와 함께 잃어버린 바 되었고, 굶주린 자와 함께 굶주렸고, 병든 자와 함께 병든 자가 되었다. 최고의 감수성을 지닌 그는 모든 고통을 마음으로 느꼈다.[3]

예수님은 사람들을 향한 긍휼로 충만했다. 사람들이 고난을 당할 때 같이 고난을 당했다. 예수님이 이렇게 고통에 반응하는 이유는 하나님께서도 인간의 고통에 함께하기 때문이다. 예수님이 우리의 고난에 강한 유대감을 느낀다는 사실은 그분의 아버지 하나님이 우리의 모든 필요를 알고 계신다는 뜻이다. 헨리 나우웬이 지적하듯이 이것은 놀랄 만한 소식이다. "진정한 복음은 하나님이 멀리 계신 하나님, 두려워서 피해야만 하는 하나님, 복수의 하나님이 아니라, 우리의 고통을 불쌍히 여기시고 인간의 가장 처절한 고통에도 동참하시는 분이라는 것이다."4

나의 부모님도 그들만의 방식으로 최선을 다해 예수님처럼 사셨다. 로버츠 거리에서 얼굴을 부비며 맞대고 살았던 모든 사람들, 굴뚝 청소부, 창문 청소부, 비행기 조종사, 보험 대리인, 식료품 가게 주인, 정육점 주인, 과일 가게 주인, 신문 판매업자, 석탄 상인, 경찰관, 간호사, 가정주부 모두에게 하나님의 사랑을 몸으로 실천했다. 그들은 우상시되는 성인들이 아니었다. 생계를 꾸려 나가기조차 빠듯하면서 겨우 마련한 집에서 그리스도와 같은 삶을 살려고 노력하는 평범한 노동자 계층의 사람들이었다. 기껏해야 초라한 엑서터 지방의 작은 임대주택에서 사는 사람들 말이다.

하지만 그들은 보통 사람들의 인생을 보살펴 주는 하나님의 사역에는 탁월했다. 옛날에 소년단원의 일원이었고, 지금은 60대의 노인이신 분은 그들을 '대단한 사람들'이었다고 기억한다. 만일 누군가가 그들에게 "당신들이 우리 동네 사람들에게 하나님의 사랑을 비추어 주었으며, 도와주는 사역을 하였습니다."라고 칭찬했다면 그들은 그런 명예를 부인했을 것이다. 하지만 그들은 실제로 그런 일을 하고 있었다. 그런 인생을 살면서 그리스도의 지상 명령을 순종하고 있었다.

예수님이 제자들에게 마지막으로 지상 명령을 내리실 때 자기가 사랑한 것처럼 사랑하고, 자기가 돌본 것처럼 돌보아 주고, 다른 사람이 고통을 당할 때 같이 아파하라고 명령하셨다. 그리고 그런 사랑이야말로 그리스도인의 표지이며, 바로 인생의 위기에 처한 사람들에게 도움의 손길을 주고자 하는 사람이 갖추어야 할 기본 조건이라고 하셨다.

예수님이 상처받은 사람들을 치유한 것도 그와 같은 긍휼에서 나온 것이었다. 그들에게 좋은 인상을 남기거나 신성을 증명하기 위해서가 아니라 단 한 가지 이유 때문에 사람들을 치유하신 것이다. 그것은 바로 그들의 고통이 예수님의 마음속에 엄청난 아픔을 불러일으켜서, 자신도 고통스러웠기 때문이다. 상처받은 인간이 당한 고통 때문에 자신 또한 너무나도 아팠기 때문에 그는 도움의 손길을 뻗쳐서 구원을 베풀고, 회복시키며, 치유의 역사를 일으켰다. 그는 긍휼의 화신이었다.

예수님은 인간의 고뇌에 민감히 반응하고 사람들의 고통을 알아차리는 능력을 아버지 하나님께로부터 받았다. 그리고 그 능력을 제자들에게 물려주었다. 빌립보에서 회심한 자들을 향해 긍휼과 자비가 충만했던 바울에게도 그 능력을 물려주었다(빌 1:8).

그것은 양육하며 경청하는 사람들에게 필요한 자질이다. 그리스도의 긍휼이 없이 다른 사람에게 손을 내미는 것은 공허한 노력이다. 기껏해야 그런 도움은 의무적이고 경솔하며 별 효과가 없다. 최악의 경우에는 불친절하거나 잔인하게 보일 수도 있다.

내 부모님과 로버츠 거리의 동네 사람들이 다른 사람들을 도운 것은 의무감이 아니라 긍휼이었고, 경솔함이 아니라 친절 때문이었다. 내 친척들과 이웃들은 그러한 사랑을 표현하는 기술을 잘 훈련받았기 때문에 성령하나님의 그와 같은 열매는 내 인생의 옥토에 저절로 결실을 맺었다. 나는 그것을 요구하거나 기대하지 않았다. 그냥 어느 날 나에게 찾아왔다. 그것도 어린 나이에 말이다. 화창한 오월의 어느 아침, 직장이 없어진 처참한 비극에 충격을 받아 말을 잃은 톨만 부인과 마주쳤을 때, 내 어린 마음의 본능은 달려가 위로를 해 주고 싶었다. 그것은 마치 임박한 위험에 처한 노부인 레잉을 보호하기 위해 모든 힘을 다하려는 나의 본능과 같았다.

그러나 당시 나의 위로와 보호 본능은 너무 미미했고 성숙하지 않은 초기 단계였다. 마치 긍휼의 씨앗이 막 뿌려졌다는 표시이지, 성숙한 열매가 무르익었다는 징조는 아니었던 것이다. 이 씨앗이 싹이 트고 성장하게 되려면 햇빛과 비가 필요했다. 또한 필요한 비구름이 빨리 모여들어야 했다.

2 위기 극복

전쟁이 끝날 무렵 불행의 첫 징조가 찾아왔다. 그렇다고 우리 가족이 승리를 기뻐하며 축하하지 않았다는 말은 아니다. 우리는 당연히 그것을 누렸다. 로버츠 거리에 파티가 열렸다. 집집마다 국기를 게양했다. 깃발들은 거리를 가로질러 펄럭이고 있었고, 누군가의 피아노가 우리 집 밖의 도로에 세워졌다. 교회 강당에서 빌려 온 테이블에는 샌드위치, 아이스케이크, 카스텔라, 젤리가 가득 놓였다. 지금도 거리

파티라는 말을 들을 때마다 빨강, 주황, 노랑, 초록의 달콤하고 연한 젤리에 대한 추억이 눈앞에 아른거린다.

사실 더 많은 선물들이 준비되어 있었다. 아이들 사이에서는 "스태던 씨가 아이스크림을 다시 만들고 있다."는 소문이 떠돌았다. 스태던 씨는 할로웨이 거리에서 유제품 가게를 운영했는데, 찻잔 하나를 가져가면 신선한 아이스크림을 가득 담아 준다는 것이다. 우리는 "나도 가볼까? 한번 가 보자!"라고 떠들어댔다. 그런데 로버츠 거리와 할로웨이 거리 사이를 가로지르는 길이 없었기 때문에 우리는 스태던 씨 유제품 가게로 일렬로 서서 무리를 지어 갈 수밖에 없었다. 스태던 씨가 스쿱을 뜨거운 물통에 담갔다가 통에서 아이스크림을 퍼서 우리가 카운터 쪽으로 바짝 올려 애타게 들고 있는 찻잔에 담아 주면 입에서 침이 저절로 나왔다.

난생 처음으로 신선한 바나나도 보았다. 엄마가 어느 날 우리 집에 가끔 들르곤 했던 야채·과일가게 주인인 메이어 씨한테서 바나나 몇 개를 샀다. 그는 오토바이를 타고 들렀는데, 우리는 그가 도착했는지 아닌지를 금방 알 수 있었다. 그는 우리 집 앞에 도착하면 자랑스러워하는 고무 경적을 울려댔기 때문이다. 그러면 엄마는 찬장 서랍에서 갈색 가죽 지갑을 꺼냈고, 나는 감자와 양배추, 당근, 양파, 사과, 오렌지, 배, 자두로 가득한 오토바이의 사이드카를 구경하기 위해 밖으로 뛰어나갔다.

처음 초승달 모양의 노란 과일을 보았을 때 호기심이 생긴 나는 물어보았다. "이게 뭐에요?" "한번 먹어 보렴." 메이어 씨는 크고 잘 익은 바나나 한 개를 내 손에 쥐어 주었다. "어떻게 먹는 거죠?"라고 묻자 메이어 씨와 엄마는 웃으면서, 껍질을 먼저 벗기고 난 후 크림 같은 속 알맹이를 먹는 거라고 가르쳐 주었다.

이런 기쁜 일들로 벅찼던 때가 일곱 살 때였다. 전쟁은 끝났지만 그 그림자가 완전히 우리 곁을 떠나지 않았음을 깨달은 것 또한 일곱 살 때였다. 국제적인 위기가 끝난 것처럼 보였지만 젊은이들은 여전히 군대로 징집되고 있는 것이 현실이었다. 그것은 바로 나의 가장 큰 오빠 레이도 곧 집을 떠나야 함을 의미했다.

레이가 학교를 그만둔 것은 열네 살 때였다. 그리고는 우체국에 들어가 전보 업무를 맡았고, 소집 시기가 다가오자 레이는 다른 사람이 자신의 미래를 결정하도록 내버려두지 않고 스스로 육군, 공군, 해군 중 어디에 갈 것인지를 결정해야겠다고 마음먹었다. 그래서 열일곱의 나이에 영국 해군에 자원입대했다.

레이는 나보다 열 살이 더 많아서인지 오빠라기보다는 가장 좋아하는 삼촌 같았다. 화요일 저녁마다 레이는 내 걸 스카우트 배지를 닦아 주었다. 용돈을 주어서 나를 버릇없게 만든 것도 레이였다. 작은 오빠인 존의 무자비한 괴롭힘으로부터 나를 보호해 준 것도 레이였다.

레이가 자신의 이름인 레이몬드 어니스트 두굿(Raymond Ernest Duguid)의 첫 글자인 R.E.D.가 찍힌 여행 가방을 보여 주면서 떠날 준비를 시작했을 때, 그를 흥분시킨 모험심은 나한테까지 전염되었다. 그가 해군 제복을 입자 그는 나의 영웅이 되었다. 예정된 모험이 레이에게 군기를 불어넣고 나에게는 큰 오빠에 대한 긍지로 한껏 부풀어 오르게 한 반면, 엄마를 우울하게 했다. 우리는 끈끈한 정으로 묶어진 동네에 사는 한 가족 같은 공동체였다. 누군가가 동네를 떠나고 나면, 그 누구도, 그리고 아무것도 그 자리를 메울 수 없는 공허함이 남았다. 그 '누군가' 가 바로 엄마의 장남이었을 때 엄마는 슬픔 때문에 고독과 허무에 빠지게 되었다.

사별과 우울증

엄마는 '공소 증후군'(자녀의 독립이나 출가로 어머니가 느끼는 우울증세-역주)이나 '고통 치료'(주위의 사람들을 잃어버린 슬픔을 극복하는 심리 치료-역주)라는 전문 용어를 잘 몰랐을 것이다. 그러나 여행 가방을 든 아들을 태운 기차가 엄마를 뒤에 두고 세인트데이비드 역을 출발했을 때, 유니폼을 입은 젊은 청년이 사라지는 모습에 눈물로 이별 인사를 하는 불쌍한 엄마에게 깊고도 가혹한 슬픔이 찾아왔다. 그 후 엄마는 공허함과 마음속 근심에 싸인 채 몇 달을 고생했다.

슬픔에는 세월이 약이다. 많은 엄마 아빠들은 자식이 삶을 개척하기 위해 처음으로 집을 떠날 때, 비슷한 감정의 상처를 경험한다. 사실 사랑 함으로써 치르는 많은 대가 중의 하나는 사랑하는 사람이 어떤 이유로 우리 곁을 떠날 때 우리 마음이 찢어지는 고통을 감내하는 것이다. 그러나 엄마는 엄청난 이별의 상처 이외에도 극도의 불안 증세로 시달렸다. 수많은 영국군에게 잔혹한 부상을 남긴 전쟁에 대한 공포는 모든 사람들의 기억에 생생하게 남았다. 그 공포는 불시에 엄마의 마음에도 들어와 자리 잡았다. 우리 모두가 일상적으로 경험하는 고질적인 정신 불안 상태인 염려, 걱정, 두려움이 엄마를 심하게 짓눌렀기 때문에 엄마는 열정과 생기를 잃어버렸다. 가끔 울기도 하고 무기력해지기도 했다. 그녀는 인생의 흥미를 잃어버렸다.

이별이 가져오는 단절감을 극복하는 한 가지 방법은 사랑하는 사람과 계속 연락을 하는 것이다. 하지만 오빠와 물리적으로 계속 접촉하는 일은 쉽지 않았다. 레이는 엑서터에서 약 80킬로미터 떨어진 플리머스에 배치되었는데, 주말에는 단기 휴가로 32킬로미터 한도 내에서의 여행만 허락되었다. 우리는 엄마의 그리움을 해결하기 위해 주말마다 세인트데이비드 역에서 증기 기관차를 타고 엑서터와 플리머스의 대략 중간 지점인 뉴턴 애봇까지 갔으며, 다시 집까지 돌아오는 길고 힘든 여행을 하곤 했다.

공원에서 자기 아들이 잘 먹고 있는 것을 몸소 확인하고, 로버츠 거리같이 한적한 곳이 아닌 그곳에서도 살 수 있다는 확인을 하고 나면, 엄마는 다시 생기를 얻는 것 같았다. 적어도 아들을 방문한 그 시간만큼은 그랬다. 하지만 집으로 돌아오는 여행 중에 다시 눈물을 흘렸고 깊은 우울증이 찾아오곤 했다.

레이와의 이별이 이전의 두 번의 사별이 가져온 치유할 수 없는 고통을 되살렸을까? 청색병에 걸려 세 살 때 죽은 모리스와의 이별, 그리고 그 이전에 사산한 또 다른 아기와의 이별의 고통 말이다. 나는 그런 질문을 하기에는 너무 어렸기 때문에 결코 대답할 수 없을 것이다. 그러나 지금 분명 알고 있는 것은 현재 중요한 사람을 잃어버린 상황을 극복하는 방식과 과거에 겪은 유사한 이별을 이미 극복한 방식 사이에는 명백한 상관 관계가 있다는 점이다. 분명히 엄마는 이전의 두 어린아이들이 죽었을 때 심한 고통을 겪었다. 지금 그와 비슷한 고통을 겪고 있었고, 도움이 필요했다.

여러 모양으로 도움의 손길이 찾아왔다. 로버츠 거리의 사람들, 즉 33번지의 브룸 부인, 46번지의 버거스 부인, 28번지의 벨라미 부인 같은 사람들은 우연한 기회에 도움을 주었다. 웨버의 작은 상점에 가는 길에 우리 집을 지나치다가 엄마가 현관 계단이나 문 손잡이를 힘들게 닦고 있는 것을 보면 그들은 멈춰 서서 이렇게 물었다. "댁의 큰아들은 잘 지내죠?" 그러면 엄마는 누군가가 관심을 보이는 것에 기뻐하며 최근의 소식을 전해 주었다.

이 이웃들 중 아무도 이 질문이 엄마에게 일종의 사역이 된다는 생각을 못했을 것이다. 그 질문은 이웃이라는 정에서 나온 것이었다. 그것은 로버츠 거리의 사람들이 자기 이웃에게 보이는 관심이었다. 자주 그리고 조심스럽게 물어보는 이 사랑의 안부는 엄마에게 전문적인 상담의 효과보다 훨씬 더 도움이 되었다. 그것은 사랑하는 사람이 어떻게 생겼는지 기억조차 할 수 없는 이 이별의 기간 중에도 아들에 대한 기억을 생생하게 불러일으켰다. 그리고 그녀가 레이를 그리워하기 때문에 고통을 겪고 있음을 인정하게 만드는 효과도 있었다. 그녀는 가끔 그의 침실에서 그의 물건이 놓여 있는 것을 보는 것만으로도 마음을 찌르는 듯한 고통을 느꼈다.

많은 사람들이 끊임없이 그녀를 돌봐 주었기 때문에 그녀는 어둠의 터널에서 점차 빠져 나와서 아들이 없는 생활에 익숙해졌고, 새로운 삶의 환경, 즉 더 이상 레이가 중심이 아닌 정상적인 생활에 적응하게 되었다.

엄마가 인생의 기로에 섰을 때 어떤 사람들은 값비싼 희생을 치르면서까지 엄마를 돌보아 주었다. 그 중 대단한 분이 바로 아빠의 누이인 르네 고모였다. 르네 고모는 엄마의 상태가 가장 악화된 바로 그때 찾아오곤 했었는데 그것은 진짜 하나님이 주신 은사 같았다. 고모는 진심으로 관심을 가지고 레이의 소식을 귀담아들었고, 그의 사진들을 보았으며, 때로는 자식이 가까이에 없이 지내는 게 얼마나 힘든 일인지 자기도 이해한다고 이야기했다. 그렇다고 르네 고모가 엄마가 자기 연민에 빠져 헤매도록 부추겼다는 말이 아니다. 오히려 반대로 엄마의 있는 모습 그대로를 받아 주고, 엄마의 눈으로 인생을 보려고 노력하고, 엄마가 집안의 비어 있는 한 구석을 극복하는 데 필요한 도움을 주어서 그런 함정에 빠지지 않게 도와주었다. 시간이 흐를수록 르네 고모의 진정한 사랑은 엄마의 불안의 수위를 낮췄고, 인생에 대한 새로운 관점과 희망을 회복하도록 했다.

이 고모는 결코 상담에 관한 교육을 받은 적이 없었다. 그러나 하나님은 그녀에게 천성적으로 '도움을 베푸는'[1] 인격을 은사로 주셨다. 그 인격은 온정과 동시에 예리함을, 이해심과 더불어 관심을, 확신과 동시에 적절한 낙천주의를 함께, 그것도 사랑 가운데서 편안하게 표현할 수 있었다.

예수님처럼 엄마가 얼마나 고통스러워하는지를 보고 마음으로 같이 아파하던 르네 고모는 항상 환영받는 손님이었다. 내가 우리 가족에서 어느 정도의 위치를 차지하고, 고모와 엄마가 친밀하게 대화를 나누는 것을 귀 기울여 들었을 때, 나는 훌륭한 경청에 관한 기본 원칙을 배우고 있었다. 로버츠 거리의 24번지는 내가 '듣는 자'와 '돌보는 자'로 학생같이 배운 학교였다. 아빠의 누이는 나의 선생님이었다. 효과적인 듣기란 단지 이론이나 기술뿐만이 아니라 공감과 따뜻함, 그리고 진정성을 갖춘 인격임을 많은 연구 결과들이 보여 주고 있다.

상담에 관한 많은 책을 쓴 심리학 교수 게리 콜린스 박사는 '공감'(empathy)의 의미를 '다른 사람의 마음속으로 들어가서 느끼는 것' 또는 '다른 사람과 같이 느끼는 것'을 의미하는 독일어 어근 einfühlung이란 단어에서 근원을 찾아 정의한다. 공감 또는 감정 이입은 이렇게 질문한다. '이 사람이 왜 이렇게 불안해하는가?' '그녀가 현재 상황을 어떻게 바라보고 있는가?' '내가 그녀의 입장이라면, 어떤 기분일까?' 다시 말해서 공감은 고통을 겪는 사람의 눈을 통해 인생을 바라보고자 하며, 다른 사람의 인생을 '마치' 우리의 인생인 양 간주하고 체험하고자 노력하는 것이다.

여기서 '마치 ~인 양'을 우리의 가장 중요한 생각으로 삼는 것이다. 그것은 상대방의 신발을 신고 그것이 닳고 달아 발이 부르틀 때까지 신는 것과 같다. 또한 고통을 당한 사람에게 그들의 상처를 이해하고 받아 준다는 것을 보여 주려고 노력하는 것이다.

게리 콜린스에 의하면 온정은 돌봄과 동의어이다. 그것은 상대방을 격려하며, 소유하지 않으려는 관심이다. 그 관심은 '내가 당신과 당신의 행복을 진심으로 바란다.'는 분명한 의도를 전달하는 친절한 얼굴 표정, 온화한 목소리, 몸짓, 적절한 토닥거림, 자세, 그리고 눈을 마주치는 행위로 표현된다.

그리고 콜린스 박사가 말하듯이 '진정성'이란 진실함을 드러내는 기술이다. 진실한 사람은 꾸밈이 없다. 잘난 체하거나 거짓으로 우월성을 과시하지도 않는다. 진정함은 결코 남보다 더 우월하다고 생각하지 않는 진실함이다. 그것은 위선이 없는 열린 마음이다. 또한 성실성과 일관성이며, 다른 사람에 대한 존경으로 가득 차 있다.[2]

르네 고모는 이 모든 특성을 상냥하고 쉬운 방법으로 드러냈다. 그리고 그 당시에는 깨닫지 못했지만, 그녀가 고통 가운데 있는 엄마 곁을 지켜주는 것을 보고 들으면서 내 안에 뿌려졌던 긍휼의 씨앗이 물을 먹고 자라고 있었다.

육 체 적 　 고 통

고 통　가 운 데　있는 사람들을 돕는다는 것은 다른 기술처럼 연습을 통해 발전시킬 수 있는 기술이다. 우리 가족은 특별한 문제로부터 벗어날 수 있는 해결책을 찾았지만, 문제는 훨씬 더 강한 힘으로 우리 가족에게 몰아닥쳤고, 나에게 필요한 연습을 시키려는 또 다른 폭풍우가 다가오고 있었다. 4년 후 일이다. 그 일은 내가 고등학교 입학시험에 합격해서 로버츠 거리에 사는 모든 사람을 놀라게 한 후 얼마 안 되어 일어났다.

로버츠 거리의 아이들이 고등학교 입학시험을 치렀을 때 마을 모든 사람들은 감정적으로 흥분했다. 온 마을의 미래가 걸려 있는 듯했다. 로버츠 거리의 아이가 중등학교에 가는 경우는 아주 드물었기 때문이다. 그런데 내가 그 무시무시한 시험을 치를 차례가 되었을 때, 사람들은 나에게 합격할 것이라고 말했다.

내가 비숍 블랙올 문법학교로부터 입학 허가를 받았다는 소식이 전해지자 온 거리가 다함께 내 성적을 축하해 주는 것 같았다. 나의 대부는 너무 기뻐서 초록색 자전거 한 대를 사 주었다. 상으로 준 이 자전거는 마을 반대편에 있는 새 학교까지 통학하는 수단이 되었다.

그러나 그로부터 얼마 안 되어 엄마가 큰 병에 걸렸다. 그와 함께 우리의 행복도 없어지는 듯했다. 엄마의 병은 세 가지 증세로 나타났다. 숨을 못 쉴 정도로 심한 천식이 발발하거나 온몸에 통증을 느끼면서 힘이 다 빠질 정도로 기침을 하고, 소위 '발작'이라고 부르는 증상이 나타났다. 처음에는 이 발작이 간질성 경련일까 봐 매우 두려웠지만 다행히 아니었다. 때로는 엄마의 모습이 뇌졸중 같은 발작처럼 보였지만 그 역시 아니었다.

엄마가 발작 때문에 고통스러워할 때면 현기증을 호소했고, 말이 분명치 않다가, 결국에는 의식을 잃었다. 어떤 때는 몇 분, 가끔은 몇 시간, 또는 하루 이상 그랬다. 엄마의 상태는 그녀를 아는 모든 사람들을 슬프게 했다. 게다가 그것은 많은 사람들이 좋아하고 존경하던 엄마의 용기마저도 빼앗아 가버렸다.

이 모든 상황은 아빠와 내가 엄마 대신 집안의 모든 일을 해야만 한다는 것을 뜻했다. 저녁때 엄마가 경련을 일으키면 우리는 엄마를 침대로 옮기고, 옷을 벗기고, 목욕을 시키고, 잠옷을 입혀 주어야 했다. 우리 집 계단은 겨우 한 사람만 지나갈 수 있을 만큼 좁았기 때문에 엄마를 침대로 옮기는 일은 쉬운 일이 아니었다. 게다가 복도 위쪽에 날카롭게 휜 부분이 있었기 때문에 아빠는 내 앞에서 걸어가면서 엄마의 상반신을 꽉 잡고, 나는 엄마의 다리를 붙들고 따라가야만 했다. 이런 식으로 엄마를 들어 올리는 동안 엄마를 다치지 않게 하기 위해 우리는 늘 긴장했다. 엄마는 의식이 없었기 때문에 우리가 엄마를 아프게 해도 엄마는 표현할 수 없었다. 또한 완강한 성격인 엄마는 발작이 오는 것을 느껴도 거기에 굴복하지 않으려 했고 넘어지고, 상처가 나고, 화끈거리고, 타박상을 입은 것을 뒤늦게서야 알게 된 우리가 응급 처치를 하기도 했다.

내가 문법학교에 입학한 지 얼마 안 되어서 엄마는 몇 주 동안 몸져누웠다. 늘 그렇듯이 돈이 몹시 궁했기 때문에 가정부를 둔다는 것은 불가능했다. 나는 아침에 학교 가기 전에 거실과 두 개의 침실 바닥을 닦고, 먼지를 털고, 계단 카펫을 청소하고, 화장대와 찬장, 식탁을 닦았다. 아프면서도 깔끔하게 집을 청소했던 엄마는 침대에 누워서도 나에게 세심한 주의를 주고 감독을 했다.

아빠도 몇 가지 가사 일을 맡았다. 현관 계단을 우리 모습이 거울처럼 선명하게 비칠 때까지 닦았다. 주일에는 점심을 만든 후 오븐을 청소했다. 그리고 월요일에는 세탁을 했다. 우리 집에는 세탁기가 없었다. 침대 시트와 베갯잇은 세탁소로 보냈다. 수건과 행주 같은 작은 것들은 대야 안에 넣고 가스레인지 위에서 끓였다. 옷은 끓인 후에 빨래방망이로 두드린 다음 싱크대에서 물을 뺀 후 찬물로 헹구고는 뒷마당에 있는 탈수기에 하나씩 넣어 돌렸다.

엄마가 직장에 다니면서 빠르게 해치웠던 이런 잡일들이 이제는 아빠와 내가 힘들게 꾸려 나가야 하는 일이 됐다. 그러나 우리가 실제적인 문제를 극복해 나가는 것을 보고 엄마의 마음은 안정되고 건강도 호전되기 시작했다. 이것으로도 우리에게는 충분한 보상이 되었다. 이것은 나에게 긍휼이란 말뿐 아니라 실제로 표현되어야만 한다는 유익한 교훈을 주었다.

내가 놀란 점은 엄마가 그렇게 심한 육체적 고통으로 무기력하게 된 것을 지켜보면서 가슴 아파하고, 그녀를 간호하는 동시에 집안도 청소하고, 학교 공부도 하고, 집에 와서 숙제하는 것이 정말 나를 지치게 만들었지만, 그럼에도 불구하고 내 안에서는 신비한 샘처럼 엄청난 기쁨이 솟아나는 것이었다. 그것은 청소를 하거나 학교 가는 길 언덕에서 자전거 페달을 신나게 밟았을 때 맛보던 기쁨과도 같았다.

헨리 나우웬은 이와 같은 내적인 행복의 원천을 다음과 같이 설명한다.

> 실제적인 봉사를 할 때마다 기쁨을 발견하는 이유는 섬기는 가운데 하나님의 임재하심을 맛보는 선물을 받기 때문이다. 그러므로 예수님의 제자로서 섬기는 사람들은 주는 것보다 받는 것이 훨씬 더 많다는 것을 알게 된다. 자녀가 곧 기쁨이기 때문에 엄마가 자녀에게 쏟아 붓는 애정에 대한 대가가 필요 없는 것처럼, 이웃을 섬기는 사람들도 그들이 섬기는 사람들 속에서 보상을 받을 것이다.[3]

열한 살이라는 이른 나이에 나는 이 진리를 몸소 증거하는 특권을 받았다. 또한 지금까지도 계속 그런 삶을 살고 있다. 너무 무리해서 몸이 약해지고, 고통받는 사람들을 위해 실제적인 일을 하려고 노력했기 때문에 정신적으로 몹시 지치는 때도 있었다. 하지만 하나님으로부터 직접 임하는 힘을 솟게 하는 행복이 나의 몸과 마음, 영혼 전체에 부어지는 것을 느꼈다. 뒤돌아보면 실제적인 도움을 줌으로써 부모님의 부담을 많이 덜어드렸으며, 그것이 그들에게 위안이 되었다. 나는 너무 어렸기 때문에 그들이 필요로 하는 정신적 위안은 줄 수 없었다. 그 일은 적당한 때에 다른 사람들이 감당했다. 이 모든 과정을 통해서 나는 누군가가 정서적, 신체적, 영적 치유를 받으려면 먼저 다른 누군가가 그 아픈 사람의 눈으로 인생을 바라보고 즉각적이고도 실제적인 조치를 취해야 한다는 것을 깨달았다.

예수님도 종종 그와 같이 하셨다. 바로 그런 이유 때문에 오천 명을 먹이셨다. 또한 야이로의 딸을 고친 후 그 부모에게 그녀가 오랫동안 음식을 먹지 않았기 때문에 배가 고플 것이라고 말씀하신 것도 그 때문이다. 예수님이 죽기 전날 밤, 스스로 종의 역할을 감당했다. 바로 대야와 수건을 두르시고 제자들의 더럽고 땀에 젖은 발을 씻긴 것이다. 이 겸손한 실제적 행위는 '우리의 하나님은 종으로서의 하나님'[4]임을 놀라운 사건으로 증명했다. 그의 긍휼하심은 종의 도, 즉 자기를 비우는 모습에서 드러난다. 그는 자기의 긍휼과 돌봄을 실천하라고 우리를 부르시고, 자신의 종의 도를 본받으라고 명하신다. 다른 사람들을 돌보는 자가 되라고 부르시는 것이다.

모든 그리스도의 제자들은 자기 희생을 치르면서 남을 돌보라는 부르심을 받았다. 그 소명이 나에게는 조금 빨리 찾아왔다. 나는 실제적으로 누군가를 돌보며, 친절하고 온유한 자가 되려고 노력함으로써 그 부르심에 반응했지만, 엄마가 좌절감과 두려움과 무기력함을 벗어날 수 있도록 도와주는 기술은 아직 배우지 못했다.

우리 집 주치의는 할 수 있는 모든 방법을 다했다. 엄마에게 전문적인 치료와 큰 도움을 주면서 많은 시간을 보냈다. 우리 교회 목사님도 역시 많은 도움을 주셨다. 사택에서 우리 집까지 자전거를 타고 와서 엄마와 함께 이야기를 나누고, 함께 기도를 하곤 했다. 하지만 엄마는 이 두 분으로부터 결코 참된 위안을 얻지 못한다는 사실을 나는 눈치 챘다. 그들 몰래 담배를 피웠던 엄마는 이 의사 선생님이나 목사님이 방문하는 인기척이라도 들리면 담배를 급히 끄곤 했다. 아주 자주 엄마는 솔직한 심정보다는 그들이 듣고 싶어 하는 말을 했다. 물론 그들의 방문이 고마웠지만, 엄마에게 도움을 주는 데는 한계가 있었다.

도움을 베푸는 많은 사람들은 각자 나름대로 훌륭하게 관심을 보여 주었다. 르네 고모는 말할 것도 없고, 엄마와 같은 카페에서 종업원으로 일하는 푸스맨 부인, 전쟁 기간 동안 참을 수 없는 고통을 겪은 톨만 부인 등. 특히 귀중품이 많고, 시간도 많고, 인내심과 많은 성령의 열매를 소유하고 있는 이웃인 포드 부인은 정기적으로 방문해서 아빠와 내가 밖에 나가 있는 긴 오후 동안 엄마와 마주 앉아서 엄마의 말에 귀 기울여 주었다.

전문적 기술이 없는 이 보통 아줌마들은 엄마에게 필요한 것을 주었다. 그것은 바로 그들이 엄마를 버리지 않을 것이며 필요할 때 도와주겠다는 확신과 이해심이었다. 엄마의 고난에 동참하는 이들의 정신은 어떤 대가도 바라지 않았지만, 측량할 수 없는 가치의 자기희생이었다.

최근의 연구에 의하면 세상은 변한 것이 없다고 한다. 즉 전문적인 상담자도 필요하지만, 여전히 친척, 이웃, 친구들도 필요하다는 것이다. 물론 전문가의 역할은 분명 중요하다. 하지만 친구와 친척들 역시 중요한 역할을 담당한다. 그들은 가까이 살면서 언제든 도움을 줄 수 있고, 의사, 성직자, 상담자, 심리치료사라고 불리는 사람들보다 더 쉽게 대화를 시작할 수 있다.

다행스럽게도 어떤 연구는 친구와 이웃이 전문적인 상담자만큼의 충분한 자격이 있음을 보여 주었다. 그 첫째 이유는, 친척이나 친구는 그 사람을 더 잘 알고 있기 때문에 문제를 더 잘 파악하고 있다. 둘째, 비전문가는 그들과 더 많은 시간을 보낼 수 있다. 당연히 친구와 이웃은 문제를 정확하게 진단하는 데 큰 도움이 되는 당사자의 가족, 가정환경, 직장환경을 잘 알고 있다. 그들은 도움이 필요한 사람과 같은 방언, 억양, 용어를 사용하기 때문에 허물없이 자연스럽게 이야기를 나누고, 친근한 유머로 도움을 줄 수 있다. 그리고 가장 큰 이점은 이 사람이 위기에서 빠져 나오도록 도와주는 것이 그 친구의 가장 우선순위라는 점이다. 그는 많은 사람들이 자기에게 도와 달라고 아우성대는 끔찍한 처지에 놓여 있지 않기 때문에, 고통을 겪고 있는 당사자는 자기가 많은 고객이나 환자 중의 한 명에 지나지 않는다고는 꿈에도 생각하지 않으며, 오히려 자기를 잘 아는 그 친구의 사랑과 관심과 헌신을 한 몸에 받는 대상이라는 것을 안다. 수천 명의 사람들이 비전문가들 때문에 정서적 죽음에서 구조를 받는다. 엄마도 그런 사람들 중 한 명이었다.

그럼에도 불구하고 엄마의 육체 문제는 계속되었고, 신경과 의사의 전문적 도움이 필요했으며, 입원 후에는 전문치료사의 도움을 받았다. 숙련된 이 사람들은 엄마의 '발작' 원인을 알아내기 위해 가능한 모든 방법을 동원했다. 그러나 만족할 만한 어떤 진단도 내리지 못했다. 때때로 상당히 고

무적인 진전의 조짐도 보였지만 결국에는 또 다른 병세가 도졌고, 번번이 낙담과 때로는 우울증을 가져왔다.

내가 대학을 가기 위해 집을 떠났을 때, 아빠는 모든 힘든 책임을 혼자 져야만 했다. 엄마에 대한 아빠의 사랑으로 보아 그것은 기꺼이, 그리고 희생적으로 감당할 수 있는 부담이었다. 그럼에도 불구하고 아빠는 점점 지치고, 근심이 늘며, 진이 빠져 갔다. 그래서 방학 동안 나는 어떻게든 아빠의 짐을 덜어 드리기 위해 노력했다.

기력 쇠진

사우샘프턴 대학교에서의 첫 여름 방학 동안 나는 엄마를 간호하고, 그녀의 마음에 들 때까지 집안 청소를 하며, 줄어드는 장학금을 보충하기 위해 영국 홈 스토어 회사에서 일했고, 저녁에는 학업을 보충하기 위한 공부를 했다. 그 결과 방학이 끝날 무렵 나는 신경 쇠약에 걸리게 되었다.

존 샌포드는 기력 쇠진을 '어떤 사람이 직업이나 주요 일상 활동 때문에 완전히 녹초가 된 상태를 설명하는 말'로 정의한다. 그것은 '잠이나 보통 휴식으로는 치료가 안 되는 일종의 만성 피로로서, 휴가를 통해 일시적으로만 완화된다.'5

빡빡한 스케줄을 소화하는 동시에 자신을 다른 사람을 위해 완전히 희생한 결과로 기력 쇠진이 올 수 있다고는 상상도 못했다. 하지만 실제 그 일이 나한테 일어났다. 대학교의 신학기가 오기 전 벌써 나는 무너졌던 것이다. 그것도 의사의 집에서 말이다.

나는 당시 사우샘프턴대학교의 그리스도인연합 총무였다. 관례상 위원들은 매년 행사인 수련회 전, 여름 방학이 끝날 무렵 일주일을 함께 지내며 모임을 가졌다. 그리스도인연합의 지도위원인 머레이 웹-페플로 부부는 햄프셔 리밍턴 런던 거리에 위치한 우들리의 넓은 자기 집에서 이 모임을 주관했다.

이것은 내가 그들의 가정을 방문한 첫 기회였다. 학기가 시작되기 전, 나는 이전에 그 집에 머무른 적이 있는 사람으로부터 다음과 같은 이야기를 들었다. "너는 사우샘프턴 거리에 있는 리밍턴으로 여행하게 될 거야. 마을에 도착하기 전에 버스에서 내려서 50미터쯤 거리를 따라 걸어가 보면 오른쪽에 우들리라고 명패가 붙어 있는 한 쌍의 초록색 현관이 보일 거야. 그 문을 통과해서 걸어가면 이 땅에 있는 조그마한 하늘나라, 천국이 있지."

다른 사람들도 거기에 도착해서 천국을 보고 놀라 자빠질지 모르겠지만, '이 땅에 있는 조그만 천국'에 대한 나의 첫 인상은 확실히 나를 압도해 버렸다. 로버츠 거리에는 정원 뜰 하나 없었다. 미미한 사생활마저도 보호해 줄 레이스 커튼도 전혀 없어서 지나가는 사람들이 침실 안을 전부 들여다 볼 수 있을 정도였다.

우들리의 현관문을 지나자 자갈이 깔린 길이 나왔다. 그 길은 우선 소란스러운 차고 쪽으로 나 있었고, 그 다음에는 나무로 둘러싸인 잔디밭과 아름다운 길이 거대한 에드 왕조 시대의 가옥을 빙 둘러 있었다. 초인종이 울리고 큰 초록 문이 열리기를 기다리는 동안 나는 정원의 규모에 입이 다물어지지 않았고, 정원에 그늘을 드리우고 있는 구릿빛 너도밤나무의 아름다움에 매료되었으며, 열매가 주렁주렁 달린 과수원의 나무들을 정신없이 쳐다보고 있었다. 정원이 이렇다면 도대체 집안은 어떨지 궁금했다.

일단 안에 들어가자 모든 것이 똑같이 낯설었다. 넓은 홀에는 방문객들을 위해 층 번호가 표시되어 있는 대형 벽시계가 있었고, 식당에는 거대한 떡갈나무 액자에 담긴 가족사진이 있었고, 꼭대기 층계에는 불룩 튀어나온 책장이 있었고, 부엌에는 푸른색과 갈색의 덴비 도자기로 가득 찬 거대한 소나무 찬장이 있었고, 화실은 검은 중국식 장식장으로 가득 차 있었다. 웹-페플로 부인이 은 찻주전자에서 차를 따르는 동안 나는 이 매혹적인 가구에 금으로 그려진 중국의 경치를 뚫어지게 쳐다보았다. 기가 죽은 나는 말문이 막히고 말았다.

위압적인 저택과 정원의 모습과 주인 부부의 모습은 완전히 정반대였다. 웹-페플로 박사는 재미있고, 우호적이고 편안한 사람이었다. 그는 일주일간 학생들을 집에 초대해 같이 지내는 것을 매우 즐거워했다. 그는 차와 식사를 하는 동안 내내 이야기와 농담을 하며 우리를 즐겁게 해 줬다. 조용한 성격의 웹-페플로 부인은 우리를 환영해 줬다. 친절하고 귀족적인 분위기를 자아내는 자그마한 이 부인은 주름이 잡힌 회색 스커트와 심플한 흰 블라우스를 입고 있었다. 그녀의 부드러운 은빛 머리는 머리 뒤쪽으로 주름을 잡아 넘겼으나, 웨이브 몇 다발은 묶음에서 빠져 나와 얼굴 위로 매력적으로 늘어져 있었다. 그리고 집에 오는 모든 사람에게 수줍은 듯이 반가움을 표시했다. 그녀의 미소에는 온화함과 사랑이 담겨 있었고, 그녀의 깜박이는 눈 속에서 그녀가 어린아이 같은 흥분과 기대를 가지고 이번 주말을 너무나도 고대했음을 알 수 있었다. 마치 하나님이 어떤 일을 우리 가운데서 하실지는 몰랐지만, 뭔가 중요한 일이 일어날 것임을 짐작한 듯 말이다.

나는 그녀의 경쾌한 대륙적 억양과 침착함에 매료되었다. 특히 그녀가 하나님에 관해 이야기하는 방식은 실로 놀라웠다. 마치 그분과 친구처럼 친밀한 관계에 있는 것처럼 보였다.

금요일 저녁 웹-페플로 씨 부부는 우리에게 첫 위원 모임을 주선하였고, 3개월의 방학 후에 다시 만나는 즐거움을 만끽했다. 우리는 그 해 하나님이 대학교에서 우리를 통해 하기를 원하시는 역사에 대한 열정과 열심, 비전으로 충만했다. 적어도 나 말고 다른 애들은 그랬다. 오히려 그들의 힘과 열정은 내가 얼마나 지쳐 있었는지를 드러내 줄 뿐이었다.

토요일 아침나절쯤 나는 열이 많이 나기 시작했다. 그래서 토요일 오후 다른 친구들과 함께 뉴 포레스트 숲 속을 산책하는 대신 침대에서 쉬었다. 웹-페플로 박사는 나의 상태를 보더니 장기 휴식이란 처방을 내렸다. 그래서 나는 나머지 위원 모임과 개강수련회에 참석하지 않고 웹-페플로 부부와 함께 시간을 보냈다.

로버츠 거리의 편안한 가정환경 속에 있을 때 나는 자신감 넘치는 외향적 사람이었다. 하지만 이런 노동자 계층 환경 밖에서는 나의 능력을 제대로 발휘하지 못하고 매사에 불안했다. 사교적 기술을 거의 배우지 못한 나는 불안과 걱정으로 매우 소심했다. 하지만 웹-페플로 부부는 이 가면을 결코 벗기려고 하지 않았다. 오히려 숫기 없고, 불안정하고, 말이 없는 나를 있는 모습 그대로 받아 주었다. 젊고 건강한 학생이 3개월의 방학을 지냈음에도 불구하고 왜 이렇게 몸이 쇠약해졌는지 알려고 하지도 않고, 그저 나를 진심으로 돌보아 주었다.

이것은 색다른 그리스도인의 돌봄이었다. 나에게 있어서 종의 도에 대한 완전히 새로운 개념이었다. 나는 그들에게 완전히 이방인이었지만, 그들은 나를 포용해 주었다. 내가 그들에게 보답할 수 있는 길은 전혀 없었다. 그럼에도 불구하고 그들은 나에게 인자함과 온화함과 이해해 주는 사랑을 쏟아 부었다. 그들은 다른 사람을 도와주는 데 민감하고 어떻게 도와야 하는지 잘 알고 있었기 때문에, 내 몸이 망가지게 된 힘든 사정을 나에게 물어봤자 별 소득이 없음을 알고 있었던 것이 틀림없다. 표현력이 짧은 나로서는 내 감정을 표현할 만한 말을 찾을 수 없었다. 더군다나 완전히 새로운 환경에서 만난 이방인 같은 사람들에게는 도저히 불가능했다. 그럼에도 불구하고 내 속에 움츠려 있던 긴장이 서서히 풀어지고, 하나님이 그들을 통해 영적 치유를 베풀어 주셔서 나는 그 가정에서 완전히 회복할 수 있었다.

나는 치유되기 위해 토론하고 공부한 것이 아니었다. 아니 나는 치유라는 단어를 단 한 번도 말한 적이 없었다. 심지어 그들은 내 몸을 위해 함께 기도하자고 이야기한 적도 없었다. 만약 그랬다면 나는 기겁을 했을 것이다. 그들이 나에게 베푼 것은 풍성하고 사려 깊은 희생이었다. 그것이 바로 나에게는 단순한 말보다 훨씬 더 유익이 됐다. 그들은 그저 내 영혼이 쉴 수 있는 치유 환경을 제공했을 뿐이며, 그들의 배려는 내 마음을 부담스럽게 하기보다는 평안하게 했기 때문에 나는 오히려 기도에 전념할 수 있었다. 더군다나 웹-페플로 부인은 말이 아니라 인격을 통해서 치유와 회복의 근원되신 예수님께로 나를 인도했다. 그 결과 나는 혼자 힘으로 하나님의 풍성하신 은혜를 받을 수 있었다.

그렇다고 그녀가 나를 전도했거나 그녀 덕택에 내가 처음으로 하나님께 돌아왔다는 말은 아니다. 나는 이미 어린 나이에 하나님을 알았고, 고등학교 때는 하나님께 인생을 헌신한 상태였다. 내가 지금 말하고자 하는 것은 나는 이전에 말만으로 하나님에 관해 전하는 사람들은 많이 봤지만, 웹-페플로 부인을 통해서는 그리스도의 다른 특성을 보았다는 것이다. 그녀는 하나님을 알고 있다는 것을 나에게 보여 준 사람이었다. 어디에서 무엇을 하든지 간에 하나님의 사랑을 보여 주었다.

심지어 아침에 가운을 입은 채 접시와 작은 꽃병, 그리고 시리얼, 자두, 토스트, 버터, 꿀로 된 아침 식사를 가져왔을 때도 그녀의 투명한 사랑이 느껴졌다. 그녀가 내 침대 곁에서 긴 은색 머리를 어깨 주위에 늘어뜨린 채 눈을 반짝거리면 그 사랑이 환히 빛났다. 또한 그 사랑은 그녀의 따뜻하고 진실한 미소 속에서도 반짝였다. 또한 내가 얼마든지 침대에 있고 싶은 만큼 오래 있어도 된다고 말할 때도 그 사랑의 빛이 나에게 내리쬐었다.

마침내 아래층으로 걸어 내려갈 수 있을 정도가 되었을 때 그녀가 식당 테이블에 앉아서 깊이 기도에 잠겨 있거나 성경이나 신앙서를 읽는 모습을 자주 보았다. 그때 그 방에 가득했던 향기를 맡을 수 있었다. 그것은 지금 내가 이 글을 쓰고 있는 서재에 가득한 백합화 향기가 아니었다. 꽃향기가 아니라 살아 계신 하나님의 임재를 느끼게 만드는 강렬한 향기였다. 내가 손을 뻗치면 하나님을 만질 수 있을 것 같았다. 그녀의 얼굴에서 비치는 평온과 그녀의 온몸에 스며들어 있는 정숙함을 볼 때, 웹-페플로 부인은 그리스도와 생명력 있는 만남을 누리고 있음이 분명했다. 그녀가 '보배'라는 애칭으로 부르며 존경하는 남편을 부를 때보다 그녀가 '주님'이라고 말할 때 주님이 더 가까이 있는 것처럼 느껴졌다.

어느 날 아침 그녀가 기도에 열중하고 있는 것을 보았는데, 그녀는 읽고 있던 책을 내게 보여 주었다. 그것은 F. B. 마이어가 쓴 시편 23편의 신앙 주석서였다. 그녀는 몇 구절을 읽어 보라고 권했다. 그날 나는 고요한 정원에 앉아서 다음 부분을 읽었다.

우리 모두는 안식이 필요하다. 모든 삶에는 반드시 휴식과 여유가 있어야 한다. 우리 손은 쉬지 않고 계속 일할 수 없다. 머리가 항상 정교한 생각을 할 수는 없다. 기능과 감각이 항상 긴장을 유지할 수 없다. 휴식 없이 일만 하는 것은 시계태엽을 지나치게 감는 것과 같다. 태엽을 지나치게 감으면 결국 태엽은 뚝 끊어지고 기계는 멈춰 버린다. 완전히 지친 기력과 소진된 활력을 회복해야 하는 일상의 분주한 소용돌이에는 많은 휴식이 필수적이다. … 그러므로 안식을 누려라! 위험과 공포의 순간순간마다 예수님, 그분의 이름을 부드럽게 불러 보라! 그러면 그분의 임재하심과 모든 양들이 들을 수 있는 음성으로 당신을 위로하시리라. 그분의 확신의 음성을 들을 것이다. '내 양은 결코 멸망치 않고, 아무도 내 손에서 빼앗을 자가 없느니라.'[6]

나는 열심히 계속 읽었다. 저자는 자신의 말로 바로 웹-페플로 부부가 자신의 삶 속에서 행하는 바로 그 점을 설명하고 있었다. 그들은 나의 연약함과 엄마로 인한 두려움, 아빠에 대한 근심, 즐거운 대학생활을 위해 그런 안타까운 상황을 뒤로 내버려둔 데 대한 죄책감, 친구를 사귀고 싶은 욕구 등을 해결해 줄 수 있는 '기묘자요 모사'에게로 나를 인도해 주었다. 그리고 그 '기묘자요 모사요 목자'는 나를 생명의 샘으로 인도했다. 그곳은 바로 나의 영혼 깊은 곳을 만족시키고 회복시킬 수 있는 곳이며, 그분의 생기를 주시는 성령이 기적적이고도 신비로운 방법으로 부어 주는 생명의 원천이다. 이 풍성한 은혜를 어떻게 구할지 나는 알지 못했다. 그저 궁핍한 처지에서 시편 기자의 목자요, 보혜사요, 인도자인 그분에게 마음을 열었을 뿐인데, 내가 미처 깨닫지 못한 방법으로 그분은 나를 만나 주셨다.

내가 받았던 그 도움을 가장 잘 설명할 수 있는 방법은 벌에 비유하는 수

밖에 없다. 나는 장미의 중심부에 들어가서 만족할 때까지 단물을 끝까지 빨아먹는 벌과 같았다. 웹-페플로 부부의 집과 정원, 과수원, 그리고 박사님의 자랑이자 기쁨인 작은 농장에 평화가 깃들어 있었기 때문에 나는 짐을 벗어 버리고, 그 평화를 흠뻑 마시고, 이 심오한 영적인 양육이 제공되는 고요한 내적 중심지를 혼자서 찾을 수 있었다.

이것은 하나님이 웹-페플로 부부를 통해 나에게 베푼 선물이었다. 그들의 사역은 인자하고, 온화하고, 적절했을 뿐만 아니라 남의 사정에 귀를 기울이는 기도의 중심에서 나온 것이었기 때문에 강력한 힘이 있었다. 그들은 내 문제를 알아내려고 억지로 캐내지 않았다. 그들은 하나님의 음성에 귀를 기울이고 있었기 때문에 내 고통에도 귀를 기울였고, 하나님이 나를 사랑하고 치유할 수 있는 통로로 자신들을 헌신했다. 결국 하나님은 해내셨다. 오후에 웹-페플로 부인과 나는 자주 정원에 앉아서 콩깍지를 까면서 이 가정의 오아시스에 있는 하나님의 창조의 광대하심을 맛보았다. 같이 앉아 있을 때 그녀는 하나님이 고통받는 자들이 예상치 못한 평안과 기쁨을 다시 찾을 수 있도록 어려움에 처한 사람들의 인생에 어떻게 간섭하셨는지를 자기가 본 대로 이야기해 주었다.

그녀가 내게 들려준 모든 이야기는 내 믿음의 불씨를 부채질해서 불꽃처럼 타오르게 만들었고, 그녀의 이야기에 귀를 기울이다 보면 마치 하나님이 내 안에 있던 상처를 어루만지고 완화시켜 주고 치유하시는 것 같았.

그녀가 그토록 남의 필요에 민감하고 지혜로웠던 것은 자신 또한 상처받은 적이 있는 하나님의 치유자였기 때문인가? 아니면 그녀가 나를 치유하는 하나님의 도구가 된 것은 매일 아침 하나님 아버지의 심령에 귀를 기울였던 까닭인가? 나는 그 두 원인이 모두 합쳐졌기 때문이라고 생각한다.

어떤 이유에선 간에, 영원한 평온이 사랑에 의해 절묘하게 드러났던 그 가정에서 나는 다시 생기를 회복했다.

이 하나님의 종들이 학기 첫날 버스 정류장에서 나에게 작별 인사를 할 때, 과연 그들은 그 집에서 머문 그토록 짧은 날들이 나의 신경 쇠약을 치유했을 뿐만 아니라 나에게 심오하고도 오래 지속될 영향을 미쳤다는 것을 알았을까? 잘 모르겠다. 숫기가 없는 나는 정중한 감사 편지를 보내는 이상의 표현은 할 수 없었다. 그러나 결혼 후, 나는 남편과 같이 이 부부를 우리의 모델로 삼았다. 우리도 그들처럼 고난에 굴복하지 않고, 언제든지 사람들을 도와줄 수 있는 하나님의 손길이 되길 원했다. 또한 사람들에게 예수님의 치유의 손길을 느낄 수 있는 가정을 제공하고 싶었다. 또한 예수님과 개인적인 안정된 관계를 통해 흘러나오는 하나님 아버지의 때 묻지 않은 사랑으로 고통받는 세상에 손을 뻗치기를 원했다. 그리고 올바른 시기에 적절한 사람에게 올바른 말을 해 줄 수 있는 능력과 적절한 시기에 적절한 사람의 손에 적합한 책을 줄 수 있는 능력을 간구했다. 그날 그들의 곁을 떠날 때 내가 배운 것을 제대로 말해 줄 수 없었지만, 나도 그들과 같은 사람이 되고 싶었다.

3 토끼굴 그리스도인

나는 웹-페플로 박사와 그의 부인으로부터 놀라운 도움을 받았고, 로버츠 거리 마을에서는 고통을 당한 사람들에게 귀를 기울이는 것의 가치와 곤궁에 처한 사람들에게 실제적인 도움을 줘야 한다는 것을 배웠다. 그리고 사우샘프턴대학교에서의 마지막 해는 긍휼의 은사가 눈에 띄게 성장한 해였다. 하지만 애석하게도 그처럼 좋은 기억만 남아 있는 것은 아니다. 그 해를 돌이켜보면, 나는 정답이 없는 것 같은 문제에 매달리면서 내적인 갈등을 겪고 있었다. 내 인생의 우선순위는 무엇인가? 복음전도자가 되는 것인가, 아니면 사람들의 실제적이고도 정서적인 필요를 돌보는 것인가?

이 갈등의 한 가지 이유는 존 스토트의 화려한 수사를 빌리자면, 사우샘프턴에서 보낸 초기 시절부터 나는 토끼굴 그리스도인이었다는 점이다.

복음주의자인 존의 설명에 의하면, 토끼굴 학생은 가장 친한 친구들하고만 신념을 나누고, 강의실에서는 그리스도인 옆에만 앉기 위해 두리번거리며, 심지어는 식당에서도 점심을 함께 먹는 파트너로 그리스도인만 찾는 학생이다. 가끔 만족스러운 한숨을 쉬면서 '하나님이 이 대학교에 우리 같은 사람을 이렇게 많이 보내셨다는 게 대단하지 않은가?'라고 생각한다.[1]

대학교 입학 첫해, 함께 기숙사에 살았던 그리스도인들도 그와 같았다. 하이필드 기숙사에 도착한 첫날 저녁 미처 짐을 풀기도 전, 대부분의 새로운 학생들이 그렇듯이 나 역시 걱정과 흥분을 동시에 느끼고 있을 때 이 신실한 사람들은 나를 자기 모임으로 인도했다. 나는 태어나 처음으로 집을 떠난 것이었다. 성숙하지 못했고, 불안했다. 하나님에 대한 나의 필요와 그분과의 관계에 대한 나의 열망을 전혀 이해하지 못하는 여학생과 방을 함께 써야 했던 나는 친구가 필요했다. 그래서 이 그리스도인들이 교제를 제안했을 때 감사히 받아들였다.

내가 집을 떠나기 전, 내가 속했던 로버츠 거리의 걸 스카우트 회장은 '편협하게' 살지 말라는 조언을 해 주었다. 나는 그 조언에 놀랐다. 나는 내가 가장 좋아하는 네 가지인 노래, 사이클, 공부, 운동 중 아무것도 놓치고 싶지 않았다. 그래서 대학 합창대에 들어갔고, 자전거를 타고 햄프셔를 돌아다니며, 특히 재미있었던 신학 공부를 열심히 하고, 일주일에 두 번 대학교 농구 팀에서 운동을 해서 마침내 대학팀 선수까지 되었다. 삶은 풍성했고, 충만했고, 좋았다. 동시에 그리스도인연합의 매주 정기 모임에 참석했다. 토요일 밤에는 그리스도인의 생활에 관한 성경 강의가 있었고, 목요일 점심 성경 공부 시간에는 근처 교회의 목사님이 성경 본문에 대한 강해를 해 주었다. 화요일 밤 하이필드 기숙사에서 열리는 그리스도인 모임에서는 함께 기도하고 성경을 공부했다. 새벽 기도 모임에서는 서로를 위한 중보기도를 했고, 예배 후에는 한 학생이 자기 방에서 마련한 차 모임에 참석했다.

언젠가 존 포웰은 우리가 누구이며, 미래에 어떤 사람이 되는지는 우리를 사랑하는 사람들에 의해 영향을 받는다고 주장했다. 그런 이유 때문에 나는 대부분의 시간을 같이 보낸 이 그리스도인들과 점점 더 많이 닮아갈 수밖에 없었던 것 같다. 그것이 불가피했든지 그렇지 않았든 간에, 나는 토끼굴 그리스도인이 되었던 것이다.

신 념

그렇게 된 원인은 나의 연약함 때문이라기보다는 신념의 문제였다. 내 주변의 그리스도인들은 하나님이 내 영적 생활을 고치는 중요한 순간에 나에게 도움을 준 사람들과 거의 똑같았다. 그 당시 핵심 인물은 내 남자 친구 제럴드였다.

제럴드와 나는 몇 년 동안 교제했다. 우리는 같은 교회에서 함께 자랐다. 그도 사이클을 좋아했다. 우리는 또한 선교를 위한 중보기도 모임의 회원이었다. 대부분의 학생들과는 달리 제럴드는 집에서 학교를 다녔고, 엑서터대학교에서는 학위를 따기 위해 공부했다. 우리가 '그저 좋은' 친구 사이를 정리하고, 사랑의 마술에 빠진 것은 바로 그 무렵이었다.

제럴드는 엑서터대학교의 그리스도인연합 회장이 된 후, 학교에서 13킬로미터 떨어진 플림턴이란 작은 마을로부터 학생들과 함께 와서 사역을 해달라는 초청을 받았다. 학생들은 십대선교회의 후원을 받으며 사역하고 있는 복음전도자인 프랭크 팔리의 설교와 사역을 보조하는 역할을 맡았다.

"너도 같이 가는 게 어때?" 제럴드가 어느 날 제안했다.

그곳에서 프랭크로부터 훈련을 받고, 집집마다 방문을 하고, 십대 기혼 여성 모임 같은 다양한 모임에서 설교를 하는 등 다양한 사역에 대해 설명했다. 하지만 나는 내가 굳이 가야 할 이유가 없는 것 같았다. 십대 기혼 여성 모임에서의 설교만 해도 며칠 동안 잠을 설쳐야 하는 일이었다. 하지만 나는 갔다. 첫날 밤 예수님의 생애를 담은 흑백 영화를 보여 줬다. 제목은 기억이 안 난다. 단지 기억나는 것은 필름이 두 번 끊기고, 군데군데에서 영화 음악이 거의 들리지 않았다는 것이다. 그럼에도 불구하고 영화의 메시지는 마음을 도려내는 듯한 아픔을 주었다. 예수님이 이 땅에서 보낸 마지막 격랑의 주간에 종려 나뭇가지를 흔들며 즐겁게 호산나를 외치며 예수님을 환호했던 바로 그 사람들이 "십자가에 못 박으시오! 십자가에 못 박으시오!"라는 간담을 서늘케 하는 외침과 함께 그를 십자가에 처형하라고 요구했던 바로 그 사람들이었던 것이다. 그리고 결정적인 순간에 그들은 예수님이 아니라 바라바를 선택했다.

필름이 두 번째 고장 났을 때, 프랭크 팔리는 이 점을 예리하게 강조했다. "오늘밤 당신에게도 이와 같은 선택권이 있습니다. 영원히 양다리를 걸칠 수는 없습니다. 예수님을 인생의 구주로 선택하지 않는다면, 당연히 그분을 거절하는 것입니다." 예수님이 우리의 전 인생을 그에게 복종하기를 원하신다고 이야기하면서 아직까지 그렇게 하지 않은 사람은 모두 그리스도를 위해 결단을 내려야 한다고 촉구했다.

영화의 장면과 대사들, 그리고 목사님의 영접하라는 설교는 내 마음에 꼭 필요한 듯 다가왔다. 그때 내가 듣고 보았던 것은 새로운 내용이 아니었다. 이미 몇 년 동안 들은 것이었다. 새로운 게 있다면 하나님의 사랑에 개인적인 응답을 하라는 도전이었다. 이전에 그렇게 도전하던 사람을 본 적이 없었다. 하지만 그것은 옳았다. 예수님이 나를 죽기까지 사랑했다면, 적어도 나는 기꺼이 복종하며 감사라도 표해야만 했다.

또 한 가지 새로웠던 것은 내 안에서 솟아올랐던 감정의 분출이었다. 그것은 살아 계신 하나님의 손에 내 인생을 과감히 맡겨드리고자 하는 내 마음과 생각의 가장 강한 소망을 다른 어떤 말보다도 더 강력하게 표현한 것이었다. 그 순간에 마음과 생각 모두가 완전히 감동을 받았음은 물론이다. 프랭크 팔리가 후에 그리스도께 헌신을 하고 싶은 사람들은 교회 앞쪽으로 나오라고 초청했을 때, 나는 교회 의자 끝 쪽에 앉아 있던 제럴드를 지나서 통로를 헤집고 앞으로 나갔다.

처음에 제럴드는 나를 제지하려 했다. 그는 내가 목사님의 말씀을 제대로 이해하지 못했다고 생각한 것이다. "목사님은 비그리스도인들에게 말씀하시는 거야."라고 크게 속삭였다. 그러나 나는 잘못 이해한 것이 아니었다. 그날 밤 나는 내가 진정으로 원하는 것이 무엇인지 알았고, 나를 깨우기 위해 나타나신 그리스도께 내 자신과 내가 가진 모든 것을 사람들 앞에서 포기하기로 결단했다.

그 순간은 내 인생에서 중요한 전환점이었다. 바로 회심의 경험이다. 찬송가의 모든 가사들이 진심으로 고백되었다.

큰 죄에 빠진 날 위해 주 보혈 흘려 주시고
또 나를 오라 하시니 주께로 거저 갑니다.

내 죄를 씻는 능력은 주 보혈밖에 없도다
정하게 되기 원하려 주께로 거저 갑니다.

큰 죄악 씻기 원하나 내 힘이 항상 약하니
보혈의 공로 믿고서 주께로 거저 갑니다.

내 죄가 심히 무거워 구하여 줄 이 없으니
내 의심 떨쳐 버리고 주께로 거저 갑니다.

죄 용서하여 주시고 내 마음 위로하심을
나 항상 믿고 고마워 주께로 거저 갑니다.

주 예수 베푼 사랑이 한없이 크고 넓으니
내 뜻을 모두 버리고 주께로 거저 갑니다.

— 찬송가 339장, 샬롯 엘리어트 작사

예배가 끝난 후, 나는 성령에 취해서 맛본 평안과 기쁨을 제럴드와 나누고 싶었다. 그 다음날 아침 팀 모임에서 다시 나는 전날 밤의 여운이 남긴 신비로운 역사를 간증하고자 했다. 그 체험에 대한 적절한 말이 떠오르지 않았다. 그렇다고 처음으로 예수님에 관해 들었고, 마침내 그와 사랑에 빠졌다고 주장할 수도 없는 노릇이었다. 오히려 반대로 그리스도인이 되라는 초대에 응한 것은, 내가 이미 자신을 믿는 자라고 생각했기 때문이었다. 그것은 마치 이미 마음속에 연필로 적혀 있는 내용, 즉 어렸을 때부터 내 속에 부어진 그리스도에 대한 사랑에 밑줄을 치며 강조하는 것과 같았다. 그럼에도 불구하고 그것은 자유케 하는 것이었고, 인생을 변화시켰다.

우리 팀은 환상의 팀이었다. 그들에게 있어서 나는 막 태어난 초신자였고, 또 그렇게 대우했다. 그들이 알고 있는 모든 것을 가르쳐 주고, 특히 전도하는 기술도 훈련시켜 주었다. 우리가 엑서터로 돌아와서도 나의 훈련은 계속됐다. 나는 이전 나의 욕심을 십자가에 못 박고 성경의 모든 것을 깨닫기로 결심했다.

나에게 하나님과의 뜻밖의 만남을 주었던 이곳, 플림턴에 우리가 간 목적은 플림턴 사람들, 특히 교회 문턱에 발도 들여놓은 적이 없는 사람들에게 다가가는 것이었다. 우리는 그런 사람들을 우리 모임에 참석하도록 하기 위한 '견인 사역'이 가장 효과적인 복음전도 방법이 아님을 깨달았다. 그래서 야외 모임을 만들고, 집집마다 방문을 하고, 가정에서 소모임들을 만들었다. 그것은 교회에 나오지 않는 사람들도 하나님의 간섭하심을 받게 하기 위해서였다. 그들은 또한 '복음에 대해 스스럼없이 이야기하는' 방법, 즉 사람들을 만나는 어떤 장소에서든지 예수님에 관해 이야기하라고 격려했다.

프랭크와 팀원들, 그리고 하나님께로부터 받았던 인정을 통해 새롭게 발견한 기쁨으로 충만해지고, 복음전파에 대한 열정으로 충만해진 나는 전도하는 기술과 방법이 나날이 좋아졌다. 그것은 플림턴에서의 사역 이후에도 지속되었다. 나는 가는 곳마다 전도했다. 주변 사람들의 관심이 있든지 없든지 간에 간증을 했다.

그곳에서의 사역이 끝났고 돌아가는 기차 안에서도 옆 사람에게 그 이야기를 했다. 내 부모님에게도, 학교의 성경 과목 선생님에게도 했다. 부모님과 성경 선생님은 놀랐다. 그러나 불행히도 그날 내 옆자리에 앉았던 그 낯선 사람은 내가 엑서터의 세인트데이비드 역에서 내리는 순간, 크게 안도하며 이제부터는 평화로운 여행을 할 수 있다고 생각했을 수도 있을 것이다. 안타깝게도 나는 나의 열심과 복음전도에 대한 열정에 비해 남들을 돌아보는 세심함이 부족했고, 먼저 타인과 관계를 맺은 후에야 그리스도를 증거하는 권리를 확보할 수 있다는 기술을 아직 체득하지 못했다.

내가 그렇게 열심을 낸 이유는 플림턴에서 하나님이 사람들의 인생을 변화시킬 수 있다는 것을 직접 목격했기 때문이었다. 그분은 나의 인생도 변화시켰다. 또한 선교 여행 동안 그리스도의 사랑에 굴복하고 그 후 나와 정기적으로 연락을 주고받게 된 또 다른 십대 소녀인 길도 변화되었다. 나의 갈망은 그리스도를 위해 사람들을 구원하러 전 세계로 가라는 그리스도의 지상명령에 붙들린 바 되는 것이었다. 나는 하나님이 사람들의 인생을 변화시키는 것을 계속 보길 원했다.

대학생활을 시작하기 위해 엑서터를 떠나면서 나는 새롭게 각성한 내 믿음을 양육해 주었던 그리스도인들 곁을 떠나게 되었다. 첫 학기 후 제럴드와의 로맨틱한 관계는 끝이 났기 때문에 그의 편지와 만남을 통해 더 이상 도움을 받을 수 없었다. 하지만 하이필드 기숙사에 있는 그리스도인연합의 지체들이 그 빈 공간을 메워 주었다. 우리는 함께 성경을 보며 캠퍼스에서 성경적으로 산다는 것이 어떤 것인지를 알기 위해 공부하며, 같은 비전을 나누었다. 우리는 기숙사 안팎에서 그리스도를 증거하며, 이 신념으로 하나가 되었다. '그리스도가 해결책이다.'라는 슬로건을 가지고 고난을 당한 사람들을 위해 일했다. 그러나 슬프게도 우리가 다른 사람의 의심과 고뇌에 귀 기울이지 않는다면, 그리스도가 그들의 영혼 깊은 곳에 있는 욕구를 만족시켜 주는 해결책이라는 사실을 깨닫지 못한다는 것을 미처 몰랐다.

종종 문제를 가진 사람들이 나를 찾아오곤 했다. 예를 들어, 패트는 폐쇄공포증에 시달렸는데, 관리인이 배정한 작은 방 밖으로 나가고 싶어 했다. 향수병에 걸려서 정치가인 아빠를 몹시 걱정한 인도 여학생도 있었다. 남자 친구에 관한 문제를 나누고 싶어 하는 여학생도 있었다. 그런데 이 학생들을 위한 내 기도는 항상 똑같았다. 그리스도를 만나게 해 달라는 것이었다. 그들 역시 회심의 체험을 통해 그들의 문제를 하룻밤 사이에 해결할 수 있을 것이라는 순진한 생각을 했던 것이다. 사방으로 포위된 채 어스러지고 말 것이라는 패트의 두려움도 날아갈 것이고, 인도 여학생도 평안을 찾을 것이고, 남자 친구 문제도 눈 녹듯 사라질 것이라고 생각했다. 이렇게 나는 고통받는 사람들에게 하나님의 사랑을 실현할 수 있는 이 무수한 기회를 모두 날려 버리고 말았다. 선한 목자이신 주님의 돌봄과 헌신으로 내 동료들의 짐을 덜어 주기는커녕(갈 6:2), 하나님께 순종한다는 명목으로 '그리스도께 돌아오라'는 상투적인 해결책만 제시할 기회를 찾고 있었던 것이다. 그것은 그리스도인들에게는 문제가 전혀 없다는 가정에 기초한 것이었다. 나는 그들에게 신앙 서적도 빌려 주고 기도도 해 주었지만, 그 옛날 로버츠 거리에 살면서 엄마 옆에서 배운 교훈은 잊어버린 모양이었다. 또한 웹-페플로 부부의 집에서 사우샘프턴으로 돌아오는 길에 버스 안에서 한 결심, 그들이 나를 사랑한 것처럼 희생적인 긍휼을 품고 다른 사람을 사랑하고 긍휼 그 자체인 하늘에 계신 아버지의 모습을 본받아 다른 사람에게 긍휼을 베풀어야 한다는 결심조차 잊어버린 것 같았다.

그 당시에는 그것을 깨닫지 못했기 때문에 만일 하나님이 부어 주신 긍휼의 싹이 말라 죽어 가고 있다는 것을 눈치라도 챘으면, 나는 기절하고 말았을 것이다. 나는 남을 돌보기보다는 열심당원처럼 되어 갔고, 지혜롭지 못한 채 더 고군분투했다. 강의실이나 합창단이나 농구 경기나 어디를 가든지 간에, 누군가에게 그리스도에 관해 이야기를 해 줄 기회만 찾았다. 그러면서 그런 표면적인 전도 기회를 만드는 쪽으로 대화를 이끌어가지 못할 때는 죄책감에 시달리곤 했다. 전도는 의무이고, 그것만이 올바른 증거 방식이라는 말을 귀가 따갑도록 들어왔기 때문이었다. 아무런 의심도 없이 그 가르침에 세뇌되었다. 그리스도의 모든 제자들은 그의 증인이 되라는 명령을 받았지만, 내가 모방했던 전도의 은사는 소수의 사람들에게만 맡겨졌다는 생각은 결코 하지 못했다. 사랑과 민감한 마음을 가지고 다른 사람들의 필요를 채워 줌으로써 그들을 섬기는 것도 전도의 은사와 마찬가지로 하나님께서 주신 귀한 은사라는 것을 결코 깨닫지 못했다(롬 12:6~8). 또한 몇 마디 말로만이 아니라 지극한 정성으로 내 상처를 놀랍게 치유한 웹-페플로 부인 같은, 그리스도를 위해 사는 사람들의 아름다운 인생에 의해 그리스도께 마음이 끌리는 사람들도 있다는 사실을 깨닫지 못했다. 그리스도인연합의 지체들도 나와 비슷한 무지로 눈이 가려져 있었고, 우리는 모두 복음전도에 대해 의무적이고 제한된 관점을 공유했기 때문에 충성과 더불어 다소 위험한 종류의 사랑으로 묶여 있었다.

교리

내가 토끼굴 그리스도인이 된 데에는 또 다른 이유가 있었다. 신학 교리가 나를 더 깊은 토끼굴의 수렁 속으로 떠밀었다.

나는 신학 학위를 따기 위해 공부했다. 모든 강사들은 자유주의 신학자들이었다. 아무도 나의 복음전도에 대한 견해를 받아들이지 않았다. 내가 품었던 믿음들은 계속 의심과 도전을 받았다. 그래서 생각이 같은 그리스도인들의 도움이 필요했다.

이때 나는 그리스도인연합의 총무로서 학생기독인운동(SCM)의 대표와 연락을 주고받았다.

그리스도인연합과 SCM의 입장은 지난 몇 년간 벌어져 있었다. 내가 1950년대 학생이었을 때, 그것은 도저히 좁힐 수 없는 것 같았다. SCM은 드디어 당시에 상당한 인기를 끌었던 신학적 자유주의를 수용한 학생들을 끌어들였다. 이 자유주의자들은 기독교의 핵심 목표가 회심하라고 도전함으로써 개인을 하나님 나라에 들어가도록 전도하는 것이 아니라, 이 땅에서 천국의 조화를 누릴 수 있도록 사회를 변화시키는 데 집중하는 것이라고 믿었다. 가난한 사람들의 물질적 필요를 채워 주고, 굶주린 사람들에게 먹을 것을 주고, 병든 자에게 다가감으로써 사회를 복음화시키고자 노력했다. 개종이 아니라 인류 박애가 그들의 목표였다. 이것이 이 땅에 하나님

나라를 확장하는 방법이라고 주장했다. 또한 복음전도 활동이 영혼 구원을 위해 인격체의 일부분에만 관심이 있고, 구원받는 사람 숫자에만 신경을 쓰며, 전인격체로서의 사람에 대해서는 긍휼을 품지 않는 것이라며 그리스도인연합를 비난했다.

또 다른 한편으로는 그리스도인연합(구성원들 사이에서는 CU라는 애칭으로 불리움) 역시 똑같이 SCM에 의심의 눈초리를 보내고, 다음과 같은 그리스도의 분명한 가르침을 부인하는 것처럼 보이는 '사회 복음'의 입장에 경멸의 눈초리를 보냈다. "진실로 진실로 네게 이르노니 사람이 거듭나지 아니하면 하나님의 나라를 볼 수 없느니라 … 사람이 물과 성령으로 나지 아니하면 하나님의 나라에 들어갈 수 없느니라 … 하나님이 세상을 이처럼 사랑하사 독생자를 주셨으니 이는 그를 믿는 자마다 멸망하지 않고 영생을 얻게 하려 하심이라"(요 3:3, 5, 16).

가끔 SCM이 자선 사업이나 특별 사업에 동참하라며 CU를 초청하곤 했다. 그러나 CU의 주목적은 그리스도가 사람들의 인생을 변화시키도록 격려하고 성경적으로 살도록 촉구하는 것이었고, 그들의 주목적은 사회 변화였기 때문에 양쪽 다 '그리스도인'이란 이름을 달았지만 서로 협력한다는 것은 불가능했다. 양쪽 모두 상대방의 적대적인 입장에 대해 더욱 자신을 굳건히 방어했다. CU는 배수진을 치며 싸우는 비장함으로 성경의 가르침에 대한 자신들의 입장을 방어했다. SCM 역시 공격적으로 그리스도의 가르침에 관한 '사회 복음'적 해석을 수호했다. CU는 SCM을 자유주의라고 비난했고, SCM은 CU를 편협한 단체라고 되받아쳤다. 이 둘 사이의 간극은 갈수록 커져갔다. CU에 소속된 우리들은 상처를 받고, 혼란에 빠져 당황하면서 자신만의 토끼굴 속으로 움츠러들었다. 그래서 자유주의자들의

'사회 복음'과 도움이 필요한 사람들에게 다가가라는 그리스도의 분명한 도전을 완전히 분간하지 못하게 되었다.

이러한 상황을 놓고 볼 때, 아마도 우리 단체는 '긍휼이 없는 종교는 아무 쓸모없을 뿐 아니라, 하나님의 진노와 혐오만 가져올 뿐이다.' 라는 이사야서의 메시지를 놓쳤던 것 같다. 또한 "학대 받는 자를 도와주며 고아를 위하여 신원하며 과부를 위하여 변호하라."(사 1:7)는 명확한 하나님의 명령도 말이다. 또한 우리는 예수님의 분명한 가르침을 놓치는 위험에 빠졌다. 굶주린 자, 병든 자, 포로 된 자에게 다가가지 않는 것은 곧 우리 자신을 무시하는 것과 같다는 가르침 말이다.

우리는 갈라디아서 5장 22, 23절도 깨닫지 못했다. "오직 성령의 열매는 사랑과 희락과 화평과 오래 참음과 자비와 양선과 충성과 온유와 절제니." 여기서 말하는 사랑은 행동으로 나타나는 사랑이며, 소매를 걷어붙이고 곤궁에 빠진 사람들을 도와주는 사랑이며, 같이 고통을 느낄 때까지 사랑하는 사랑이라는 것을 우리 단체는 깨닫지 못하고 있었다. 또한 온유는 다른 사람의 가죽신을 신고 1킬로미터라도 같이 가고자 하는 의지이며, 고대 인도 속담을 인용해 보자면 모든 고통은 다 뜻이 있다는 생각을 헤아려 주는 능력이며, 여태껏 사랑을 거의 받아 보지 못한 사람에게 사랑을 쏟아 부어 주는 능력이라는 것도 깨닫지 못했다.

게다가 어떤 상황에서 겪는 우울, 사별의 고통, 공포, 고독 등이 "그리스도께 돌아오면 만사형통할 것이다."라든지 다정스럽게 "기도해 봐라."든지 하는 그저 호의적인 반응만으로는 해결될 수 없다는 것을 알 만큼 인생의 경험도 없었고, 지혜롭지도 못했다. 사람들의 고뇌에 대한 그런 반응은 너무나도 단순한 것이다. 그러나 당시만 해도 아무도 우리에게 다음과 같은 진리를 강조해 주지 않았다. "치유와 새 힘을 주는 사람들은 바로 남의 고통을 외면하지 않고 긍휼을 품고 그 상처를 싸매 주는 사람들이다. 사실 역설적이게도 치유의 출발은 고통받는 자들과 하나가 되는 것이다." 또한 "해결 중심적인 우리 사회에서 고통을 공유하지 않은 채 그것을 치료하려고 시도하는 것은 마치 위험을 무릅쓰려 하지 않으면서 불타는 집에 있는 아이를 구하려는 것과 같다는 점을 깨닫는 것이 그 어느 때보다 중요해졌다."라는 것을 우리에게 지적해 준 사람이 아무도 없었다.[2] 이러한 것들을 알았다면 우리는 다르게 행동했을 것이다.

그러나 현실을 놓고 볼 때 복음을 수호하고 성경의 진리에 따라 인생을 설계하겠다고 결단은 했지만, 우리는 긍휼의 중요한 깨달음은 놓치고 있었다. 그리스도의 성품이 없다면 많은 부분의 복음전도는 힘써 봐야 효과도 없고, 최악의 경우 미숙할 수밖에 없다는 것을 말이다.

슬프게도 나의 어린 시절 심은 긍휼의 좋은 씨앗은 신학적 갈등과 혼돈 때문에 말라비틀어졌다. 그 상황에서는 어쩔 수 없는 일이라고 믿고 싶지만, 매우 후회스럽다.

미 성 숙

내 가   토 끼 굴   그리스도인이 된 세 번째 이유는 대학 입학 당시 영적으로 여전히 어린 아기였다는 사실이다. 어린 아기는 성숙하지 못하다. 필요한 만큼의 확신과 성숙함 속에서 성장하기 위해서는 먼저 엄마의 자궁이 필요하고, 그 다음에 삶의 방향을 주고 기준을 분명히 제시하고 설명해 주는 따뜻하고도 사랑이 넘치는 가정이 있어야 한다. CU는 바로 아기가 자라는 자궁이었다.

CU에서의 신앙의 기초와 성경적인 삶에 대한 강조는 내게 필요한 삶의 방향성을 제시해 주었다. 그리고 그리스도의 이름으로 부딪칠 준비가 안 된 나에게 있어서 CU는 어른으로서 감당해야 하는 도전을 피할 수 있는 가정과 같았다. CU 모임에서 나는 그리스도의 주권에 굴복하는 삶이 무엇인지를 깨달을 수 있을 만큼 편안하고도 안정된 보금자리를 찾은 셈이었다. 비슷한 생각을 가진 그리스도인들과의 교제, 친분, 도움, 가르침이 없었다면, 고등학교 때 결심한 그리스도에 대한 헌신이 흔들렸을지도 모른다. 그러나 그때의 헌신을 결코 저버리지 않았다. CU의 친구들과 같이 좋아하는 운동을 하면서 하나님의 말씀에 대한 깨달음은 더욱 깊어졌고, 성장했다.

성숙은 변화를 가져온다. 아기는 십대로 성장한다. 마찬가지로 아기 그리스도인도 십대 그리스도인으로 성장한다. 십대가 자신들에 대한 양육과 요구사항을 아무런 의심 없이 받아들이는 법은 거의 없다.

기말 시험 준비로 눈코 뜰 새 없이 바빠진 무렵, 나는 영적 순례 여행에서 의심으로 가득 찬 십대가 되어 가고 있었다. 내가 학사 학위를 받고 대학교를 졸업할 수 있는지를 결정할 기말 시험 바로 일주일 전에 웹-페플로 부부는 나를 다시 피신처인 그들의 가정으로 데리고 갔다. 나는 긴장했고 다소 불안했다. 위원으로서 봉사한 그 해에 잃은 게 많았던 나는 신학적 논쟁, 도서관에서의 장시간 노동, 엄마의 건강에 대한 지속적인 염려 등을 겪었다. 그러나 또다시 웹-페플로 부부 곁에 있고, 그들의 가정과 정원에 있는 것만으로도 필요한 회복을 얻을 수 있었다. 그들의 세심하고도 편안한 관심을 통해 과도하게 감긴 내 삶의 태엽은 리듬을 되찾았다. 햇빛과 고요함을 흠뻑 마시며 잔디밭에 앉아서 긍휼이 넘치는 그리스도의 임재를 느낄 수 있었다. 웹-페플로 부인과 함께 정원과 과수원을 거닐고, 웹-페플로 박사와는 농장을 산책하면서 하나님의 많은 피조물을 사랑하게 되었다. 익어 가는 딸기와 꼬꼬댁 우는 암탉, 꿀꿀거리는 돼지, 뒤뚱거리며 걷는 거위, 잔디 위로 높이 솟은 갖가지 아름다운 나무들. 웹-페플로 부인의 평온하고도 기도가 담긴 사랑은 하나님의 사랑을 직접 체험할 수 있는 분위기를 다시 한 번 만들어 주었다. 머리로는 익히 알았지만, 영혼 깊은 곳에서 그토록 갈망했던 바로 그 사랑이었다. 주말이 끝날 무렵 원기를 회복한 나는 기말 시험을 치르기 위해 다시 사우샘프턴으로 돌아왔다.

웹-페플로 씨 댁에서 보낸 이 두 번째 짧은 기간은 나에게 생기와 위로를 주었지만, 반면 긴장을 풀어 주고 다소 낙담케 만들었다. 그들의 인생관은 CU에 있는 우리들과는 사뭇 달랐기 때문이다. 그들은 전 인생 동안 그리스도가 인생을 변화시킨다는 복음을 전파했다. 인도에서 그런 일을 했고, 지금은 햄프셔의 뉴 포레스트 지역과 다른 곳에서도 그 일을 하고 있었다. 그들 부부가 만난 사람들의 인생에서 일어난 놀라운 변화에 관해 이야기할 때면 넋을 잃을 정도로 감동했다. 최근 한 친구가 웹-페플로 박사가 즐겨 하는 이야기를 내게 전해 주었다.

내과 전문의인 그는 근처 정신 병원에 있는 환자들을 정기적으로 방문했다. 그 병원 환자 중의 한 명은 그의 동료 의사였는데, 웹-페플로 박사의 마음에 그를 향한 강한 긍휼이 싹텄다. 이 사람을 위해 기도하던 웹-페플로 박사는 하나님이 성경의 어떤 구절을 그와 나누기를 원하신다는 것을 느꼈다. 처음에는 하나님과 논쟁을 하면서, 이 의사는 그리스도인이 아니기 때문에 성경을 읽어 준다는 것은 그다지 적절치 않다고 주장했다. 그러나 그렇게 하는 것이 옳다는 생각이 계속 들어서 다음에 방문했을 때는 그 의사 친구와 평소처럼 이야기를 나누고 그 후에 성경을 몇 구절 읽어 줘도 되냐고 물었다. 그 의사는 동의했고 다음 구절을 들었다.

"여호와께서 지금 말씀하시느니라 … 너를 지으신 이가 말씀하시느니라 너는 두려워하지 말라 내가 너를 구속하였고 내가 너를 지명하여 불렀나니 너는 내 것이라 네가 물 가운데로 지날 때에 내가 너와 함께할 것이라 강을 건널 때에 물이 너를 침몰하지 못할 것이며 네가 불 가운데로 지날 때에 타지도 아니할 것이요 불꽃이 너를 사르지도 못하리니 대저 나는 여호와 네 하나님이요 이스라엘의 거룩한 이요 네 구원자임이라 … 네가 내 눈에 보배롭고 존귀하며 내가 너를 사랑하였은즉"(사 43:1~4).

이 말씀은 그 환자에게 큰 감동을 주었고, 그는 웹-페플로 박사가 가고 난 후 간호사에게 성경을 구해 달라고 했다. 간호사가 한참을 찾아 표지에 애슐리침례교회라고 새겨진 약간 낡은 성경을 한 권 찾았는데, 애슐리는 고딕체로 쓰여 있었다. 그 사람은 매우 놀랐다. 그가 들은 구절은 "내가 너를 지명하여 불렀나니 너는 내 것이라."는 말씀이었고, 정말 우연하게도 그의 이름은 애슐리였다.

웹-페플로 박사가 다음에 찾아왔을 때 그는 "어떻게 하면 그리스도와 관계를 맺을 수 있나?"라고 물었다. 웹-페플로 박사는 계속 그를 방문하면서 꼭 도움이 필요한 시점에서 하나님이 어떻게 그를 어루만지고 변화시키셔서 빠르게 회복시켰는지를 직접 지켜볼 수 있었다. 그의 건강이 회복되어 병원을 떠날 때 그는 정말 기뻐했다.

웹-페플로 박사의 전기에서 캐서린 매코어는 또 다른 간증을 들려준다. 웹-페플로 박사는 노퍽 주에 있는 크로머에서 사흘간을 즐겁게 지내면서 매년 개최되는 해안 선교 사역을 도왔다. 크로머를 떠나는 날 황량한 도로를 운전하며 평소처럼 여러 사람들을 위해 기도하면서 여행 시간을 보냈다. 그런데 놀랍게도 갑자기 '멈춰서 뒤로 가라'는 내적 음성이 들렸다. 그래서 차를 길가에 대고 시동을 끈 채 하나님께 물었다. "이게 무슨 뜻입니까?" 응답으로 받은 생각은 매우 이상한 것이었다. "크로머로 돌아가서 불핏 부인에게 그녀와 두 아이들을 버밍엄까지 태워 줘도 되겠는지 물어보도록 하라."

불핏 부인의 두 아이들은 해안 선교 팀이 실시한 여러 활동에 참가했지만, 그들이 어떤 어려움에 처했다는 낌새는 전혀 없었다. 그들은 그저 아빠가 버밍엄에 살고 있는데, 해안 선교 사역이 끝나면 아빠한테 갈 거라고만 했다.

웹-페플로 박사는 하나님과 논쟁을 시작했다. "생전 한 번도 만나지 않은 여자한테 가서 영국의 절반을 가로질러 그녀와 아이들을 데려다 줘도 되냐고 어떻게 물어봅니까? 그렇게 할 수는 없습니다. 그리고 저도 이미 늦었는데요." 하지만 그 생각이 너무나도 강했기 때문에 차를 돌려 불핏 가족이 머물고 있는 호텔로 갔다.

불핏 부인이 호텔 로비에 왔을 때, 웹-페플로 박사는 전에 해안 선교 팀에서 두 아이를 만난 적이 있다고 설명한 후 이렇게 말했다. "사실 저는 노스웨일스로 가는 중인데 버밍엄 근처를 지나가야 합니다. 그래서 당신들을 집까지 태워다 드릴까 하는데요.'

웹-페플로 박사는 그때를 이렇게 회상한다.

누가 더 당황했는지는 모르겠다. 그녀인지 난지. 하지만 그녀는 보통 여자들이 대응하듯이 그렇게 했다. 그 제안을 받아들일 수 없다고 갖가지 구실을 대기 시작했다. "남편이 지금 여기 없거든요. 우리는 기차를 타고 가기로 이미 계획이 되어 있습니다." 등. 그런 후 이렇게 덧붙였다. "그런데 오늘 아침부터 내 딸이 몸이 많이 안 좋습니다."

"유감이군요. 혹시 의사는 만나 보셨습니까?"라고 물어보았다.

"여기에는 아는 의사가 아무도 없습니다. 기다리면서 그 애가 어떤지 좀 지켜봐야 할 것 같아요."

그래서 이렇게 말했다. "저는 의사입니다. 전공이 주로 어린이들을 돌보는 것이지요. 제가 한 번 진찰해도 될까요?" 그랬더니 그녀는 "그렇게 해 주신다면 정말 안심이 되겠습니다."라고 말했다.

급성 맹장 초기 단계라고 진단한 웹-페플로 박사는 그 지역 의사한테 전화를 해 왕진을 청했다. 지역 의사는 웹-페플로 박사의 진단과 다른 진단을 내렸다. 그때 불핏 부인은 웹-페플로 박사에게 자기 가족을 버밍엄으로 될 수 있는 한 빨리 데려다 주면 대단히 고맙겠다고 말했다. 20분 안에 모든 짐을 꾸렸고, 그들은 마침내 버밍엄으로 떠났다. 웹-페플로 박사는 매 시간마다 차를 멈추고 환자의 맥박을 점검했다. 그리고 매 시간마다 맥박이 점점 빨라지고 있음을 발견했다. 버밍엄까지 아직도 한 시간이나 남았을 때, 어린 소녀는 몸이 창백하게 변하기 시작했기 때문에 웹-페플로 박사는 수술도 하기 전에 맹장이 파열되는 게 아닌지 걱정이 됐다. 그래서 차를 다시 세우고, 병원으로 전화를 해서 병실을 준비하게 하고 도착 즉시 수술을 할 수 있도록 외과 의사와 가정의를 대기시키도록 준비시켰다.

웹-페플로 박사는 다음과 같이 회고한다.

> 그들은 굉장히 훌륭했다. 그녀는 곧 수술실로 들어갔다. 외과 의사는 내가 도와줄 수 있는지 물었다. 나는 "예, 기꺼이 그러죠."라고 대답했다. 그가 배를 열고 당장이라도 파열할 것 같은 맹장을 끄집어 낸 후, 나를 쳐다보며 물었다. "영국의 반을 가로질러 이 아이를 데려왔군요. 어떻게 된 겁니까?" 그래서 자초지종을 설명했더니, 그가 말했다. "당신 말이 백 번 맞습니다. 바로 하나님의 손길이었습니다."
>
> 이때쯤 아이 아빠가 병원에 나타났다. 그가 부유한 사업가라는 것을 나중에 알았다. 그날 밤 나를 자기 집으로 초대했는데, 저녁 식사 후 응접실에서 벽난로에 기대 선 채 무슨 일이 있었는지를 물었다. 그래서 이야기를 해 주었더니 "정말 하나님이 이 일에 간섭하셨군요. 사실 지금까지는 하나님께 많은 일을 하지 않았습니다. 돈 버느라고 너무 바빴습니다. 하지만 이제 때가 된 것 같군요."라고 했다.
>
> 그래서 "잘 생각하셨습니다."라고 말했다.[3]

그날 밤 그 사업가는 하나님으로부터 평안을 얻었다. 3주 후 웹-페플로 박사는 그의 가족을 만나기 위해 버밍엄에 갔다. 웹-페플로 박사의 입으로부터 자초지종을 듣고 싶어 했던 밀리센트란 이름의 그 아이는 놀랄 만한 회복을 보였다. 훌륭한 이야기꾼인 그는 잊지 못할 그날에 일어난 사건을 하나하나 상세히 그녀에게 들려주면서, 그녀의 생명을 구한 분은 바로 예수님이라고 소개했다. 밀리센트는 굉장히 감동을 받고 그날 밤 하나님께 인생을 헌신한 후 계속 하나님께 쓰임 받는 길을 갔다. 그녀는 백 명 이상의 어린이들이 출석하는 정기 주일 예배를 인도하게 되었다.

웹-페플로 부부는 이와 같은 이야기를 들려줄 때마다 하나님의 온전한 선하심과 그분의 놀랍고 신비로운 역사를 늘 강조했다. 그리고 어쨌든 그들의 복음전도 방식은 우리가 대학에서 시도한 것과는 사뭇 다르고 더 뛰어나다는 사실을 깨닫게 되었다. 그들의 비밀은 무엇이란 말인가?

하지만 당시에는 그들의 사랑이 남들의 사정에 귀를 기울이는 기도의 샘에서 나온 것이며, 그것이 바로 효과적인 사역의 원인이었다는 것을 여전히 깨닫지 못했다. 또한 그 질문이 복음전도냐 사랑이냐 둘 중에서 이것 아니면 저것 식의 답이 있는 것이 아니고, 둘 다가 답이라는 것을 아직 알지 못했다. 게다가 H. R. 니부어가 "말과 행동이 함께할 때, 하나님과 이웃을 더 많이 사랑하라는 것은 복음전파와 모든 교회 조직과 활동, 그리고 모든 사역의 목표와 소망이 된다."[4]라고 설명했듯이 영혼에 대한 열정과 사람들에 대한 사랑을 성공적으로 조화시키는 법을 몰랐던 것이다.

당시 나는 내적 혼란을 겪고 있었다. 그래서 나는 대학교와 CU, 그리고 구식이고 만족스럽지 않은 것처럼 보이는 생활 방식을 기꺼이 버리고자 했다. 그러나 그런 생각은 반드시 나중에 더 따져 봐야 할 문제였다. 시험 결과가 대학 게시판에 부착되었다. 나는 통과했다. 대부분의 친구들과 마찬가지로 이제 이 '풋내기 시절'을 화려하게 끝내기 위해 분주하게 준비에 들어갔다. 졸업식 날 당당한 위풍을 보이기 위해서 말이다.

4 사람이 더 중요하다

1959년 여름은 사상 가장 무더운 날씨를 기록했다. 마지막 시험을 보기 전, 몇 날 며칠을 정원에 앉아서 교정을 바라보았다. 기말 시험 기간 동안 태양이 시험 장소의 유리 지붕을 내리쬐어 여러 명의 학생들이 열 때문에 기절했다. 기말 시험이 끝난 후에도 열기는 계속되었고 부모님은 졸업식에 참석하기 전에 휴일을 보내기 위해 사우샘프턴으로 오셨다.

사우샘프턴에서의 두 번째 해가 거의 반쯤 지났을 때, 나는 대학원생인 데이비드 허기트와 사랑에 빠졌다. 우리는 약혼함으로써 나의 기말 시험이 끝난 것과 그의 논문 제출을 축하했다. 약혼한 커플로서 첫 임무는 내 부모님에게 멋진 휴가를 선사하는 것이었다.

엄마는 그 주 내내 건강했다. 아빠도 휴식을 충분히 취했다. 그들은 생애에서 가장 멋진 휴가였다며 만족했다. 학위 수여, 연설, 사우스 스톤햄 홀 주변의 품위 있는 정원에서의 뷔페 점심으로 이어진 졸업식 날은 즐거운 하이라이트이자 최고로 완벽한 날이었다. 그날 부모님은 처음으로 데이비드의 부모님을 만났다. 과거의 짐이 현재의 완전한 즐거움 속에서 눈 녹듯 날아갔고, 당시에는 깨닫지 못했지만 나는 중요한 영적인 전환기를 맞이했다.

다 른   사 람 들

소원을 말로 표현한 적이 결코 없지만, 나는 데이비드가 나와 같은 비전, 즉 웹-페플로 부부의 생활 방식을 우리 인생에서 따라야 할 모델로 삼아야 한다고 생각했다. 그런데 그의 집에서 나의 이런 생각이 요약된 액자를 봤다. 마치 우리 둘을 위한 것 같았다. 그 액자에 새겨져 있는 말은 바로 '다른 사람들을 위해서'였다. 약혼생활 첫 주 동안 깊어지는 우리의 사랑은 부모님께로 흘러들어 가는 듯했고, 우리는 다른 사람의 이익을 위해 자신을 희생할 때 찾아오는 보이지 않고 만질 수도 없는 대가를 맛보았다. 그 대가는 우리가 기쁨이라고 부르는 내면의 행복이었다.

돌이켜 보건데 걱정해야 할 시험도 없고, 시간을 쏟아 부어야 할 임원으로서의 업무도 없었던 로버츠 거리에서 나는 매일, 매주, 여름의 몇 달 동안을 어떻게 보내야 할지 자유롭게 생각하고, 평가하고, 선택했다. 때는 7월 초였는데, 맨체스터대학교에서 대학원 공부를 시작하는 10월까지는 집을 나서지 않았다.

로버츠 거리에 다시 돌아가자마자 엄마의 건강은 또다시 악화되었다. 여름 방학 내내 엄마는 내가 열한 살 때부터 고생했던 그대로 계속 고통을 당했다. 아빠는 요리하고, 청소하고, 시장 보고, 필요한 간호를 하면서 계속 엄마를 돌보았다. 르네 고모도 계속 찾아와서 엄마 말을 들어주고 격려하고 위로했다. 그리고 많은 이웃 사람들도 계속 방문했다. 3년이나 집을 떠나 있는 동안 내 가치와 생활 방식은 바뀌었지만, 로버츠 거리의 생활은 거의 변하지 않았다. 엄마에게 시간과 힘과 사랑을 그토록 아낌없이 베푼 사람들의 신실함과 변함없는 선행은 나에게 깊은 인상을 주었다.

그들은 엄마의 병세 초기부터 고통을 함께 나누었고, 지금도 그랬다. 엄마의 고통과 아빠의 연약함을 함께 나누는 것을 전혀 두려워하지 않았다. 그들이 내 부모님을 위해 아픔을 나눈 것은 그 처지를 자기가 당한 것처럼 생각하고 어디가 불편한지를 직접 느꼈기 때문이다. 매일 닥치는 성질의 문제들 때문에 자신들도 좌절하고 어려움을 겪는다는 것을 알았기 때문에, 쇼핑 같은 실제적인 도움이 많이 필요한 일을 계속 도와주었다. 그들의 도움은 인정이 넘치고 진실한 것이었다. 처음에는 그들의 신실함에 적잖이 놀랐다. 사우샘프턴에서 지낸 3년 동안 CU에 소속된 우리들은 행하는 사랑에 대해 토론도 하고, 성경이 그것에 관해 무슨 말을 하는지 공부도 했지만, 우리 중 누구도 자신을 희생하면서까지 이 이론을 실천에 옮기려고 시도조차 하지 않았다. 그러나 바로 이곳 사람들은 사랑을 머리로는 몰랐지만, 자기를 희생하면서 사랑한다는 것이 어떤 것인지 알고 있었다. 그것은 참으로 나를 겸손케 만들었다.

어떤 면에서 그것은 놀라운 것이었다. 대부분의 이웃 사람들은 하나님을 경외했지만, 아주 가까운 곳에 있는 교회 문턱도 밟아보지 못했다. 대부분 그들은 아마 자신들이 기독 단체에 갈 만한 주제가 되지 못한다고 생각했는지도 모른다. 내가 대학교 때 사용한 종교 용어를 이해하는 사람도 거의 드물었을 것이다. 아무도 엄마를 돌보아 주면서 하나님에 관해 이야기할 기회를 찾으려는 의도나 딴 속셈을 품고 있지 않았다. 결단코 아니다. 그저 의지할 데 없는 엄마의 처지를 보고, 우리 가족을 힘닿는 데까지 도와주려고 했던 것이다. 만약 예수님이 로버츠 거리에 살았다 해도 바로 그와 같이 우리를 사랑했을 것 같았다.

그렇다면 내가 아는 사람들 중 어느 쪽이 더 그리스도인다운가? 그리스도의 말이라면 무조건 믿고, 기도와 성경 공부, 그리고 성경의 가르침을 가르치는 모임에 참가한 학생들인가? 아니면 그들의 도움이 없었다면 내 부모님의 인생이 비참하게 되었을지도 모르는 이 노동자 계층의 사람들인가?

어느 생활 방식이 더 진실한가? 우리 그리스도인들이 모임에 참가하느라고 바쁜 나머지 이 '모임 중독'에 걸리지 않은 사람을 친구로 사귈 시간도, 의지도 없었던 사우샘프턴에서의 생활 방식인가, 아니면 로버츠 거리에서 다시 목격한 이 자기희생적인 돌봄의 인생 방식인가? 부끄럽지만 이 질문에 대답을 할 수 없다. 나는 너무 혼란스러웠다. 나는 이웃들에게 그리스도에 관해 말해 줄 수 없었기 때문에 죄책감에 사로잡히고 말았다.

성 경 의 가 르 침

돌이켜 보건데 어떤 의미에서 나는 내가 그런 무지를 드러낸 것을 믿을 수 없었다. 어쨌든 나는 신학교를 졸업했다. 졸업 시험을 보기 위해 네 번째 복음서를 자세히 공부했는데, 재미가 있었다. 예수님의 생애와 가르침을 연구한다는 것은 굉장한 특권이었다. 예수님이 죽기 단지 몇 시간 전 제자들에게 준 가르침에 매우 깊은 감명을 받았다. "내 계명은 곧 내가 너희를 사랑한 것같이 너희도 서로 사랑하라 하는 이것이니라 사람이 친구를 위하여 자기 목숨을 버리면 이보다 더 큰 사랑이 없나니"(요 15:12, 13).

예수님이 이 땅에 계셨을 때 어떻게 사랑을 표현했는지 알았다. 그는 다른 사람의 감정에 매우 민감함으로써 사랑을 표현했다. 그 중 몇몇 사람들만 언급하자면 다음과 같다. 결혼식 포도주가 동이 난 갈릴리 가나의 가정, 베데스다 연못에서 개인적으로 찾아온 혈기 마른 자, 실로암 연못가에서 만난 소경, 오빠 나사로의 무덤 앞에서 만난 슬픔에 싸인 그의 친구 마르다와 마리아, 멸시받는 지독한 죄인들과 대화할 때도 동일한 사랑을 베풀었다. 유대인 지도자나 바리새인 같은 VIP가 아닌, 우물가에서 만난 사마리아 여인이나 니고데모 같은 사람들한테도 말이다. 자석이 쇠를 끌어당기듯 그가 사람들을 자신에게로 이끈 한 가지 이유는 돌아다니면서 사람들이 필요한 부분을 어루만졌기 때문이었다. 그의 사랑은 변화시키는 사랑이었다. 그의 인격과 말, 행동 때문에 사람들의 영적 눈이 열렸고 그들은 믿게 되었다.

가나의 혼인 잔치에 있던 제자들한테도, 그리고 나다나엘, 니고데모, 마르다, 마리아, 그리고 수백 명의 사람들한테도 이런 일이 일어났다. 마치 그의 생애는 사람들을 하나님 아버지께로 인도하는 표지판 같았다.

하지만 그가 죽기 전에 내린 마지막 명령인 "너희도 이같이 서로 사랑하라."는 말씀은 나를 변화시키지 못했다. 머리로는 알았지만 내 의지에는 박히지 않았고, 내 인생의 진로도 바꾸지 못했다.

예수님이 내게 이 명령을 했을 때 아모스 같은 구약의 선지자들이 했던 생각을 반복하고 있음을 깨달았다. 아모스서는 내 신학 공부에서 특별한 위치를 차지했기 때문에, 나는 이 위대한 선지자가 화려한 수사로 설명한 다음의 내용을 잘 알고 있었다. 그는 공공 예배와 개인적 헌신이, 많은 가난한 사람들을 도와주려는 사랑과 조화를 이루지 못하고 종교의식으로 끝난다면 하나님께 역겨운 것이 되고 만다고 했다. 이 선지자가 사용한 뛰어난 비유와 경고는 가히 잊을 수 없다. 이스라엘의 여자들을 '바산의 암소'라고 지칭한 경멸적 비유 방식이라든가, 다음과 같이 따끔한 충고가 좋은 예다. "내가 너희 절기들을 미워하여 멸시하며 너희 성회들을 기뻐하지 아니하나니 … 네 노랫소리를 내 앞에서 그칠지어다 네 비파 소리도 내가 듣지 아니하리라 오직 정의를 물같이, 공의를 마르지 않는 강같이 흐르게 할지어다"(암 5:21, 23, 24).

하지만 나는 이 성경 말씀을 지적으로만 설명하는 덫에 걸리고 말았다. 말씀에 주목하면서 흥미롭고, 재미있다고 생각했지 내 삶에 영향은 미치지 못하게 하고, 더 나아가 내 인생과는 상관없는 것으로 간주하고 무시해 버렸다. 흥겨운 찬송가나 성가를 부르는 것은 그리스도인연합의 모임과 내가 사우샘프턴에서 출석한 교회에서 즐기던 행태였다. 우리의 헌신 고백에는 선지자가 언급한 긍휼이 뒤따르지 않았기 때문에 사실은 하나님의 마음을 상하게 했을 수도 있었다.

금기 사항이 성경 곳곳에 반복되는 것과 마찬가지로, 행동하는 사랑이란 주제도 바울의 서신서에 자주 등장한다. 또한 야고보도 믿음이 있다고 말하지만 행함이 전혀 없는 사람들을 신랄하게 비난하고 있다.

"내 형제들아 만일 사람이 믿음이 있노라 하고 행함이 없으면 무슨 유익이 있으리요 그 믿음이 능히 자기를 구원하겠느냐 만일 형제나 자매가 헐벗고 일용할 양식이 없는데 너희 중에 누구든지 그에게 이르되 평안히 가라, 덥게 하라, 배부르게 하라 하며 그 몸에 쓸 것을 주지 아니하면 무슨 유익이 있으리요 이와 같이 행함이 없는 믿음은 그 자체가 죽은 것이라 … 이로 보건대 사람이 행함으로 의롭다 하심을 받고 믿음으로만은 아니니라 … 영혼 없는 몸이 죽은 것같이 행함이 없는 믿음은 죽은 것이니라"(약 2:14~17, 24, 26).

"성도들의 쓸 것을 공급하며 손 대접하기를 힘쓰라 … 즐거워하는 자들과 함께 즐거워하고 우는 자들과 함께 울라"(롬 12:13, 15).

"너희가 짐을 서로 지라 그리하여 그리스도의 법을 성취하라 … 그러므로 우리는 기회 있는 대로 모든 이에게 착한 일을 하되"(갈 6:2, 10).

어쨌든 나는 이 가르침이 나한테도 적용된다는 생각은 못했다. 이런 자기기만에는 몇 가지 이유가 있다. 하나는 하나님의 말씀을 읽고 지적으로 이해하지만, 그것이 전달하고자 하는 메시지는 영적인 안테나로 포착하지 못하는 것이다. 갑자기 생각나는 일이 있다. 자기 남편이 하나님의 일에 전혀 관심이 없다고 하는 한 여자가 나를 만나러 온 적이 있었다. "지난 몇 년간 남편은 교회에 정기적으로 출석했습니다. 그런데 그런 모든 놀라운 말씀을 듣고도 어째서 변하지 않는 걸까요?" 슬프게도 그럴 수 있다. 그리스도의 명령을 잘 알지만 순종하기가 훨씬 어려운 것과 마찬가지로 그리스도인들도 진실로 하나님을 모르면서 하나님에 관해서는 많은 것을 알 수 있는 것이다.

나의 행위가 이 분명한 성경의 가르침을 따르지 못한 다른 이유는 1950년대 당시에는 지금 우리가 잘 알고 있는 말인, 존 스토트가 사용한 '친구 전도'(friendship evangelism)나 '성육신적 선교'(incarnational mission) 같은 용어를 사용하는 것이 유행이 아니었다는 것이다. 오히려 복음전도자들은 전도에 대한 자신들만의 편협한 관점을 단단히 주입시켰다. 그리스도를 증거하는 것은 이발사, 식료품 가게 주인, 이웃, 버스 정류장에서 우리와 같이 서 있는 사람에게 전도하는 것을 뜻했다. 그러한 외적 전도가 모든 그리스도인의 인생에서 우선순위가 되어야 한다고 계속해서 강조했다.

마지막 세 번째 이유는 나나 그리스도인 친구들 모두 우리 시대의 자손들이었다는 것이다. 존 스토트가 쓴 훌륭한 책 『현대 사회 문제와 그리스도인의 책임』에서 잘 설명하듯이, 19세기에는 사람들에 대한 관심과 복음주의적 기독교가 쌍둥이 자매같이 함께 행복하게 살았지만, 20세기의 첫 30년 동안에는 미국의 역사학자 티머시 L. 스미스가 '대 전환'이라고 부른 중대한 변화가 일어났다. 여러 이유 때문에 복음주의 그리스도인들은 이웃에 대한 관심을 멀리하고, 양심을 포기하면서 대신에 복음전도의 우월성에만 집중했다.[1]

그러나 1960년대 하나님의 성령의 물결이 영국을 휩쓸고 지나가면서 사람들에게 "복음전파와 긍휼 사역은 모두 하나님의 사역에 포함된다."라는 확신을 심어 주었다.² 나는 그 당시에 복음주의 지도자들 사이에 사회적 관심이 고조되고 있었다는 사실을 몰랐다. 다만 내가 안 것은 당시에 받은 가르침과 사우샘프턴에서 내 동료나 몇몇 목사님들이 모델로 제시했던 생활 방식에 대해 영적으로 불안감을 느꼈다는 사실이다.

책을 통한 깨달음

하 나 님 이   나 의   마음에서 무엇인가를 말씀하고자 할 때 신앙 서적이나 전기, 또는 영화를 가지고 내 마음을 부드럽게 준비시키신다. 이번 휴가 때 다음과 같은 일이 일어났다.

부모님이 가진 책이라고 고작 몇 권밖에 되지 않았다. 아빠는 종종 곰팡이가 핀 양장본 책 몇 권을 소중히 다루며 읽곤 했다. 이 소중한 책 중 하나는 조지 뮬러의 생애와 사역을 다룬 책이었다. 그는 19세기 초, 영국의 브리스틀 지역에 있는 가난한 아이들을 위해 여러 개의 고아원을 창설했다. 아빠가 이 책을 소중히 다룬 까닭은 자기도 어렸을 때 몇 년간 이 고아원에서 자랐고, 거기 있는 동안 그 창시자의 믿음 덕분에 많은 것을 상상할 수 있었다고 한다. 그는 이 책에서 가장 좋아하는 부분을 즐겨 읽어 주곤 했다. 그것은 조지 뮬러가 사역의 기금이 바닥난 것을 알았을 때 일어난 사건이다.

고아원은 얼마 안 되는 생활비로 겨우 운영되었지만, 조지 뮬러는 거래를 할 만한 현금이 없으면 결코 물건을 사지 않기로 결심했다. 그러던 어느 날 난감하게도 돈이 전혀 없어서 300명의 고아들에게 빵을 줄 수 없다는 것을 알았다. 그날 밤 잠도 자지 않고 깨어서 기도를 했다. 그는 하나님께 이 아이들은 당신의 고아들이라고 고백하며, 이전에 하나님이 고아들의 아버지라고 선포했음을 상기시켰다. 또한 이 사역은 하나님의 사역이며 그 이름의 명예가 걸린 것이라고 했다. 그는 하나님께 신실함을 새롭게 일깨워 달라고 간구했다.

다음날 아침 식당에 내려가 보니 식탁은 여느 때처럼 놓여 있는데 빵 접시는 텅 비어 있었다. 그럼에도 불구하고 300명의 굶주린 아이들의 눈들이 지켜보는 가운데서 그는 곧 받게 될 음식에 대해 하나님의 은혜에 감사한다고 기도했다. 아이들이 텅 빈 접시들을 보며 자리에 앉으려고 할 때 자갈이 깔린 차도에서 수레바퀴 소리가 났다. 모든 눈들이 창문 쪽으로 쏠렸다. 이 소리는 동네 제빵업자가 도착했음을 알리는 소리였다. 빵집 주인은 전날 밤에 여분의 빵을 구워서 뮬러 씨가 아침 일과를 시작하기 전에 아이들에게 선물로 갖다 주어야겠다는 강한 소망을 느꼈던 것이다. 흥분의 환호성과 함께 수레에서 짐이 내려졌고, 배고픈 아이들은 식사를 했고, 결코 실패하지 않으시는 하나님에 대한 신뢰는 더욱 커졌다.

그 책은 아빠에게 너무나도 중요했고, 나도 기적들로 가득 찬 그런 이야기에 매료되었기 때문에 조지 뮬러의 생애를 직접 훑어보았다. 그리고 거기서 이 위대한 기도의 사람이 나를 괴롭힌 바로 그 문제에 관련되어 있음을 발견했다. 그는 스스로 밝혔듯이 '하나님을 위해 영혼을 구원하는,' 즉 복음전도를 소망했지만 자신의 마음이 하나님의 잃어버린 상처받은 사람들을 향한 긍휼로 불타오르지 않으면 복음전도자가 될 자격이 없다는 것을 깨달았다. 부모가 폐결핵으로 죽은 브리스틀 아이들을 길거리에서 구해줌으로써 그는 전인격적으로 사람을 돌보는 법을 알게 되었다. 굶주린 자를 먹여 주고, 무일푼인 자에게 의복을 주고, 집이 없는 사람들에게 도피처를 제공하는 등 하나님의 사랑에 관해 말해 주는 동시에 그것을 실천하는 것이었다.

이 시기에 나에게 영향을 준 또 다른 책은 앨런 버게스의 *The Small Woman*(작은 여인)이었다. 저자는 글래디즈 아일워드라는 하녀의 이야기를 들려준다. 그녀는 영국의 선교협회에서 거절당했지만, 하나님이 가라고 하신 중국으로 가는 데 필요한 뱃삯을 벌기 위해 박봉을 저축했다.

나도 어린 나이에 중국과 그 문화에 흥미를 느꼈기 때문에 이 책에 흥미를 느꼈다. 내가 일곱 살 때 주일 학교 선생님이 중국에서 선교 사역을 마치고 돌아왔기 때문에 매 주일마다 그녀가 사랑하고 함께 일했던 중국의 그리스도인들에 대해 이야기해 주었다. 중국인들에 대한 관심은 내가 십대 초반에 글래디즈 아일워드의 생애를 각색한 연극에서 한 역할을 맡았을 때 다시 불붙었다. 젓가락 사용법을 배운 것은 바로 그때였다. 진짜 비단 옷을 만진 것도 바로 그때였다. 진홍색, 푸른색, 황금색 같은 많은 색깔로 만든 넓은 단으로 수를 놓은 모자와 외투도 그때 처음 보았다. 이 용감한 노동자 계층 여자에 대한 존경심이 싹튼 것도 바로 이 무렵이었다. 그녀의 생애가 얼마나 고달팠는지 깨닫게 된 것도 바로 그때였다.

그녀는 중국에 도착한 후 몇 년 동안은 하나님을 위해 영혼을 구원할 기회가 좀처럼 없는 것 같았다. 때로는 낙심하고, 하나님이 왜 세계의 절반을 건너 중국까지 여행하도록 불렀는지, 또 그렇게 하기 위해 그토록 많은 희생을 치러야 했는지 의심했다. 그렇지만 주어진 기회를 최대한 이용해서 마을에 사는 보통 사람들에게 그녀가 얼마나 동료 인간으로서 그들을 사랑하는지 표현하고자 노력했다. 집 없는 고아들을 받아들였고, 양쳉의 감옥에 있는 죄수들을 방문하여 교도소장의 존경도 얻었다. 사람들이 아플 때 찾아가서 의지하는 사람도 바로 글래디즈였다.

그녀는 깨닫지 못했지만 사람들을 향한 그녀의 사랑과 관심은 어떤 말 한마디보다 더 강력한 힘을 발휘했다. 몇 년에 걸쳐 행한 이 역동적인 사랑은 외국인 선교사와 양쳉의 행정관 사이에 가로놓인 담을 허물어 버렸다. 이 고위 인사는 그녀가 처음 중국에 도착했을 때 왜소한 이 전직 하녀를 경멸했다. 우선 여자란 점이 중국인의 눈에는 사회적, 지적으로 티끌보다 못한 존재로 비쳤다. 그리고 외국인이 자기 나라에 오는 것에 대해 아주 건방지다고 생각했다. 교양 있는 유교 학자로서 자기 나라를 이교도라고 생각하는 그녀에게 꾸지람을 하기도 했다.

"우리는 위대한 예술과 위대한 철학을 만들었다. 중국어는 세상의 어떤 말보다 더 아름답고 어휘력이 풍부하다. 영국이 유럽 대륙의 변방에 있는 바위투성이의 식민지였을 때, 그리고 미국에 붉은 피부의 원주민들만 살았을 때, 우리 나라의 시인들은 이미 시를 읊고 있었다. 그런데 네가 와서 우리한테 새로운 신앙을 가르친다고? 말도 안 되는 소리다."[3]

하지만 몇 년, 몇 달 동안 그 선교사의 행적에 대한 소식이 그 고위 관리의 귀에 계속 들렸고, 마침내 그는 그녀를 존경하기에 이르렀으며, 심지어 그녀를 자기 친구라고까지 생각했다. 그들의 관계는 계속 발전하여, 그는 그녀를 중국식 이름으로 아이-웨-데라고 불렀다.

"잔치를 열까 하는데 참석해 주었으면 좋겠소. 당신에게 들려주고 싶은 말이 있소."

잔치가 열렸을 때, 글래디즈는 놀랐다. 그녀는 평소처럼 참석자 중 유일한 여자였는데, 물론 지난 몇 년간 그것은 그녀에게 특권이기도 했지만, 이번에는 영예로운 자리인 그 관리의 바로 오른편에 앉게 된 것이었다. 전에는 결코 그런 적이 없었다. 게다가 양쳉의 모든 중요한 저명인사들이 참석한 자리였다. 교도소장, 두 명의 거부 상인, 여러 명의 관리, 모두 합쳐 십여 명은 되었다. 이전에는 주로 호화스러운 연회가 몇 시간 동안 계속되었는데, 이번에는 그와 달리 음식이 간단했다.

연회가 끝날 무렵 그 관리가 자리에서 일어나서 연설을 했다. 아이-웨-데가 처음 양쳉에 왔을 때 어땠는지, 그녀가 자기 지역 사람들에게 어떤 봉사를 했는지, 가난한 자, 병든 자, 죄수들을 위해 어떤 일을 했는지, 그녀가 가져와서 여러 차례 토론한 적이 있는 기독교란 새로운 신앙이 무엇인지 등에 대해 회상했다. 글래디즈는 그의 언급에 적잖이 놀랐다. 그런데 몇 분간 연설을 한 후 그가 그녀를 바라보며 진지하고도 엄숙하게 말했다. "나는 당신의 신앙을 갖고 싶습니다. 아이-웨-데, 나도 그리스도인이 되고 싶습니다."

연회장은 놀라 웅성거렸으며, 글래디즈는 너무도 놀란 나머지 말문이 막히고 말았다. 하객들이 고개를 끄덕이며 미소를 지었고, 그녀는 자신이 답변을 해야 한다는 것을 알았다. 그래서 일어나서 자신도 놀랐다고 고백하고, 감사를 표했다.[4]

그 후 글래디즈는 중국에 도착한 이후로, 가장 큰 영향력을 끼친 기독교 개종자를 얻었다는 것을 깨달았다.

견 습 생

생 생 하 고 도 실제적인 행동을 하는 그리스도인의 사랑에 관한 이런 예들은 내가 열흘 동안 요리와 생활부 담당자로 봉사하게 될 어린이 캠프를 준비하고 있었을 때, 내게 깊은 감동과 격려를 불어넣었다. 이 캠프는 교회 목회 보조 기관에서 주최했는데, 도심 빈민 지역 아이들에게 도시의 오염된 공기를 떠나 멋진 휴가를 즐기게 해 주고, 예수님에 관해 들을 기회를 마련하자는 것이 주목적이었다. 전에도 비슷한 캠프에 간 적이 있었기 때문에 이번에도 서식스의 헤이스팅스에서 멀리 떨어져 있지 않은 마을인 페어라이트에 한번 가보고 싶었다.

1959년 페어라이트는 아주 조그마한 마을이었다. 교회 하나와 작은 교회 강당이 있고, 교회에서 근처 화전 언덕에 이르는 거리에 오두막집들이 죽 늘어서 있는 게 전부였다. 물결치는 듯한 언덕과 절벽은 노란 가시 금잔화가 만발하면 화려한 색깔을 띠었는데, 연두색 빛의 바다까지 뻗어있었다.

내 임무는 캠프의 식단을 짜고, 식료품을 주문하고, 요리를 지휘하고, 저녁때는 아이들에게 이야기를 들려주는 것이었다. 요리는 교회 강당에서 했다. 아이들은 교회 건물에 있는 2층 침대에서 잤고, 인도자들은 교회 맞은편에 있는 들판에 텐트를 치고 잤다. 주일에는 회색 돌로 지어진 조그만 교회에서 오전 예배를 드렸는데, 성도들로 터져나갈 것 같았다.

그 해에 참가한 아이들은 런던 지역에서 온 소녀들이었다. 서식스까지 타고 온 마차에서 기대감에 잔뜩 부푼 그들 모습이 지금도 생각난다. 그들은 눈을 동그랗게 뜨고, 시끄럽게 재잘거리면서 텐트를 들여다보고, 인근에 있는 소 목장을 구경했다. 그들이 해안가로 뻗어 있는 낭떠러지 길을 따라 첫 추억의 산보를 했을 때 지은 얼굴 표정은 결코 잊지 못할 것이다. 대부분의 아이들은 전에 바다를 본 적이 한 번도 없었다. 또한 소도 본 적이 없었다. 물론 텐트에서 자 본 적도 없었다. 그래서 사방은 온통 런던 사투리 고함 소리로 울려 퍼졌다. "야, 저기 좀 봐! 진짜 소야!" "내가 바다 냄새를 맡을 줄은 정말 몰랐다!"

나 역시 이런 반응에 기분이 좋았다. 콘크리트 정글 같은 도시 출신인 나는, 첫 걸 스카우트 캠프를 생생하게 기억하고 있다. 광활한 시골, 나무, 비둘기의 달래는 듯한 울음소리, 황금색 미나리아 제비, 흰 금잔화, 자줏빛, 분홍빛 야생완두, 진청색의 잔디로 뒤덮인 들판의 광경, 거름을 준 비옥한 토양과 장작불 위에서 지글거리는 소시지 냄새 등. 이제는 다른 아이들에게도 같은 즐거움을 맛볼 수 있는 환경을 만들어 주는 것이 내 기쁨이었다. 아이들은 야생화를 한 아름 꺾고, 이 보물 같은 식물을 꽂아둘 깨끗한 병을 찾았다. 그 꽃들은 식사 시간에 테이블을 환하게 비추었다. 나는 아이들에게 꽃 이름을 가르쳐 주었고, 그들은 인동덩굴 냄새를 처음 맡아보고, 난생 처음으로 민들레 줄기에서 액을 짜냈다.

'너는 이 아이들 색깔이 변하는 것을 볼 것이다.' 아이들이 도착했을 때 창백했던 뺨에 장밋빛이 도는 것을 보니 참으로 신기했다. 그들은 하루 종일 수영하고, 게임하고, 화전 언덕이나 시골 오솔길을 걸어 다녔다. 그래서 그들의 눈빛은 초롱초롱해지고, 식욕은 왕성해지고, 건강에 좋은 음식 맛을 즐기게 되었다. 이 캠프의 좋은 점은 아이들이 건강하고 활력이 넘쳐서 집에 돌아간다는 것이었다.

그 중에서도 가장 큰 유익은 저녁때 우리 모두 교회 강당에서 빽빽이 모여 앉아 예수님을 경배하고 그분에 관해 배우는 시간이다. 아이들은 정말 멋진 날을 보냈다. 즐겁고 편안했다. 자기들이 사랑받는다는 것을 알았다. 노래하고, 말씀을 듣고, 생각했다. 하나님의 선물인 자연을 묵상하고, 그리스도의 생애와 사랑을 묵상했다. 그분은 바로 남을 신뢰하는 마음이 아직 더럽혀지지 않은 보통 사람들의 거짓 없는 마음을 소유한 분이 아니겠는가. 우리는 하나님이 그들을 사랑한다는 것을 정확하게 설명해 주려고 노력했다. 예수님이 누구이며, 왜 자신의 영광을 벗어 버리고 우리 가운데서 살았는지, 또 왜 죽어야만 했는지에 대해 설명해 주었다. 뿐만 아니라 하나님의 사랑을 받아들이고 하나님 나라에 들어가야만 한다고 설명했다. 우리 인생을 하나님께 굴복할 때 문은 항상 열려 있다고 말이다.

인도자가 이런 식으로 설교를 할 때마다 소녀들은 진리에 대해 묵상했기 때문에 정적이 방 안을 감돌았다. 그 정적은 심지어 가장 외향적인 여행자들조차 기도가 충만한 교회에 들어갈 때, 불현듯 그들에게 스며드는 고요함 같은 것이었다. 두려움과 경외심으로 둘러싸인 그 정적은 잠시 소란함을 물리쳐 버리고 하나님의 성령이 한 사람의 마음속 깊이 숨겨진 곳에서 역사할 수 있는 특별한 기회를 가져다주었다. 그 소녀들에게도 바로 그런 일이 일어났다. 그들 영혼의 눈과 귀는 열렸고, 마음은 하나님의 사랑으로 따뜻해졌다.

나는 부엌에서 일했기 때문에 하나님이 역사하시는 모습을 직접 볼 수 있었다. 그 소녀들 중 몇 명이 저녁 모임 후에 부엌에 있는 나를 도와주러 왔는데, 나란히 같이 일하다가 살며시 부탁을 하곤 했다. 내가 캠프의 음식을 저장했기 때문에 그들은 나를 다람쥐라고 불렀다. "다람쥐 선생님! 나랑 예수님에 관해 이야기하지 않을래요?" "다람쥐 선생님! 같이 기도 좀

해 주시겠어요?"

　아이들은 기도할 때 종종 어른들도 꼼짝 못할 정도로 단도직입적으로 한다. 이 어린 소녀들이 예수님을 보내 주셔서 하나님께 감사하거나 갈보리 십자가에 죽은 예수님께 감사하는 기도를 들을 때면, 그들의 분명하고도 단순한 믿음에 나는 도전을 받았다. 자기 인생의 주권을 하나님께 드리겠다는 아이들의 고백을 들을 때마다 예수님이 "죄인 한 사람이 회개하면 하늘에서는 회개할 것 없는 의인 아흔아홉으로 말미암아 기뻐하는 것보다 더 하리라."(눅 15:7)라고 말씀하신 이유가 무엇인지 알 것 같았다. 이와 같은 하늘의 기쁨이 내 삶과 모든 캠프에 메아리쳐 왔다.

　이 소녀들이 불그스레한 뺨과 왕성한 식욕 이상의 것을 가지고 집에 돌아간다는 것을 알았기 때문에, 캠프에서의 힘든 일은 그럴 만한 가치가 있고도 남았다. 캠프 일은 정말 힘들다. 우리는 아침 일찍 일어나서 늦게 잠자리에 들었다. 캠프가 시작되기 전에는 설치할 텐트 몇 개, 해 줄 이야기 몇 개, 쇼핑만 준비하면 될 것 같았다. 그런데 캠프 도중 우리는 낮에는 긴 시간 동안 부엌 불가에서 땀을 흘렸고, 대부분의 여가 시간은 아이들과 함께 그들의 가정과 가족, 기뻤던 일, 슬펐던 일을 이야기하는 데 보냈다. 마침내 캠프가 끝나고 소녀들이 마차에 다시 타고 몇몇은 작별한다는 생각에 울고, 몇몇은 손을 흔들고 감사하다고 외치면서 떠났다. 그 후 해야 할 일은 바닥을 문지르고, 화장실을 청소하고, 곳곳을 정리하고, 남은 음식을 꾸리는 것이었다. 우리가 떠난 후 곧바로 도착할 바로 다음 캠프팀을 맞이하기 위해 페어라이트를 깨끗하게 단장해 놓아야만 했다.

　사실 내 인생의 현 단계에서 일관된 신념을 말할 수 없었을지도 모른다. 하지만 이 캠프는 내가 절실히 필요로 하는 무엇인가를 주었다. 그것은 바로 사람들을 돌보는 것과 그리스도를 증거하는 삶이 서로 공통점이 많고, 상호 작용하며, 서로 보충하고, 서로 영향을 미친다는 것을 볼 수 있는 기회였다. 이 아이들에게 하나님에 관해 전혀 언급하지 않는 정말 멋진 휴가를 선사할 수도 있었다. 하지만 그랬다면 우리가 그들에게 베푼 가장 지속적인 선물, 즉 하나님을 변함없이 섬김으로써 얻는 하나님과의 평화와 인생의 목적을 빼앗았을 것이다. 마찬가지로 하나님에 대해 이야기하는 데만 너무 많은 시간을 쏟아 부었다면, 운동과 신선한 공기, 좋은 음식, 재미있는 게임, 그리고 하나님이 주신 놀라운 세상을 누리는 즐거움을 빼앗았을 것이다. 그것들은 바로 아이들에게 절대적으로 필요하고, 그들이 매우 즐거워했던 것들이 아닌가. 만약 그랬다면 그들이 하나님의 사랑을 들었을 때, 소극적으로 반응하고 받아들였을 것이다. 사람들을 돌보는 접근법에 있어서 둘 다 중요하다는 것을 깨달았다. 표면적 복음전도와 사람들에 대한 관심은 둘 다 똑같은 뿌리, 즉 예수님이 우리를 온전케 하시기 위해 오셨다는 복음에서 나온 열매라는 것을 그 어느 때보다 분명히 알게 되었다. 또한 실천하는 사랑은 조지 뮬러와 글래디즈 아일워드뿐만 아니라, 여름 캠프에 참석하는 보통 아이들에게도 역사한다는 것을 직접 목격했다. 게다가 나는 한 인격체로서 완전한 만족을 체험했다. 그것은 온전함이었다. 마치 두 가지 사랑, 예수님에 대한 사랑과 이웃에 대한 사랑이 하나가 되어서 분열된 자아가 아니라 통합된 인격체가 된 것 같은 체험이었다.

　다시 짐을 꾸리고 청각장애 어린이들을 가르치는 훈련을 받게 될 맨체스터로 떠났을 때, 나는 새로운 비전으로 불타올랐다. 학생으로서의 마지막 해는 이전의 3년과는 다른 해로 만들자고 결심했다. 같은 생각을 가진 그리스도인들과 교제를 함으로써 그리스도 안에 더욱 굳건히 뿌리를 내리지만, 그렇다고 도움이 필요한 사람들에게 시간을 못 낼 만큼 일주일에 너무 많은 모임에 참석하느라 분주하지는 말아야겠다고 다짐했다. 단순하면서도 올바른 결정 같았다. 그러나 바로 첫 주말에 일어난 사건들은 이것이 예상했던 것보다 훨씬 더 어려운 일이라고 경고했다.

예 상

문제는 내 위치가 해야 할 일을 벌써 정해 놓았다는 것이다. 나는 이 상황을 충분히 예상했어야 했다. 어쨌든 나는 사우샘프턴대학교의 그리스도인연합 총무였다. 그리스도인연합의 졸업생 조직은 매우 잘 되어 있었다. 이 말은 맨체스터에 있는 CU는 내가 엘리스 로이드 존스 기숙사에서 일 년 동안 지낼 것이라는 소식을 벌써 알았다는 것이다. 하지만 그렇게까지 환영을 받을 줄은 미처 예상하지 못했다. 내가 도착한 날 기숙사 그리스도인들은 나를 초대해 커피를 나누었다. 그리고 그 해 대학교 선교 사역을 위한 모임을 만들 것인데 그 모임을 도와줄 지도자로 대학원생인 나를 손꼽아 기다렸다고 했다. 방금 빠져 나온 CU모임의 소용돌이 속에 다시 빨려 들어갈지도 모른다는 걱정 때문에 속으로는 안절부절 못했지만, 겉으로는 아무 말도 하지 못했다.

그러는 동안 나는 마거릿이란 친구를 소개받았다. 그녀도 나와 같은 데번 출신이었기 때문에 우리는 신학기 첫 주에 친구가 되었다. 하지만 마거릿은 나와는 달리 전에 대학교에 다닌 적이 없었다. 그녀는 지난 몇 년 동안 초등학교 아이들을 가르쳤는데, 청각장애인을 가르치기 위한 훈련을 받으러 늦깎이 학생으로서 맨체스터에 오기로 결심한 것이었다. 그녀는 이제 막 사랑하는 데번셔의 시골을 벗어나 험악하고 거무죽죽한 맨체스터 지역의 올드 트래포드의 환경을 접했기 때문에 솔직히 미아가 된 것 같고, 외롭고, 쓸쓸하다고 고백했다.

마거릿은 그리스도인연합의 모임 같은 데 이끌리는 타입이 아닌, 실천하는 그리스도인이었다. 주일마다 그녀는 나에게 같이 교회에 갈 수 있는지 물었다. 처음에 우리는 활기차고 모범적인 학생 예배에 참석하기 위해 그리스도인연합 회원들과 거리를 우르르 몰려다녔다. 그러나 나는 그런 유쾌하고 즐거운 주일 예배가 오히려 마거릿의 고독을 더 심하게 할지 모른다고 말해 주었다. 그런 예배는 그녀의 취향이 아니었다. 그래서 우리 둘은 근처에 있는 영국 성공회에 다니기 시작했다. 성도 수는 적었지만, 목사님은 영적으로 나약한 양떼들에게 새로운 생명을 불어넣기 위해 혼신의 힘을 다했다. 학생은 한 명도 없었기 때문에 목사님과 사모님은 마거릿과 나를 따뜻하게 반겨주었다. 우리는 교제에 참여하게 되었고, 사택에서 주일날 차 대접을 받는 것뿐만 아니라 우리도 나누어 줄 것이 있다는 것을 깨닫게 되었다. 마거릿은 영적으로, 정서적으로 최고로 성장했다.

물론 이 생활은 나를 CU의 '거룩한 모임'에서 차츰 멀어지게 만들었다. 그들 중 몇몇은 대부분 지체들이 출석하는 교회가 생명력이 넘치는데, 내가 왜 자기들 생각에 죽은 교회나 다름없는 교회에서 예배를 드리는지 이해할 수 없다고 생각했다. 게다가 나는 토요일 저녁에는 CU모임에 가는 대신 마거릿과 함께 콘서트나 연극이나 영화를 자주 보러 갔다. 그래서 몇몇 CU 멤버들은 내 영적 건강을 걱정하고, 내가 영적 날카로움을 잃어가는 것 같다고 지적했다.

'그들이 옳은 게 아닌가?' 이 생각 때문에 염려가 되었다. 하지만 모임보다 사람이 더 중요하다는 확신이 갈수록 더 들었고, 마거릿같이 도움이 필요한 사람들이 내 주위에 있는 한 기도 모임과 성경 공부만 해야 된다는 생각에 더 이상 매달릴 수 없었다. 도움이 필요한 사람은 그녀만이 아니었다. 나와 같은 건물의 복도에 사는 사랑스럽고, 외로워하고, 수줍음이 많은 말레이시아 소녀인 신 비에게도 도움이 필요했다. 맨체스터의 콘크리트 정글 때문에 발생하는 추위와 먼지는 그녀를 극도로 쓸쓸하게 만들었다. 그녀는 친구가 필요했다. 영국의 문화를 더 많이 배울 필요가 있었다. 누군가가 자신의 고향 생활에 대해서 관심을 가져 주길 원했다. 그녀와 나는 오랫동안 헤어졌다 다시 만난 자매처럼 마음이 맞았다. 나는 그녀와 많은 시간을 함께 보냈다.

그리고 팻도 있었다. 나는 그녀가 걱정이 되었다. 그녀는 맨체스터를 싫어하고 대학원 과정을 밟으러 여기 온 것을 후회하고 있었다. 그녀는 기숙사의 다락방 같은 좁은 방에 사는 것을 참을 수 없어 했다. 나는 가끔 그녀를 찾아가 그녀의 불행을 조금이나마 이해하려고 노력했다. 전혀 도움이 되지 않는 것 같았지만, 그래도 계속 시도해 보고 싶었다. 나는 그리스도인으로서 정체성을 지키기 위해 모임마다 쫓아다니는 구실로 이 소녀를 고독 속에 내버려 둘 수 없었다. 그럼에도 불구하고 어느 주말이 끝날 무렵 기숙사 관리인이 팻이 다시는 대학 공부를 할 수 없을 거라고 말해 주었을 때, 크게 충격을 받았다. 그녀는 부모님 집의 욕실에서 손목을 베고, 이별의 자살 편지를 남겨 놓았던 것이다. 나는 그 후 며칠 동안 우리가 그녀의 깊은 고통을 이해하지 못했다는 사실에 아연실색할 수밖에 없었다. 나는 더 이상 사랑을 지적으로 분석하지 않겠다고 더욱더 확신하게 되었다. 또한 고통받는 사람들에게 다가가서 그 사랑을 실천해야겠다고 확신했다. 그것이 곧 그리스도의 법이었다.

오 해

CU의 몇몇 지체들은 내 행동을 오해했다. 내가 비교적 소수의 모임에만 참여하고 사역 모임에는 거의 공헌한 바가 없었기 때문에 내가 타락했다고 믿었고, 또 그렇게 말했다. 내 마음은 아팠고 혼란스러웠다. 감히 누가 옳다고 말할 수 있겠는가? 그들이 옳다면 내가 하나님을 크게 실망시키고 있으며, 그것은 용서받을 수 없는 것 같았다.

지금 생각에는 선의를 가진 내 동료 그리스도인들이 오해했다고 믿는다. 그러나 어떻게 그들에게 이해를 시킨단 말인가? 여태껏 어떤 복음주의 지도자도 존 스토트만큼 명확하게 이 점에 대해 설명하지 못했다.

개인적 복음전도는 이름에 걸맞게 친구 전도의 형태가 되어야만 한다. 의심의 여지없이 친구 관계는 예수님의 복음을 나눌 수 있는 가장 그리스도인다운 사이이다. 진정한 우정은 사람들과 친해지는 것을 의미한다. 친구는 상대방의 세계 속에 들어가는 것이다.

성경을 통해 볼 때 모든 믿지 않는 자, 심지어 가장 행복해 보이는 외향적인 사람한테도 은밀한 염려와 고통이 깊이 자리 잡고 있다. 그러므로 그들의 고통을 나누고 함께 체험할 준비가 되면, 진실하게 그들에게 다가갈 수 있다.[5]

안전한 그리스도인의 고정관념 속에 숨는 것은 완전한 도피에 불과하지만, 하나님이 원하시는 것은 관계라는 것을 우리에게 설명해 준 사람은 그 외에는 아무도 없었다.

'도피'는 버림받은 세상에 등을 돌리고 손을 씻어 관계를 완전히 끊는 것이며, (손을 씻는다고 책임을 면할 수 없다는 것을 본디오 빌라도의 경우를 통해 알았지만) 도와달라는 고뇌에 찬 부르짖음을 무시하고 냉혹하게 마음을 먹는 것이다. 반대로 '관계'는 긍휼을 품고 세상을 향해 얼굴을 돌리는 것이며, 손이 더러워지고 아프고 닳도록 세상을 섬기는 것이며, 억누를 수 없는 하나님의 사랑의 용솟음을 영혼 깊이 느끼는 것이다.6

너무나도 많은 그리스도인들이 고통받고 적대적인 세상을 섬기는 것보다 자기들끼리의 교제를 더 좋아하는 무책임한 도피주의자들이라는 것을 그 누구도 지적하지 않았다. 또한 그리스도의 사랑을 공동체 안에서 실천하는 것을 외면한 채, 이방인 지역에 가끔씩 공격적인 복음전도만 하는 것은 아무런 영향도 미치지 못한다는 것을 누구도 언급하지 않았다.

내가 지금 깨달은 것을 옛날에 알았다면, 그리고 존 스토트 같은 학자가 우리 그리스도인들은 두 가지 유형의 사역을 모든 감당해야 한다는 사실을 미리 강조했더라면, 맨체스터에서 보낸 시절은 확실히 더 수월했을 것이다. 왜냐하면 그때 나는 본능적으로 현재 성경의 진리라고 받아들여지고 있는 다음과 같은 진리에 따라 살고 있었기 때문이었다.

그리스도인의 선교가 그리스도의 선교를 모델로 삼는 것이라면, 그가 했던 것처럼 우리도 반드시 다른 사람들의 세계에 들어가야 한다. 복음전도의 입장에서 볼 때, 그것은 그들이 있는 곳에 찾아가 그리스도를 나누기 위해서 그들의 사고 세계, 비극과 혼돈의 세계에 동참하는 것을 의미한다. 사회 참여의 입장에서 볼 때, 그것은 우리가 이전에 결코 알지도, 경험하지도 못했던 다른 문화 속에 사는 사람들을 섬기기 위해 우리 자신의 문화 배경에 안주하는 것을 단호히 거부하는 것을 의미한다. 복음주의 또는 사회 참여, 혹은 둘 다이건 간에 성육신적 선교를 필요로 하는 실제 상황에 처해 있는 사람들과 하나가 되기 위해서는 대가를 치러야만 한다. 나사렛 예수도 도움이 필요한 사람들, 즉 병자, 사별한 자, 굶주린 자, 고통받는 자, 의지할 데 없는 자들을 보고 불쌍히 여기셨다. 그렇다면 똑같은 상황을 보고, 예수 믿는 사람들한테도 긍휼의 마음이 일어나야 하지 않는가?7

그러나 당시는 1960년대였다. 하나님의 강력한 성령의 역사는 여전히 침묵을 지키고 있었다. 영국 성공회의 복음주의 지도자들이 우리가 몸담고 있는 세상의 고통에 참여하지 않고 도리어 회피하려고 했던 자세에 대해 대중 앞에서 회개한 것은 몇 년이 지나서였다.8

그동안에 나는 청각장애 교사 자격증을 따고 맨체스터 대학교를 떠났다. 처음으로 교직에 발을 들여놓기 전에 결혼식을 올렸다. 1960년 7월 16일 데이비드 허기트와 결혼했고 주례는 머레이 웹-페플로 박사였다. 주례사의 주제는 '다른 사람들을 위해서'였다. 결혼 선물로 들어온 돈을 가지고 정찬용 식기 한 벌을 샀다. 갈색과 푸른 덴비 제품이었는데, 웹-페플로 씨 것과 똑같았다. 그것은 우리도 그들처럼 소매를 걷어붙이고 남을 섬길 수 있는 사랑을 가지고 믿음을 실천해야겠다는 마음속 결심을 보여 주는 외적 증거였다.

5
경청하는 법 배우기

　　　　　결혼식 몇 달 전에 시부모님께서 본마우스로 이사하시면서 본인들이 결혼할 때 지은 후 쭉 살았던 집에서 신혼생활을 시작하지 않겠냐고 물어보았다.

　지붕으로 난 창, 소나무 숲길, 너도밤나무, 서리 지역 등 이름만 들어도 알 수 있듯이 그 집은 예쁜 지붕에 창문이 나 있고, 한적한 교외 지역에 있는 네 개의 넓은 방이 있는 테라스식 가옥이었다. 목가적 분위기가 나는 소나무 산책로는 도로의 양쪽에 소나무와 낙엽송이 늘어선 길로 평화롭고 쾌적한 곳이었다. 전원적이고 고요한 이런 분위기는 우리 집 현관에서 몇 분 걸어가는 거리에 있는 언덕과 숲 때문에 한층 돋보였다. 그러면서도 런던 통근권이었다. 나는 매주 엄마한테 편지를 써서 새로운 환경을 종이에 어떻게든 담아 보려고 애썼다. 어느 날은 엄마한테 정원을 설명하기 위해 나무 숫자를 세는 일에 빠지기도 했다. 일흔두 그루의 낙엽송과 소나무가 뒤뜰 정원에 뻗어 있었다. 서른두 그루는 앞마당 정원을 우아하게 수놓았다. 정말 훌륭한 집이었다.

그 해 여름에 데이비드와 내가 짐을 풀고 집과 정원을 밟고 다니며 확실히 우리 것으로 도장을 찍어 두었다. 결혼 선물을 풀어서 그것을 배치할 곳을 찾고, 로지아(한쪽에 벽이 없는 트인 복도)가 너무 어두워 볼 수 없을 정도가 될 때까지 장식하고, 채소와 장미를 심고, 시어머니가 특히 좋아하고 자랑하시는 정원을 손질했다.

9월은 너무나도 빨리 찾아왔고, 학기가 시작되고 가르치는 일도 시작되었다. 청각장애인을 위한 넛필드 프리오리 학교는 한때 중세시대 장원 영주의 저택이었는데, 지금은 청각장애가 심한 아이들을 위한 학교로 세련되게 바뀌었다. 기쁘게도 부속 건물에 자리 잡은 내 교실에서는 서리의 굽이치는 언덕과 그 너머에 있는 서식스, 켄트, 미들섹스까지 보였다. 매 계절마다 바뀌는 풍경은 나를 놀라게 했다. 청각장애가 심한 중학교 아이들을 가르치는 일로 나는 큰 성취감을 맛보았다.

내가 걸 스카우트 단원으로서 엑서터에 있는 청각장애 학교의 소녀들을 친구로 사귀었을 때, 처음 청각장애 학교 교사가 되는 꿈을 품었다. 엄마는 "그 꿈은 그때 바로 버릴걸."라고 하셨지만, 결코 그렇지 않았다. 걸 스카우트 단원으로서 청각장애 학교 소녀들과 많은 시간을 보낼수록 그 소원은 더욱 커져만 갔다. 사우샘프턴에서 보낸 마지막 해에 맨체스터대학교의 유잉 교수 밑에서 공부하고자 원서를 냈는데 합격이 되었다. 나는 날아갈 듯 기뻤다.

청각장애 어린이들을 가르치는 일은 고통과 좌절에 빠진 사람들의 이야기를 경청하는 일과 다르지 않았다. 이것은 내가 가르쳤던 첫 학기에 깨달은 교훈이었다. 마이클이 나에게 그 점을 강조해 주었다.

마이클은 우리 반에 있는 열한 명의 학생 중 하나였다. 열두 살이 채 되지 않았는데, 나이에 비해 몸집이 커서 열네 살은 족히 되어 보였다. 거칠고 무례한 아이여서, 우리 반에 있는 소녀들을 힘으로 괴롭히고 놀리기도 했으며, 수업시간을 자주 방해하기도 했다. 학기말 마이클의 성적표를 기록할 때 공격적인 태도에 대해 우려를 표시했다. 때문에 교장 선생님이 그 문제에 관한 상세한 설명을 듣기 위해 나를 교장실로 불렀다. 그는 나의 평가 때문에 적잖이 당황했다. 마이클의 아빠는 학교 정원사였고, 엄마는 학교 식당에서 일했기 때문이었다. 두 명의 좋은 일꾼을 잃을까 봐 걱정이 된 블라운트 씨는 내가 직접 마이클에 대해 부모에게 이야기해 보는 게 좋겠다고 제안했고 나는 그 의견에 따랐다. 대화를 나누면서 마이클의 부모 또한 몹시 걱정하고 있다는 것을 알았다.

넛필드 프리오리는 명성이 뛰어난 학교였기 때문에, 마이클의 부모는 아들을 거기서 끝까지 교육시키기고 싶어 했다. 그렇게 하기 위해 그의 아빠는 큐 정원을 그만두고, 학교 정원사로서 더 힘든 일을 택했던 것이다. 이것은 가족 모두 이사를 해야 함을 의미했다. 그 결과로 마이클은 새로운 집, 새로운 학교, 그리고 그의 말귀를 알아들으려고 애쓰는 새로운 선생님들을 만나야 했고, 불안중세가 더 심해지는 것을 감수해야 했다. 그런데 나의 지적으로 그들의 희생은 실패로 돌아간 것처럼 보였다. 이사를 한 게 과연 잘한 것이었을까? 그들이 끊임없이 스스로에게 이 질문을 던졌다.

그들을 생각하니 가슴이 미어졌다. 대화가 끝난 후 마이클의 입장이 되어 보려고 노력했다. 빠른 성장, 전에 살던 집과 전에 사귀던 친구에 대한 그리움, 새로운 환경에 대한 큰 혼란, 게다가 언어도 발달이 안 되어서 좌절감을 같이 나눌 만한 사람이 아무도 없었다. 어떤 것에 대해서도 자유롭게 대화를 나눌 사람이 정말 아무도 없었다. 심지어 우리와 의사소통을 하려고 했을 때, 가장 경험 많은 선생님도 그가 어렵사리 말하려는 내용을 이해하지 못했다.

'온통 이런 제약으로 둘러싸인 심정은 과연 어떨까?' 나는 스스로에게 물었다. 이 질문에 대한 대답을 생각해 보면서 마이클의 처지가 된다면 나도 화가 나고 좌절할 수밖에 없다는 생각이 들었다. '그가 가끔 우리에 갇힌 동물처럼 행동하는 게 당연해.'라는 생각이 들었다.

이런 식으로 상황을 생각하다 보니 내 태도는 많이 변했다. 그에 대한 태도가 부드러워지면서 마이클도 서서히 바뀌었다. 두 번째 학기말쯤 가서는 그의 웃는 모습도 가끔 보게 되었다. 셋째 학기에는 나와 마음이 잘 맞았고, 공부에 대해 나한테 조언을 부탁하러 찾아오기까지 했다. 우리는 서로를 이해하고 존중하기 시작했다. 그는 언어교습을 받으러 혼자 찾아와서 정말 열심히 공부했다.

그럼에도 불구하고 마이클과 그의 부모님을 생각하면 마음이 아팠다. 그가 언젠가 청각장애인의 세계를 이해하는 데 거의 관심 없는 정상적인 사람들이 사는 치열한 경쟁 세계에서 자리를 잡아야 한다는 것은 그들 모두에게 힘든 일이었다.

　내가 가르친 고등학교 학생들을 생각해도 가슴이 저며 온다. 청각장애 아이들의 교사와 학생들 사이의 관계는 교사와 학생이기보다는 친구 대 친구였다. 나는 몇몇 여학생들과 꽤나 가까운 관계로까지 발전했다. 이 소녀들은 곧 학교를 떠날 것이고, 우리가 할 일은 그들이 넛필드 프리오리의 온실 밖에 있는 세상에서 당당히 살아나가도록 준비시키는 것이었다. 학생들은 직업에 필요한 자격을 갖추기 위해 속기나 타이핑 같은 기술을 배웠지만, 설사 고용이 가능하다고 해도 사무실이나 식당이나 다른 근무 장소에서 장차 만나게 될 정상적 사람들과 의사소통하는 법을 반드시 배워야 한다는 것을 우리는 알았다.

　그래서 블라운트 씨는 6학년 학생들은 근처 레이케이트 마을에서 하는 야간 수업에 출석하도록 했다. 월요일 저녁에 내가 여학생들을 그곳으로 데려갔다. 우리는 바구니 세공, 퀼트, 양장을 배웠고, 여학생들은 기술을 배우기 위해 수업을 같이 들었던 레이게이트 지역 여자들과 대화하는 법을 습득했다. 여학생들이 자신들의 말을 제대로 이해하지 못하거나 그 여자들이 하는 말을 독순법으로 해독하지 못하면, 내가 통역을 해 주었다. 나는 또다시 이십대 아이들의 처지가 되어 보려고 했던 것이다. 그들 마음속에서 솟아나는 감정을 이해하려고 했다. 몇몇 아이들은 마침내 떠나야 할 순간이 왔을 때, 넛필드 프리오리의 보금자리 바깥에 있는 세상이 얼마나 자기들을 거부하는지를 알았다.

　가끔 데이비드와 나는 주일날 이 6학년 아이들을 우리 집에 초대해서 차를 마시는 시간을 가졌다. 그들은 우리 집에 오는 것을 좋아했다. 그들에게 기숙학교와는 전혀 다른, 우리의 사랑스런 집이 주는 평온과 아름다움을 맛보고 휴식할 수 있는 환경을 제공하게 되어 우리도 기뻤다.

외로운 사람들

임신 5개월쯤 되자, 하루가 걸리는 넛필드 프리오리 학교까지 오고가는 것이 힘들 뿐 아니라 체육이나 게임을 가르칠 수 없게 되었다. 떠나야 할 때가 온 것이다. 이 년 남짓 거기서 근무했던 나는 학교를 떠난다는 사실에 너무 슬펐다. 그동안 나는 일하는 아내로서의 삶이 즐거웠다. 그런데 파인 워크 지역에서 내가 아는 몇 안 되는 가정주부들은 대부분의 아침 시간을 커피를 마시면서 아기 기저귀에 대해서 이야기하면서 보냈다. 넛필드 프리오리에서의 만족스러운 직장생활을 곧 하지 못한다고 생각하니 견딜 수 없었다.

그때까지 데이비드와 나는 월링턴에 있는 세인트패트릭스교회에서 예배를 드렸고, 교구 목사님인 아서 드로울리와 사모님 도린과 두터운 친분을 쌓고 지냈다. 주일마다 저녁 예배가 끝난 후 우리는 그들 집에 가서 저녁으로 샌드위치를 먹곤 했다. 나는 전업주부가 되는 것에 대해 만감이 교차한다고 도린한테 고백했다. 나는 여전히 마음속의 감정을 말로 표현하는 것을 어려워했는데, 어쨌든 부엌에서 함께 토마토를 자르고 치즈를 썰면서 내 안에 쌓였던 두려움과 좌절을 표출하자 좀 편안해지는 것 같았다.

도린은 이해했다. 하나님이 한쪽 문을 닫으시면, 다른 창문을 여신다는 것을 깨닫게 도와준 것은 그녀였다. 청각장애 어린이들을 가르치는 문은 당분간 닫히게 되었지만, 그것이 지루하고 쓸모없는 삶을 산다고 정죄받을 일은 아니었다. 도린은 나에게 이렇게 청했다. "젊은 부인들 모임에 와서 청각장애 어린이들을 가르친 일에 대해 이야기 좀 해 주겠어요?"

또 한 가지 두려움은 여자들 모임에 관한 것이었다. 거기서도 역시 삶에 흥미를 잃은 여자들이 기저귀나 최신 요리법 외의 다른 이야기는 하지 않으면 어쩌나 걱정이 되었다. 하지만 나의 직업에 대해 어떻게 이야기할까에 대해 몰두하기 시작했다. '넛필드 프리오리에 대한 슬라이드를 보여 주면 좋겠구나.' 나는 흥분되기 시작했다. 그 여자들에게 청각장애인들의 세계와 그 아이들에게 말하는 법을 가르칠 수 있는 즐거움과 내가 가르친 아이들의 삶에서 하나님이 역사하신 방법을 보여 주기 위해서 며칠 동안 슬라이드를 정리하고 이야깃거리를 준비했다.

그 모임은 내 인생에서 전환점이 되었다. 여자들은 나를 따뜻하게 환영해 주었다. 내가 그들에게 완전히 새로운 세계를 열어 보여 준 것에 대해 진심으로 감사하는 것 같았다. 나도 내 선입견이 얼마나 잘못되었는지를 깨달았다. 그 여자들은 하나님을 사랑하며 지적이었고, 어떤 경우에는 나보다 훨씬 뛰어났다. 나는 정기적으로 그 모임에 참석하기 시작했는데, 그 모임은 나에게 자극이 되었다. 얼마 안 가서 도린은 자신의 인도를 좀 도와달라고 부탁했다. 그녀의 요청을 허락했을 때 완전히 새로운 사역의 장이 열리는 순간이었다.

도움이 필요한 사람들은 상담과 위로를 받기 위해 우리 집에 찾아오기 시작했다. 나는 하루 종일 집에 있었기 때문에 나에게 가장 소중한 것인 시간을 줄 수 있었다. 팻이란 여자도 찾아왔는데, 나처럼 임신한 상태였고 꼼짝없이 '집에만 갇혀 있는 가정주부' 노릇이 힘들다고 고백했다. 교회 청소년부의 존이라는 아이도 왔는데, 그는 사귀고 있는 여자 친구와의 관계가 혼란한 상태에 빠져 외로워하고 있었다.

　내가 아이를 출산한 후, 다섯 아이들을 둔 코니란 엄마도 찾아왔는데, 남편이 익사 사고로 비극적인 죽음을 당했다고 했다. 나는 그녀를 어떻게 도와야 할지 알고 싶었다. 도린도 그녀에게 희망을 다시 불어넣어 주고, 말도 하게 하는 등 적절하게 다독거렸다. 나도 그녀의 집안 환경과는 다른 편안한 분위기를 제공해 주었다. 그녀의 아이들은 이미 어느 정도 컸기 때문에 나의 아기를 보며 즐거워하는 것이 어느 정도 그녀의 치료에 도움이 되는 것 같았다. 당시에는 이것이 그녀에게 얼마나 중요한지를 몰랐다. 그러나 헨리 나우웬은 그것을 다음과 같이 잘 설명했다.

　우리는 언제 실제적인 위로와 위안을 얻는가? 누군가가 이렇게 생각해 보고 저렇게 행동해 보라고 가르쳐 줄 때인가? 여기를 한번 가 보고, 이렇게도 해 보라는 충고를 받을 때인가? 아니면 확신과 소망의 말을 들을 때인가? 아마 때로는 그럴 수도 있을 것이다. 그러나 정말 중요한 것은 고통과 괴로움을 당하는 순간 누군가가 우리 옆에 있는 것이다. 어떤 특별한 행동이나 말이나 충고보다 더 중요한 것은 그저 옆에서 돌봐 주는 누군가가 있는 것이다. 위기를 겪고 있는 우리에게 누군가가 "무슨 말을 해 드려야 할지, 어떻게 해야 할지 모르겠지만, 내가 당신 옆에 있다는 것을 알아줬으면 좋겠어요. 당신을 결코 혼자 내버려두지 않겠어요."라고 말한다면, 위로와 위안을 주는 친구가 있는 것이다. … 그저 누군가의 옆에 같이 있어 준다는 것은 힘든 일이다. 왜냐하면 상대방의 연약함을 같이 나누고, 그가 경험하는 약함과 무기력함을 같이 느끼고, 불확실성에 동참하고, 절제와 자기 결정을 포기해야만 하기 때문이다. 그럼에도 불구하고 이런 일이 일어날 때마다 새로운 힘

과 소망이 싹튼다.¹

내가 이 진리를 깨달은 것은 12년 후, 많은 이사와 변화를 겪은 후였다.
데이비드와 내가 카셀톤 비치의 생활에 만족하고 동시에 세인트패트릭스교회에서 많은 역할을 감당했지만, 이상한 불안감이 우리를 괴롭혔고, 그때 마침 둘째 아이를 가졌다. 그 이후로 다른 그리스도인들을 만났는데, 하나님이 그들의 삶에 근본적인 변화를 가져다주려고 할 때, 그들은 모두 비슷한 감동을 경험했다. 아마도 성령이 우리에게 말씀하기 위해 사용하는 여러 가지 방법 중의 하나인 것 같았다.
데이비드는 인생의 기로에 서게 되었다. 그 하나는 자신의 전공인 항공학과 우주 기술에 더 많은 시간을 쏟아 부어서 전문직에 계속 매달리고, 사람들과의 관계에는 시간을 덜 쓰는 길이었고, 다른 하나는 런던대학교의 교수직을 사임하고 그리스도의 사역에 완전히 헌신하는 것이었다. 아무튼 둘 중 하나를 선택해야 했다.
우리 미래를 위한 하나님의 뜻이 무엇인지 발견하기 위해 전심을 다하기 전, 데이비드는 스웨덴에서 열리는 한 학회에 초청을 받았다. 나는 집에서 아들을 돌보았다. 우리가 떨어져 있는 동안 하나님께서는 우리 모두에게 전임 기독교 사역을 감당하라는 도전을 매우 분명하게 말씀하셨다. 어느 주일 저녁 데이비드가 돌아오기 바로 전, 나는 아서와 도린에게 이 예감을 나누었다. 아서의 반응은 하나님이 정말 그렇게 말씀하신 것이라며 매우 기뻐했다. 그리고 대수롭지 않게 말했다. "그동안 이것을 위해 내가 기도해 왔어요!" 그리고 데이비드에게 영국 성공회 사역을 위해 훈련받고 싶으면, 자신들한테 도와 달라고 부탁해도 된다고 했다.

일 년 후, 파인 워크에 있는 우리 집이 팔리면서 세인트패트릭스교회와 교제는 완전히 끊어지게 되었다. 그리고 데이비드가 훈련을 받게 될 브리스틀로 이사를 갔다.

그가 받는 훈련 중에는 브리스틀에서 정신과를 전공하는 의대생과 함께 사역을 하는 기회도 있었고, 근처에 있는 동종요법 전문 병원의 환자들에게 사역을 하는 것도 있었다. 아쉽게도 그런 훈련은 성직 후보자의 부인들은 받을 수 없었다. 그러나 브리스틀, 그리고 데이비드가 목사로서 사역한 파크스톤, 케임브리지에서 나는 목사 아내라는 자격으로 여러 문제를 안고 있는 사람들을 인도할 수 있었다. 우리가 어디서 살든지 고통을 당한 사람들은 도움과 위로를 받을 수 있다는 희망을 안고 우리 집에 찾아오곤 했다.

브리스틀에서는 아들을 걱정하는 한 젊은 엄마가 탈장 수술을 받아야 했는데, 그러려면 병원에 오랜 기간 입원해야만 했다. 내 아들 케빈과 같은 나이였던 그녀의 아들 조나단은 매일 우리 집에 와서 케빈과 같이 신나게 놀았기 때문에 그녀는 걱정을 덜 수 있었다.

파크스톤에서 나는 데이비드와 함께 청소년 단체를 운영했다. 그때 교구의 중심부에 위치한 테라스식 가옥에 살았는데, 어린아이들이 방과 후 집으로 돌아가는 길에 우리 집에 몰려와 우리와 함께 여러 가지 문제를 상담했다. 남자 친구, 여자 친구 문제뿐만 아니라 영적인 문제들도 나누었.

케임브리지에서는 독신인 목사와 함께 사역했는데, 역시 남녀 관계의 문제로 인한 마음의 상처, 그리고 결혼 문제들을 다루었다.

노팅엄으로 이사했을 때 너무 많은 사람들이 나조차도 즉시 해결책을 제시할 수 없는 난해한 문제들을 갖고 오곤 했기 때문에, 나는 세인트존신학교에 있는 상담 과정에 등록했다.[2] 이 과정에 등록한 것은 두 가지 이유 때문이었다. 첫째, 데이비드와 나는 이미 세인트존신학교과 긴밀한 관계를 맺고 있었다. 둘째, 목회 상담 교수인 앤 롱은 내가 평소에 존경하는 사람이었다.

앤은 데이비드와 내가 노팅엄으로 이사한 지 몇 주 후에 왔다. 우리는 1973년 가을 학기 초에 대학에서 처음 만났다. 데이비드와 나는 당시에 새로운 학년이 시작되기 직전에 열린 수련회에 강사로 초청을 받았다. 나는 토요일 오후에 설교할 예정이었고, 앤이 나를 소개하기로 했었다.

"소개할 때 어떤 말을 해 주기를 원합니까?" 앤이 나한테 물었다. 그 질문에 정확히 어떻게 대답했는지 기억이 나지 않는다. 다만 나는 매우 불안했고, 그 해 초 자동차 충돌 사고로 인한 충격 이후 첫 번째 대중 앞에서의 연설이었기 때문에 긴장할 것 같다고 고백했다.

또 한 가지 기억나는 것은 앤의 나에 대한 소개였다. 그녀는 그 기회를 빌려 자기에게 따뜻한 환영을 베풀어 준 그 대학의 학생들과 교직원들에게 감사를 표했다. 그녀의 진실한 감사는 확실히 모든 이에게 감동을 주었다. 그 다음에 그녀의 행동은 나에게 굉장한 감명을 주었는데, 그것은 바로 나를 소개한 세심한 배려 때문이었다. 나는 아직도 그 기도를 잊지 못한다. 기도 내용이 아니라 앤이 기도할 때 메마른 강의실에 영감이 감돌았던 그 엄숙함을 말이다.

내가 그녀에게 이끌린 것은 권위가 느껴지면서도 상냥한 그녀의 기도 방식 때문이었는가? 아니면 그녀가 기도할 때, 살아 계신 하나님의 임재 가운데 들어간 것이 분명했기 때문인가? 그녀의 매력적인 정장에 감동받았기 때문인가? 아니면 앤과 함께 시간을 보내고 싶은 소망을 불러일으킨 것이 정숙한 지혜와 온화함 때문이었는가?

잘 모르겠다. 다만 아는 것은 그때 첫 만남 이후, 가끔씩 그녀를 만나서 대학교 학생들을 위해 개설한 상담 과정에 대해 물어보곤 했다는 사실이다. 그 과정에 대해 더 많이 들을수록, 앤이 가르치는 교육을 받아 보고 싶은 소망이 커졌다.

내가 다시 학생이 될 수 있다는 입학 허가가 났을 때 정말 놀랍고도 기뻤다. 세인트존대학의 화요일 오후 수업은 일주일 중 가장 흥미진진한 시간이었다.

듣기의 가치

앤이 강조한 첫 번째 교훈은 오늘날 교회에서 사람들을 돌볼 필요성이 아주 절박하다는 사실이었다. 우리는 모두 어느 순간 도와 달라고 절규한다. 그런 순간에 도움을 받을 수 있는 다양한 길이 있다. 한 가지 정말 중요한 방법은 '듣는 사역'이다. 누군가가 우리에게 다가온다면, 그저 경청 자체가 시간 낭비라고 생각지 말라. 또한 경청이 조언이나 성경 말씀보다 도움이 안 된다고도 생각지 말라. 오히려 영혼 가장 깊은 곳에 있는 근심, 두려움, 좌절, 분노를 같이 나누면서 헤아릴 수 없이 큰 도움이 될 수 있음을 명심하라. 양육 및 상담 협회의 전회장인 마이라 체이브-존스는 그 점을 간단명료하고도 유익하게 설명했다.

고통 가운데 있는 사람이 원하는 것은 우리가 그 사람의 말을 들어줌으로써 자기 곁에 머무는 것이다. 실수하거나 두려워하거나 뭔가를 말해 주어야 할 필요가 전혀 없다. 옆에서 가만히 같이 있어 주는 것만으로도 충분한 경우도 있다. 이것이야말로 우는 자와 같이 우는 것이다.[3]

나는 강의실에 앉아서, 과거에 나에게 상담을 받은 사람과 현재 도움을 청하러 찾아온 사람들에 대한 기억을 더듬어 보았다. 앤의 통찰력은 정말 도움이 됐다. 당시 경험이 부족한 나도 모든 사람들이 자기 말을 들어 달라고 부르짖고 있다는 사실을 알았다. 로버츠 거리 같은 도심의 테라스 가옥이 늘어선 거리에 사는 사람이나, 파인 워크에서 사는 상류 사회의 부유한 사람들이나, 파크스톤의 해안 마을에 사는 사람들이나, 케임브리지의 성공한 명사나 모두 이야기를 나눠 보면 다 같은 절규를 하고 있다. "제발 하던 일을 멈추고, 내 말을 들어주겠습니까?"

물론 상처받은 사람들이 이런 식으로 단도직입적으로 요청하는 경우는 거의 드물다. 대개 도움을 구하는 외침 소리는 보다 미묘하고 위장되어 있다. 그 때문에 앤이 다른 사람들의 말을 듣는다는 것은 배워야만 하는 기술이라고 강조한다. 진짜로 다른 사람을 도와주려거든 이론과 기본 법칙을 이해하고, 삶의 일부가 될 때까지 연습을 해야 한다. 그녀는 이와 같은 배움을 차를 운전하는 방법을 배우는 것에 비유했다. 기어를 바꾸는 기술은 완전한 집중력을 요구한다. 하지만 결국 그것은 몸에 자연스럽게 익혀진다. 숙련된 운전자는 기어를 매우 자연스럽게 바꾼다.

나도 이와 같은 기술을 완전히 습득하길 원했다. 로버츠 거리에서 나에게 깊이 뿌리내린 긍휼의 흔적은 완전히 없어진 게 아니었다. 그때 배운 온화한 성격을 표현하는 적절한 방법을 배우고 싶었다. 상처받은 사람들은 내가 그들을 도와줄 수 없을 정도로 무기력할 때도 나를 찾아왔기 때문이다.

경청의 효과

많은 사랑을 받고 있는 스위스의 박사이자 왕성한 글쓰기의 저자인 폴 투르니에는 언젠가 이런 주장을 했다. 다른 사람이 자신을 이해했다고 느낄 정도로 그 사람의 말에 귀를 기울인다면, 그것은 그 사람이 스스로를 속이지 않고서도 가장 힘든 상황을 극복하고 살 수 있도록 도와주는 것이라고 말이다. 그에게 자신감을 준 것이다.

앤도 그와 비슷한 이치를 가르쳐 주었다.

당신이 내 말에 귀를 기울인다면 나는 가치 있는 존재라고 느끼게 되고, 당신의 시간과 인정, 즉 결코 이전에 받아 본 적이 없는 것을 내가 받고 있다고 생각할 것이다. 그러면서 나는 또 다른 사람과의 관계도 내가 해결할 수 있다고 생각할 것이다. 또한 당신은 경청함으로써 나의 슬픔, 고독, 좌절, 우유부단, 죄책감의 짐도 같이 나누게 된다. 지금까지는 그 모든 것을 나 혼자 책임져야 했다. 그러나 당신은 나의 생각을 표현할 기회를 주고, 때로는 그런 방식을 통해 나는 해결책을 얻거나, 적어도 어디서 해법을 찾아야 하는지를 깨닫게 된다.[4]

이와 같은 가르침을 마음껏 받아들이는 동안 나의 말에 귀를 기울였던 사람들을 다시 생각해 보았다. 특히 웹-페플로 씨 부부와 아서 그리고 도린 드로울리 부부 등. 앤의 말은 옳았다. 그들이 나를 비난하지 않고 그저 내 두려움과 공포에 귀를 기울였을 때, 마치 내가 그들에게 정말 '중요한'

존재인 것처럼 느꼈던 생각이 불일 듯 일어났다. 이와 같이 이타적이고 희생적으로 그들이 나에 대한 사랑을 표현했기 때문에, 나는 내 감정을 건설적으로 발산할 수 있었다. 그와 같은 카타르시스적인 효과로 말미암아 많은 선입견과 불합리한 두려움을 깨끗이 씻어냄으로써 나는 새로운 관점으로 인생을 재점검할 수 있었다. 그들은 또한 내 안에 자신감을 불어넣어줌으로써 인생에 귀를 기울이시는 하나님의 영원한 사랑에 대한 본을 보여 주었다. 노먼 웨이크필드가 이 점을 다음과 같이 강조한 방식이 마음에 든다.

남의 말에 귀를 기울이는 것은 "당신을 이해하고 싶어요. 당신을 알고 싶어요."라고 말하는 것이다. 또한 그것은 상대방에 대한 존경을 표현하고, 그를 존귀하게 대하는 가장 기본적인 방법이다. 이 행위를 통해 우리는 하나님이 기꺼이 들을 준비가 되어 있으며, 그분의 고통받는 자녀가 그에게 찾아와서 사랑하는 아버지의 긍휼과 깊은 관심을 깨닫기를 기다리고 있음을 다른 사람에게 증거한다.
의심할 여지없이 지금까지 말한 것처럼, 듣는다는 것은 강력한 사역 중 하나다. 경청은 하나님 자신의 성품을 구현하는 것이다. 또한 사랑과 적절하고 도움이 되는 반응을 표현하는 통로를 성령님께 항상 열어 두게 만든다.5

듣는 사람들

앤이 학기 초에 말했듯이, 이 강력한 사역은 전문가들의 특권이 아니다. 누구나 듣는 법을 배울 수 있기 때문이다. 다른 많은 사람들도 그녀와 같은 생각이었다.

예를 들어, 더비와 링컨, 사우스웰의 주교 구역을 위한 목회 양육 및 상담 협회 회장인 마이클 제이콥스는 다음과 같이 말한다. "우리 사회는 일반적인 삶의 일부인 작업 분야에서 보통 남녀의 역할을 효과적으로 단순화시켜 버렸다." 계속해서 그는, 많은 경우 대부분 사람들의 손끝에서 나오는 보통 기술로도 어려움에 처한 사람들에게 도움을 주기에 충분하다고 지적한다. "종종 간과하고 있는 점은 바로 그 기술을 활용할 수 있다는 자신감이다."[6]

유능한 정신과 의사인 마이라 체이브-존스 역시 그녀의 뛰어난 입문서인 *The Gift of Helping*(섬김의 은사)에서 비슷한 점을 암시하고 있다. 존 스토트는 책 서문에서 그녀의 관점을 이렇게 요약하고 있다. "보통 그리스도인들에게는 세심한 관심을 보여 줌으로써 다른 사람들을 사랑하고 섬기는 법을 배울 수 있는 많은 고난의 상황들이 있다."[7]

일리노이 주에 있는 트리니티복음주의신학교의 심리학 교수인 게리 콜린스는 어려움에 처한 대부분의 사람들이 전문가가 아니라 친구한테 도움을 청하러 간다는 사실을 보여 준다. 그는 다음과 같이 주장한다.

> 만약 이들의 친구가 상담자로서 자신의 능력에서 한계를 깨닫는다면, 전문적 훈련을 받지 않고서도 주변에 있는 사람들의 정신 건강에 중대한 영향을 미칠 수 있다. 이것이야말로 실제적으로 사람들을 돕는 것이다.[8]

숙련된 상담자이자 정신과 의사인 로저 허딩 역시 이 점에 동의한다. 또한 "시편, 잠언, 전도서, 사복음서, 서신서는 믿는 자들이 서로서로를 성숙함에 이르도록 평생 도와주라는 가르침으로 가득 차 있다."[9]고 한다. 뿐만 아니라 앤과 마이라 체이브-존스 둘 다 강조했던 것을 그 역시 이야기하고 있다. 그것은 우리 각자는 하나님을 통해 서로를 도와줄 수 있는 능력을 받았지만, 하나님께서는 몇몇 사람들에게 섬김과 상담의 특별 사역을 맡기시는 것 같다는 것이다. 하지만 중요한 의견을 덧붙인다. 즉 대부분의 우리는 이 사역을 감당할 능력이 없다고 생각한다는 것이다.

폴 틸리히는 "사랑의 첫 번째 의무는 듣는 것"임을 가장 우선순위에 두고, 자신에게 능력이 없다는 생각을 버려야만 한다고 제안한다.

이 모든 것은 조지 엘리엇이 쓴 말 중에 정확하게 표현되어 있다. 나는 그것이 앤의 부엌 싱크대 위에 붙어 있는 것을 보았다.

오, 누군가와 함께 있을 때 맛보는 편안함과 이루 표현할 수 없는 위로, 바로 그 위로! 내 생각을 요모조모 따져보거나 말을 신중히 내뱉을 필요도 없고, 그저 표현하기만 하면 되는구나. 그것은 마치 보석과 돌이 섞여 있을 때, 신실한 손이 그것들을 함께 가져다가 채를 흔들어 필요한 것만 가려내고, 그 다음에 친절하게도 나머지는 날려 버리는 것과 같지 않은가.

듣기의 기본 법칙

'단지 들어 줌으로써' 가져오는 '말로 형용할 수 없는 위로'의 능력을 너무나 확신했기 때문에, 나는 뛰어난 경청을 위한 기본 지침을 열심히 배웠다.

그것들은 사람들이 의사소통을 할 때 각 개인은 다양한 방식을 동시에 사용한다는 사실을 이해하는 데 큰 도움을 주었다. 그러므로 개인이 선택하는 말과 문장뿐만 아니라, 그것을 전달하는 비언어적 신호에도 귀를 기울여야 한다. 그 사람의 목소리 어조, 억양, 말하는 속도, 즉 대화의 어느 순간에는 빨리 말하고, 어느 순간에는 천천히 머뭇거리면서 말하고, 또 어떤 때는 오래 쉬기도 하고, 문장이 끊기거나 불완전한 경우도 있는데, 이 모든 것에 주의해야 한다. 또한 표현 방식에도 귀를 기울여야 한다. 어법이 일관성이 있는가 아니면 뒤죽박죽인가 하는 문제 말이다. 얼굴 표정, 몸짓, 손놀림, 옷차림새까지도 그 사람의 기분 상태에 대해 중요한 암시를 한다. 기분이 우울한 사람은 옷모양새나 머리 모양에 신경 쓸 힘조차 없는 것 같다. 그런 사람의 목소리는 무뚝뚝하며 단조롭기까지 하다. 단지 몇 마디 하는 것도 굉장히 힘이 드는 것처럼 하품을 하는 경우도 빈번하다. 손놀림만 봐도 이렇다 할 목표가 없는 사람처럼 끊임없이 둔하게 손만 만지작거리며 놀리고 있다.

훌륭한 경청자는 귀를 기울일 뿐만 아니라 주의 깊게 관찰하며 말을 통해 전달되는 메시지를 들어야 한다. 그러면서 내뱉은 말에 진실성을 더해 주고 아름답게 만드는 숨겨진 메시지를 머릿속에 정리한다. '그녀의 목소리는 차분했고, 조용히 말했지만 눈은 고통으로 가득 찬 듯했고, 얼굴은 창백했고, 어깨는 모든 문제가 그녀를 짓누르고 있는 양 축 늘어져 있었다.'

마이클 제이콥스는 이러한 비언어적 메시지에 귀를 기울이는 태도의 가치를 다음과 같이 강조한다.

비언어적 의사소통은 도움을 청하는 사람이 보여 주는 첫 번째 표현 방식이다. 그는 입을 열기 전에, 먼저 비언어적 신호를 통해 자신의 감정 상태, 가령 장차 볼 면접시험이나 자신이 처한 일반적 상황에 대한 태도를 보여 준다. 그래서 관찰자의 입장이 된 경청자는 대기실에서 상대방을 만나는 즉시, 혹은 집에 찾아온 그들을 맞으러 현관문을 여는 즉시, 또는 그 사람의 집 현관 앞에서 인사를 하는 바로 그 순간, 이러한 기본적인 감정 상태를 파악할 수 있다. 사람들이 방으로 걸어 들어올 때, 방을 가로질러 자리에 앉을 때, 자리에 앉아 있는 자세를 통해서도 비언어적 신호를 관찰할 수 있다. 물론 이것은 비언어적 의사소통의 첫 사용에 불과하지만, 특히 상대방이 불안해한다면 대화를 시작하는 데 매우 중요한 요소가 될 수 있다.[10]

나는 이 경청의 기본 원리를 실행에 옮기기 시작했다. 그 당시에 관절염으로 다리를 저는 한 사람이 나에게 도움을 청하러 찾아오고 있었다. 나는 그가 현관 계단에서 라운지로 다리를 절며 걸어와서, 우리 집 부드러운 소파에 조심스럽게 앉은 후, 자리 앞쪽으로 몸을 움직이면서 아픈 듯 주춤거리다가 마침내 더 편안한 곳에 눌러 앉는 것을 쭉 지켜보았다. 이 사람은 걱정거리에 관해 이야기를 했는데, 말을 하는 동안 소파 옆에 있는 테이블에 놓여 있는 화분의 나뭇잎을 잘라 버리고, 주머니에서 화장지를 꺼내 신경질적으로 갈기갈기 찢어 버렸다. 그의 행동을 지켜보면서, 이 사람의 몸짓이 그의 감정적 스트레스를 얼마나 정확히 드러내 주는지를 알 수 있었다. 손과 고통에 찌든 몸짓, 그리고 눈에 가득 찬 슬픔의 메시지는 그가 더듬거리며 내뱉은 몇 마디 말보다 훨씬 더 그가 처한 상황을 직시할 수 있게 했다. 그의 마음에 공감하는 데 도움이 된 것은 바로 '몸짓 언어'였다.

그리고 공감은 훌륭한 듣기의 또 다른 요소이다. 공감(empathy)은 동정

(sympathy)과 같은 말이 아니다. 동정은 상대방의 고통에 귀를 기울인 후, "오! 참 안됐군요!"라는 반응을 불러일으킨다. 또는 한 여자가 자기 시어머니의 불합리한 행동을 설명할 때, 동정은 이렇게 반응한다. "나도 네 기분이 이해가 돼. 우리 시어머니도 완전히 심술쟁이거든." 그러한 동정의 반응은 훌륭하고 같은 편을 들어주는 것 같지만, 사실은 도움이 못된다. 오히려 주제넘은 것이 될 수도 있다.

그러나 공감은 고통을 겪는 사람과 똑같이 느끼려고 하지 않고, 오히려 상대방의 고난이나 고통에 덩달아 빠지지 않고서도 그 사람의 눈을 통해 상황을 파악하고자 한다. 그것은 바로 내가 넛필드 프리오리에서 학생들을 가르치면서 그들이 실제로 겪고 있는 삶을 이해하기 위해 그들의 입장이 되어 보려고 노력했을 때 깨달은 것이다. 우리는 대부분 영화를 보거나 훌륭한 소설을 읽을 때 자동적으로 그렇게 된다. 그 속의 영웅과 우리를 동일시하는 것이다. 그들의 두려움, 공포, 희망, 흥분, 기쁨 속으로 들어간다. 어떤 의미에서 우리는 잠시 동안 바로 그 주인공이 '된다.'

그러나 진정한 공감은 두 가지 단계를 통해 나타난다. 시어머니의 불합리한 행동에 대해 불평하는 여자의 예로 되돌아가자면, 공감은 이렇게 자문할 것이다. "내 시어머니가 그렇게 했다면 나는 어떤 기분이 들까?" 그 다음에 계속해서 이렇게 질문할 것이다. "그렇다면 그녀는 시어머니의 행동을 보고 어떤 기분을 느꼈을까?" 다시 말해서, 공감은 상대방이 겪고 있는 고통을 분명히 인식하고, 같이 그 상황 속으로 들어가 느껴 보고자 한다. 공감은 메시지를 정확히 접수했다고 가정하기보다는 메시지를 정확히 이해했는지를 계속 확인하고자 하는 것이다.

이 해 하 기

캘리포니아에 있는 가족치료사인 데이비드 옥스버거는 이해의 기술이 얼마나 중요한지를 보여 주었다. 어떤 감정을 표현하기 위해 사용하는 단어는 그 사람의 감정을 듣는 사람에게 정확히 전달할 수도 있고, 그렇지 않을 수도 있다. 그의 생생한 표현을 빌리자면, 그 이유는 다음과 같다.

포장지가 초콜릿이 아니듯이 단어가 곧 의미는 아니다. 사진이 곧 그 사람 자체가 아니듯이 단어 또한 그것이 가리키는 사물이 아니다. 내가 하는 이야기가 역사 속의 한순간인 작은 일부에 지나지 않는 것과 마찬가지로 단어는 그것이 표현하는 경험이 아니다.[11]

영어에는
사용할 수 있는 단어가
60만 개 정도 된다.
이 중에서 교육받은 성인이 사용하는 것은
2천 개 정도다.
그리고 표준 사전을 찾아보면
가장 많이 사용되는
5백 개 단어에
1만 4천 가지의

다른 정의가 포함되어 있다.
공통적으로 쓰이는 각각의 단어는
다양한 '의미'를 전달하기 위해 사용해야만 한다.
이 극소수의 단어를 가지고
당신과 나의 경험이 담고 있는
무한대의 풍성한 의미를 표현해야 한다.
(어떤 단어는 100개 혹은 그 이상의 의미를 지닌 것도 있다.)[12]

그러므로 '공감'이란 말은 '나쁜'(bad)이란 간단한 단어의 의미를 반드시 이해함을 의미한다. 예를 들어, 관절염에 걸린 내 친구가 이 단어를 사용해서 '이번 주는 힘들었어(I've been bad this week).'라고 말한다면, 그것은 육체적으로 고통스러웠다는 의미이다.

어떤 경우에는 술을 너무 많이 마셔서 죄책감이 들었다는 말이다. 그리고 때로는 물질주의적 생활 방식에 환멸을 느낀다고 말하려는 것뿐인 경우도 있었다. 그가 나에게 그렇게 힘들게 말하려고 했던 게 무엇인지 내가 정말 이해하는지를 확인하는 법을 다음과 같은 간단한 질문을 던짐으로써 배워야만 했다. "네 말은 이렇다는 거니?" "너 그게 정말이니?" 또는 "그래서 오늘 무릎 통증 때문에 정말 짜증났단 말이구나?"라고 다르게 묻기도 한다.

이런 방법을 통해 나는 마이클 제이콥스가 이야기하는 기본 사실 관계를 이해하고, 마이라-체이브 존스의 말을 인용하자면 '분위기를 파악'하는 법을 알게 되었다.

다른 유용한 단서들

기본 법칙에 관한 목록은 점점 많아졌다. 그러나 명심해야 할 다른 원리도 있었다.

"침묵을 두려워하지 말라. 걱정이 많은 사람들은 종종 천천히 생각하기 때문에 숨 돌리는 시간이 많이 필요하다. 그러므로 말뿐만 아니라 침묵의 상황도 이해하는 법을 배우라."라고 앤은 우리에게 말했다. "누군가가 말하기를 주저하거나 멈춘다면, 이렇게 스스로에게 물어보라. 기분이 언짢아서 그런가 아니면 생각하느라고 그런가? 충격을 받아서인가 아니면 생각에 잠겨서 그런가? 즉 이 사람이 당황해서 이런 건가 아니면 그저 마음속에 있는 것을 표현할 말을 찾고 있는 것인가?" 그리고 앤은 눈물의 언어에도 귀를 기울이라고 충고했다. 눈물도 침묵과 마찬가지로 기쁨, 고통, 슬픔, 좌절, 심지어 분노까지 모든 종류의 메시지를 전달한다. 지혜로운 경청자는 그 눈물의 의미를 자기가 알고 있다고 가정하지 않는다. 우리의 눈과 귀를 사용하면, 감정에 북받쳐서 주의를 끌고자 하는 울음과 마음 깊은 곳에서 흘러나오는 흐느낌을 분별할 수 있다. 그럼에도 불구하고 때때로 나는 따뜻하고 사려 깊게 물어볼 필요가 있다고 생각한다. "그 눈물의 의미는 무엇인가요?"

사람들이 나에게 도움을 청할 때, 배운 이 원리들을 적용해 보려고 했다. 특히 사람들의 눈에 관심을 가졌다. 눈은 마음의 거울이라고 하지 않는가. 눈은 감추고 싶은 비밀스런 감정을 반영한다. 나는 사람들의 눈 속에서 심한 고통, 공허, 분노, 슬픔을 감지했기 때문에, 때로는 '귀를 기울이는 게'

너무나 고통스러웠다. 종종 누군가가 말로 표현하는 감사가 진심에서 나오는 것인지를 눈에 나타난 변화를 통해 알아차린 경우도 있었다. 또 가끔은 번쩍이는 불빛을 신체의 창문을 통해 비쳐봄으로써 무거운 장막을 걷어내는 것 같았다.

처음에는 문제를 가지고 찾아온 사람이 떠나고 나면, 나는 아주 지쳐 버렸다. 지금은 그렇지 않다. 이것은 지금은 알고 있는 것을 당시에는 깨닫지 못했다는 의미이다. 다른 사람의 말과 감정, 분위기, 미묘한 어조에 귀를 기울이면서 같이 나눈 대화를 기억하고 상대방과 하나가 되기 위해서는 모든 집중력과 상당한 감정적 에너지가 필요하다는 사실을 말이다. 그것은 이제까지 내게 부족했던 희생적인 사랑이었다.

하지만 그 일은 보람도 많았다. 고통을 겪고 있는 사람들은 이런 말을 하기 시작했다. "들어줘서 정말 고마워요." "이야기할 사람이 있다는 게 너무 좋아요." "당신은 정말 내 기분을 정확히 파악했군요." "같이 이야기하고 나니 한결 기분이 좋아졌어요." "정말 많은 도움이 되었습니다." 사실 많은 경우 내가 한 일은 아무것도 없었다. 그냥 '듣기만' 했을 뿐이다. 나는 상대방이 바이러스나 암에 걸렸든지, 아니면 실의와 사별을 겪었든지, 혹은 죄책감, 분노, 영혼의 일반적인 질병, 고독으로 고통하든지 간에 '그저 들어주는 것' 만으로도 효과적으로 도와주는 것이라는 결론을 내릴 수 있었다.

그러나 그것이 어떻게 도움이 됐는지는 전혀 알 수 없었다. 마치 내 차의 보닛 밑에서 무슨 일이 벌어지는지 전혀 알 수 없어도, 운전은 재미있게 할 수 있는 것과 마찬가지다. 나는 이 신비를 만끽하면서 사는 삶이 만족스러웠다. 잘 들어주는 것은 하나님이 어떤 사람을 치유하는 한 방법처럼 보였다.

경청에 대해서는 모범적인 학생이었던 나는 '듣기' 이론에 관한 모든 것을 배우기로 작정했는데, 곧 훨씬 더 많은 교훈이 있다는 것을 알게 되었다.

6 듣고자 하는 마음

이제 기초는 닦았다. 기초를 통해서 훌륭한 경청을 하기 위해서는 모든 관심을 쏟아야만 한다는 것을 배웠다. 남의 말을 잘 들으려면, 3차원적 듣기의 개념이 필요하다. 첫째는 상대방이 선택하는 어휘에 귀를 쫑긋 세워야 하고, 둘째는 눈, 얼굴, 신체, 눈물의 언어에 귀를 기울여야 하며, 셋째는 '감정'을 정확하게 파악하는 기술을 배워야만 한다.

세인트존대학에서 들은 과정은 이러한 기초 위에 세워졌다. 정확성과 공감을 바탕으로 듣는 법을 배운 후에, 우리가 도와주려고 하는 사람에게 어떻게 반응하고, 어떻게 반응해서는 안 되는지를 배웠다.

첫 번째 기억해야 할 규칙은 매우 분명했다. '끼어들지 말라.' 중요한 말을 하려고 최선을 다하고 있는데, 누군가가 끼어든다면 정말 불쾌하기 짝이 없다. 몇 분을 참지 못하고 끼어들지 않고서는 도대체 남의 말을 들을 수 없는, 강박증이 있는 말꾼도 있다. 그러나 내가 그런 사람이라고는 생각지 않았다. 그럼에도 불구하고 나의 실제 행동과 내가 배운 훌륭한 경청을 위한 황금률을 비교해 보기 시작했을 때, 상대방이 고통스런 감정을 표현하려고 몸부림치고 있는 도중에 내가 얼마나 자주 끼어들었는지를 알고는 충격을 받았다.

겉으로는 성공한 듯 보이는 한 사업가가 직장을 잃었다고 내게 고백한 적이 있었다. 그는 마음속의 여러 갈등들, 좌절과 두려움, 굴욕감과 절망감 때문에 괴로운 심정을 표현하려고 무진장 애를 썼다. 나는 이해해주고 싶었고, 내가 관심을 갖고 있다는 것을 보여 주고 싶었다. 동기는 좋았지만, 도와준다는 명목으로 질문을 던짐으로써 중요한 침묵의 순간을 여러 번 깨뜨렸다. 이 특별한 만남을 곰곰이 생각할 때마다 대부분의 질문들이 쓸데없는 것이었음을 인정하지 않을 수 없다. 그가 가장 깊은 내면에 있는 감정을 표출하도록 도와주기는커녕, 그가 이야기하는 방식의 핵심이었던 생각하는 침묵의 순간들을 방해했다.

나는 부끄러웠다. 훌륭한 경청자는 충분한 근거가 있는 질문만을 한다는 것을 머리로는 알았다. 또한 쓸데없는 호기심 때문에 질문을 하는 것이 아니라, 경청하고 있는 상대방의 성숙에 도움을 주고자 하는 동기에서만 질문을 한다는 것도 알았다. 하지만 그때 이 이론을 제대로 적용하지 못했다. 경청자가 던지는 질문은 대화 주제에 관해 더 많은 정보를 유도해 내는 개방적인 질문이여만 한다는 것도 알고 있었다. "그 점에 대해 좀 더 이야기해 주시겠어요?"라든가 "그때 기분이 어땠습니까?"라든지 말이다. 그러나 그 당시 내가 던진 많은 질문들은 한마디로 즉흥적으로 대답할 수 있는 것들이었다. "그래서 화가 났나요?"

이런 사랑의 부족이 결국은 훌륭한 경청의 법칙들을 깡그리 무시하는 결과를 가져왔다. 나는 회개하고, 하나님이 기뻐하시는 용서함을 받아들이는 법도 배웠지만 지난 몇 년간의 연습에도 불구하고 아직도 종종 부적절하게 끼어들며, 질문을 던져서 불필요한 정보를 얻어내려고 대화를 유도한다. 하지만 존 포웰의 말은 위로가 된다.

> 대부분의 우리는 경청자일 때, 말하지 않으면 안 될 것 같은 욕구를 느낀다. 다른 사람이 자기 이야기를 꺼내기가 무섭게 끼어들고 싶은 강한 내적 절박감을 느낀다. 조언을 해 주고, 우리 자신의 몇 가지 직접 경험을 통해 그것을 증명하려는 야릇한 의무감을 느낀다. 상대방이 처음 숨을 돌릴 때 바로 끼어들어서, 스스로도 지치고 상대방도 절망감을 느낄 때까지 말하는 것을 멈추지 않는다. 유감스럽게도 나도 다른 사람들한테 이렇게 했고, 다른 사람한테서 그런 경우를 당했다. 내가 말하는 것을 사려 깊게 귀담아듣지 않는 경험과, 내가 정말 어떤 사람인지 파악하지 못했기 때문에 들어주지 않는 슬픔을 겪어 보았다.[1]

존 포웰은 '충고해 주고 싶은 야릇한 의무감'이야말로 우리가 피해야만 하는 함정 중의 하나라고 강조했다. 마이라 체이브-존스도 '충고하지 말라'고 기록하고 있다.

대부분의 사람들은 그것을 바라지도 않으며, 그렇게 하지도 않는다. "내가 너라면 이렇게 할 텐데."라든지 "네가 이렇게 해야 한다고 생각해."라는 말은 도움이 안 된다. 왜냐하면 당신은 내가 아니며, 이렇게 해야 한다고 생각하는 것은 당신의 생각이기 때문이다. 좋은 충고의 유일한 실제 가치는 그것이 상대방으로 하여금 더 기분이 좋아지게 한다는 데 있다. (물론 특정 직업을 갖기 위해 어떤 공부를 할 것인가와 같은 사실적 지식에 관련된 충고는 다른 문제이다.)[2]

다른 사람을 위해 문제 해결자 노릇을 하려는 덫에 걸리지 않는 것이 얼마나 힘든지 알고는 다시 한 번 충격을 받았다. 때로는 어떻게 해야 하는지가 너무나도 분명해 보이는 곤경에 빠진 사람에게 그렇게 해 보라고 말해 주고 싶었다. 심지어 손을 끌고 가서 너무나도 옳은 길처럼 보이는 길을 직접 안내해 주고 싶었다. 그 상황에서 세인트존대학에서 배운 이론은 정말 실천하기 힘들었다. 그런 식으로 행동하는 것은 당연히 사람들을 조종하는 것이었다.

그래서 앤 롱은 다음과 같은 중요한 지침을 상기시켜 주었다. "문제의 핵심을 파악하기 전에 섣부른 해결책을 제시하지 말라. 때로는 듣는 쪽에서 하는 근심이 더 신속한 해결책을 요구할 것이기 때문이다."

12년 전, 이 기본 원리를 배운 후로 지금까지 이것을 지키려고 노력하고 있다. 그러나 지금 이 글을 쓰는 순간에도 나는 위기에 처한 부부를 도와주려고 하고 있고, 또 한 번 케케묵은 속임수를 쓰고자 하는 자신을 발견했다. 마음속에 너무나도 분명한 '완벽한 해결책'이 떠올랐기 때문에, 당장 전화를 해서 해결책을 찾았다고 그 부부에게 말해 주고 싶었다. 또다시 존 포웰의 엄청나게 정직한, 아주 미국인다운 고백으로부터 위안을 얻는다.

나는 때때로 온갖 종류의 해석과 충고를 해 주기 위해 곧장 컴퓨터 프린터를 사용하고 싶은 고질적인 충동을 억제하기 위해 애를 써야만 한다. 개인적으로 나는 시의적절한 질문을 던지는 기술을 개발해 왔다. 가령 이와 같은 질문이다. "이런, 당신이 어떻게 해야 될지 나도 모르겠군요. 당신 생각은 어떻습니까? 당신 판단으로는 어떤 가능성들이 있을까요?" 종종 다음과 같은 질문을 통해 번뜩이는 제안이 대화 도중 떠오를 수도 있다. "혹시 학교에 다시 돌아가서 학위를 얻는 것에 대해 생각해 봤습니까?"[3]

그리고 나는 "경청자의 입장에서 제안은 하되, 결코 지시해서는 안 된다."는 존 포웰의 말이 얼마나 중요한지 깨달았다.[4] 그 이유는 만약 어른들이 애어른이 아니라 정말 어른답게 처신하려면, 자기 행동과 인생에 대해 개인적인 책임을 져야 하기 때문이라고 그는 계속 설명한다. 그러므로 상대방이 스스로 생각하고, 스스로 결정을 내리게끔 해야만 한다는 것이다. 이렇게 해야 하고, 저렇게는 하지 말아야 한다고 끈질기게 이야기하는 경청자는 한 사람의 성숙을 방해하는 위험에 빠지고 만다. "성숙하지 못하는 한 가지 확실한 방법은 다른 사람의 생각과 의지에 편승해서 좇아가는 것이다."[5]

하지 말아야 될 것

나는 다른 사람들이 내 충고나 기도에 덩달아 편승해서 인생을 살아가는 사람이 되게 하고 싶지는 않았다. 그럼에도 불구하고 몇몇 사람들은 나에게 지나치게 의존했다. 이것은 그들과 나 모두에게 불행한 것이다. 그들에게 불행인 까닭은 혼자 힘으로 생각해서 자신이 내린 결정에 책임을 지는 것이 아니라, 이 사람들은 내가 무슨 하나님의 예언자나 되는 양 나한테 상담을 하고, 심지어 내 기도가 자기들 기도보다 더 능력 있다고 믿기까지 했다. 그 결과 그들은 성장하지 못했다. 또한 나한테도 불행인 까닭은, 처음에는 나에 대한 신뢰가 칭찬처럼 보이고 내 자부심을 한껏 세워 준 것 같아도, 결국 내가 만족시켜 주고 싶지도 않았던 메시아적 기대를 그들이 나에게 하고 있다는 것을 깨달았을 때, 나의 잘못된 자존심은 급기야 두려움으로 변했기 때문이다. 나는 모든 것을 다 아는 사람이 아니다. 모든 사람들의 문제에 대한 해결책도 없다. 내가 전능한 사람처럼 행동하려고 할 때마다 내 기운은 소진되었고, 가족은 고통을 겪었다.

　마침내 나는 경청의 또 다른 황금률을 위반하고 있었다. '의존을 부추기지 말라.' 누군가에게 다가가서 사랑을 베풀고, 경청해 주는 버팀목은 되어 주며, 편안하지만 전혀 도움이 안 되는 안락의자가 되는 그런 기술이 얼마나 어려운지 새삼 깨닫고 있다. 때로는 제대로 하기도 하지만 여전히 잘 못하는 경우도 있다. 그래서 한계를 분명히 긋는 것이 도움이 된다고 생각한다. 언제 전화를 하면 내 사생활을 방해하는 것이 되고, 언제 찾아와서 문제를 이야기하면 되고, 언제 내가 생각할 여유가 필요한지를 상대방에게 분명히 하는 것이다. 그러한 한계는 나를 보호해 주고, 도움이 필요한 사람도 안심할 수 있도록 한다. 그들이 전화하고 찾아오는 것이 좋다고 말할 때, 정말 그렇다는 것을 알기 때문이다.

게리 콜린스의 저서 『훌륭한 상담자』[6]는 내가 봉변을 당한 사람을 도와주려고 했을 때, 분명한 목표를 정하는 데 도움이 되었다. 그는 그와 같은 목표 수립을 가장 잘 할 수 있는 방법을 설명하기 위해, 예수님이 엠마오로 가는 제자들을 만난 사건을 이용한다.

먼저 누가복음 14장 14, 15절에서 예수님이 여행하는 제자들 옆에 다가가서 나란히 걷는 모습을 어떻게 바라볼 것인지 설명한다. 지난 사흘간 일어났던 악몽 같은 사건들을 마음속으로 계속 생각하는 그들은 여전히 충격이 가시지 않은 것처럼 보인다. 이때 예수님이 먼저 주도권을 잡고, 그들의 신뢰를 얻기 위해 어떤 접촉점을 찾으려고 시도한다.

일단 관계를 맺은 후에 예수님은 그들과 함께 계속 문제의 본질을 탐구한다. 왜 그들이 그렇게 낙담했는가? 왜 그렇게 놀랐는가? 그들이 혼란스런 이야기를 모두 쏟아낼 때, 예수님은 주의 깊게 그들의 말을 듣는다. 그리고 그들에게 좌절, 의심, 실망을 표출할 수 있는 충분한 기회를 주고, 문제의 핵심을 찌르고, 완전히 이해한 후, 예수님은 일련의 조치를 취하기로 결정하신다.

질문과 제안을 능수능란하게 사용하면서 예수님은 그들의 생각에 도전을 던지고, 신앙의 위기를 불러일으킨 이상한 사건들을 다른 관점에서 바라보도록 격려함으로써 그들이 겪는 혼란을 씻어낸다.

그러나 그렇다고 자신을 결코 그들과 완전히 분리시키거나 무관심하게 행동하지 않고, 동료 여행자들에게 가까이 다가가 함께 식사를 한다. 이렇게 친하게 대한 것은 자기한테만 의존하라는 뜻이 아니었다. 반대로 우리는 예수님이 글자 그대로 제자들로부터 사라졌다는 말씀을 볼 수 있다. 이 사라진 행동은 그들로 하여금 오히려 행동하게끔 격려했고, 그들이 주도적으로 예루살렘으로 돌아가 다른 제자들을 격려하게 만든 것처럼 보인다.

게리 콜린스는 이 구절을 통해 효과적인 경청이 지녀야 할 다섯 가지 단계가 있다고 결론짓는다.

1. 관계를 맺으라.
2. 문제를 조사하라.
3. 해야 할 행동을 결정하라.
4. 행동에 옮기도록 격려하라.
5. 스스로 시작함으로써 배운 것을 적용하도록 격려하라.

처음에 여행하는 제자들을 대하는 예수님의 다소 썰렁한 태도에 나는 적잖이 놀랐다. 사실 경청의 과정을 가르친 선생님들의 경고는 판단하지 말라는 것이 아니었는가. 하지만 예수님은 여기서 이렇게 말씀하셨다. "미련하고 선지자들이 말한 모든 것을 마음에 더디 믿는 자들이여!"(눅 24:25). 그렇다면 이것은 판단이 아닌가?

나는 '아니다'라고 결론 내렸다. 그는 이 사람들과 관계를 맺었고, 그들이 혼동하고 있는 것에 정확히 귀를 기울였다. 그 후 취해야 할 조치는 그들이 똑바로 생각하게 도와주는 것이었다. 그렇게 하기 위해서는 그들의 감정과 성경의 진리, 그리고 실제 상황 사이에 놓여 있는 괴리를 지적하는 것이 가장 중요했다. 예수님이 "미련하고 마음에 더디 믿는 자들이여!"라고 말씀하셨을 때 그의 눈에는 사랑이 가득 담겨 있었다고 믿고 싶다. 그의 도전이 공격적이었을 리 없다. 오히려 그는 굉장히 설득력 있게 접근했기 때문에 그들의 마음을 얻었고, 그들의 생각을 새롭게 했으며, 어두움 속에 있는 그들에게 빛을 비추었다. 그것은 매우 짧은 시간 내에 그들 인생의 진로를 완전히 변화시키기 위한 것이었다. 그래서 그들은 더 이상 혼란에 빠지지 않고 영광스럽게도 '그리스도께서 부활하셨다!'라는 복음을 마음껏 전파했던 것이다.

그와 마찬가지로 나도 다른 사람의 고통이나 혼돈에 대해 신중하고도 돌보는 자세로 귀를 기울임으로써 내가 감지한 부조리와 진리의 왜곡에 대해 감히 도전할 수 있는 특권을 누렸다. 나는 보통 이런 식으로 한다. 먼저 "당신이 이 말을 이해하고 있는지 궁금합니다."라는 질문을 던진다. 그 후 그 사람을 괴롭히고 있는 실제 답답한 심정을 내가 이해하고 충분히 공감하지만, 그 심정이 상황에 대한 정확한 분석에는 도움이 되지 않는다는 것을 계속 보여 주려고 한다.

한번은 심한 우울증에 시달리고 있는 한 소녀를 도와주려고 했다. 그녀는 자신의 우울증의 이유가 파혼을 당했기 때문인 것 같다고 말하면서 내내 울었다. 그 상황에 대해 좀 더 자세히 이야기해 달라고 하니, 그녀는 젊은 남자와 잠자리를 가졌다고 고백했다. 물론 그 일이 잘못된 일인 줄 알았던 그녀는 엄청난 죄책감에 시달렸고, 여러 차례 하나님께 자백했지만 아무것도 달라진 게 없다는 것이었다. "내 생각에 너무 나쁜 짓을 해서 하나님의 용서를 받을 수 없는 것 같아요."라고 털어놓았다.

나는 우선 그녀를 짓누르고 있는 절망감을 이해하고 있음을 보여 주기 위해 내 얼굴을 만지며 쳐다보게 하고, 부드러운 목소리로 이야기하면서 내가 정말 그녀를 도와주고 있음을 깨닫게 하려고 노력했다. 나는 이렇게 말했다. "너는 네가 영적인 문둥병자 같다고 느끼는구나. 하지만 하나님의 말씀은 분명히 네가 자백한 죄가 용서받을 수 있다고 하는데, 그 말이 무슨 뜻인지 아니?"

그녀는 잠시 내 눈을 쳐다본 후, 재빨리 눈길을 돌렸다. 그녀의 눈 속에서 나는 희망의 불꽃을 감지했다. 이 희망이 꿈틀거리면서 솟아나는 동안 그녀는 몇 분간 침묵했다. 마침내 그녀가 다시 나를 바라보면서 말했다. "예, 당신 말이 옳다는 것을 알아요. 그분의 용서를 받기 위해 어떻게 해야 되죠?" 이제 그녀의 태도가 분명해졌기 때문에, 내가 할 일도 비교적 쉬웠다. 나는 그녀 옆에서 용서하기를 즐겨하시는 하나님에 의해 그녀의 죄책감이 눈 녹듯 사라지는 것을 지켜보았다.

경청에 대해 배웠던 초기 시절에는 누군가가 성적인 죄를 범했다는 설명을 듣고 나면 나도 타락한 것처럼 여겨질 때가 있었다. "가끔 쓰레기통을 온몸에 뒤집어쓴 것 같은 기분이 들어요." 언젠가 앤 롱에게 이렇게 고백한 적이 있었다.

그러나 동시에 정말 배운 그대로 상대방의 말을 들어주기만 하면, 사소한 잘못을 고백하는 사람들을 돌보아 주는 것은 어렵지 않다. 그들의 입장에서 그들의 관점으로 인생을 바라보려고 노력하면, 그들이 그런 식으로밖에 행동할 수 없었던 이유가 이해되기 때문이다. 그 말은 내가 그 죄를 눈감아 줬다는 말이 아니다. 오히려 그들이 자백한 죄를 절대 묵과하지 않으면서도 동시에 죄인을 용납하는 것이 얼마나 중요한지를 깨달았다는 말이다.

몇 가지 목적

기꺼이 받아 주라. 이것은 바로 내가 십대 때 내 자신에 관한 모든 지식을 예수님을 아는 모든 지식에 굴복한 바로 그날, 그분이 나에게 베풀어 준 것이다. 또한 내가 웹-페플로 씨 가정에서 쓰러졌을 때, 그들 부부가 나에게 베풀어 준 것이었다. 또한 임신하여 교사를 중도에 그만두고 아무런 일도 없는 상태에 적응하느라 애를 먹고 있었을 때, 도린 드로울리가 내게 베풀어 준 것이었다. 나는 경청의 사랑을 받기만 했다. 그때 나는 삶을 변화시키는 능력을 체험했다. 에이브러햄 슈미트의 말은 나의 정곡을 찔렀다. "전적으로 남의 말을 들어주는 것은 상대방의 인생을 완전히 자기 것으로 만들어서 돌보아 주는 것을 의미한다."7 이제는 이 사랑을 다른 사람에게 전해 주고 싶었다. 그로부터 십이 년이 지난 지금도 여전히 이런 사랑을 실천하는 법을 배우고 있다.

마이라 체이브-존스가 강조하듯이, 누군가에게 귀를 기울이는 것이 선물을 받는 것과 같다고 생각하라. "당신이 누군가에게 선물을 줬는데, 그가 포장지를 찢고 대충 훑어보더니 그냥 가 버리고 딴 일을 한다면, 그 선물을 정말 귀하게 여기지 않는다고 생각할 것이다."8 하지만 반대로 당신이 포장된 선물을 받고, 조심스럽게 포장을 뜯은 후 요모조모 살펴보다가 감격해서 감사를 표하면, 그것을 준 사람은 마음이 뿌듯하고 자신이 존중받고 있다고 생각할 것이다.

경청도 바로 그와 같다. 다른 사람의 이야기나 고통, 문제, 위기에 귀를 기울임으로써 치유가 이미 시작됐다. 왜냐하면 우리 모두가 반복해서 들어야 하는 '당신은 정말 중요한 존재다.' 라는 중요한 메시지를 전달하고 있기 때문이다.

도움이 필요한 사람에게 인정과 이해와 사랑을 표현하는 데 중요한 경청 방법이 있다. 그것은 '묵상적 경청'(reflective listening)이다.

묵상하듯이 경청하면 상대방이 선택하는 어휘를 신중히 듣고 전달되는 언어, 즉 선물의 내용에 열심히 집중하게 된다. 대화 도중 적절한 시점에서 문제를 안고 있는 사람에게 그가 말한 내용을 요약하여 다시 들려주는 것이다.

이것을 좀 더 자세하게 설명하기 위해 사별의 고통을 겪고 있는 사람이 창백한 상태로 교회에 왔다고 가정해 보자. 눈에는 눈물이 가득 고여 있고, 예배가 끝난 후 고민을 쏟아 놓는다. 몇 달 전에 돌아가신 아버지와 이별하는 고통이 호전되기는커녕 갈수록 악화되고 있다는 것이다. 사람들이 이야기하는 대로 시간이 반드시 약인 것은 아니다. 게다가 그는 하나님에 대해 분노하고 있다. 왜냐하면 그에게 아버지가 가장 필요한 바로 그때 돌아가신 것처럼 보이기 때문이다. 게다가 그리스도인들이 이말 저말 하는 것을 들을 때, 더 마음이 완악해지고 냉소적이 되어 버린다.

이때 경청자는 그 사람의 몸짓 언어, 말, 감정을 모두 살펴보고 상황을 요약해 슬픔에 찌든 그 사람에게 다음과 같이 말한다. "회복하는 데 시간이 꽤 오래 걸리고, 아직도 더 많은 눈물이 남았다는 생각에 매우 힘드시죠? 지금은 화가 나고 냉소적인 것 같군요. 당신의 아버지가 돌아가셨을 때만큼 지금도 똑같이 고통받고 있는 것에 대해 위대한 치유자이신 하나님이 아무 일도 안하는 것처럼 보이기 때문인가요?"

이 경청자는 사별한 사람이 들려준 '말' 이라는 선물을 귀중하게 받는 것 외에 아무것도 안했고 그저 그 선물을 부드럽고 조심스럽게 펼쳐 보기만 했음에도 불구하고, 그 사별한 사람의 얼굴에는 안도의 표정이 흐를 것이다. 남이 자신을 이해해 주었기 때문에 그는 스스로 자신이 귀한 존재로 대접받았다고 여긴다. 설사 이 대화가 그리운 아버지를 살아 돌아오게 할 수는 없을지라도, 이 단순한 경청의 행위는 그에게 계속 살아야겠고 하나님을 신뢰해야겠다는 용기를 불어 넣는다.

이처럼 경청을 하면, 도움을 주는 사람과 받는 사람 사이에는 실제 관계가 형성된다. 그리고 경청자는 도움이 필요한 사람의 마음 가장 깊은 곳에 있는 감정과 생각을 듣고 그것을 처리할 수 있는 특권을 준 것에 대해 오히려 그 사람에게 감사하게 된다. 존 포웰이 상키시켜 주듯이 다른 사람한테 자신의 가장 민감한 속내를 털어놓거나, 자신의 실패를 따져보거나, 연약함을 드러낸다는 것은 위험하고 두려운 일이다. "그러므로 자기 비밀을 털어놓고 우리를 신뢰한 것에 대해 감사하는 태도를 길러야 한다."[9]

처음에는 이 제안이 낯설었다. 하지만 두 주먹 불끈 쥐고 이 이론을 적용해 보던 초보 때, 엄청난 감사와 특권 의식이 물밀듯 밀려왔었다. 그때 나는 누군가에게 이렇게 말했다. "많은 사람들이 당신이 오늘 나에게 허락해 줬던 것처럼 당신의 말을 경청하는 것을 특권으로 생각했을 것입니다. 나를 전폭적으로 신뢰해 주고 이야기해 준 것에 대해 감사를 드립니다." 이 진실한 감사의 표현은 그 사람을 놀라게 했다. 그러나 내 말 때문에 그 사람도 동시에 자기가 귀한 존재로 여김 받았다고 생각했다.

물론 도움을 받는 상대방을 부담이나 귀찮은 존재로 생각했다면 그렇게 말하는 것은 아무 소용이 없을 것이다. 사람들은 빈말을 금방 알아차리기 때문이다. 상대방이 두말할 나위 없이 소중하고 아낌없는 사랑을 받을 만한 존재라는 것을 납득할 수 있도록 따뜻한 호의와 돌봄을 베풀어 주기 위해서는 입술뿐만 아니라 눈, 포옹, 미소, 몸짓까지도 그것을 표현해야 한다. 고통 속에 있는 사람이 마음에 새기는 것은 이 모든 반응이다.

'소유하지 않는 사랑.' 나는 경청의 기술을 배우면서 한 사람이 비밀을 털어놓고, 다른 사람이 내가 설명한 것을 세심한 배려의 자세로 경청하려고 노력할 때 그 두 사람이 정서적으로 매우 가까운 사이가 될 수 있음을 깨달았다. 이런 친밀함이 부적절하거나 잘못된 것일 리 없다. 오히려 치유의 역사를 일으킨다. 그러나 치유의 역사는 나의 사랑이 아니라 하나님의 사랑으로 인한 것이라는 뼈아픈 진리를 깨달아야만 했다. 내가 누군가에게 베풀 수 있는 게 따뜻한 성품과 포용력이 전부라면 상대방은 격려와 인정과 자신의 가치를 깨달을 수 있을지 모르지만, 우리 둘 다 바라는 변화는 일어나지 않을 것이다. 사실 필요한 것은 고통 속에 있는 그와 함께 긍휼을 느껴야 하는 것만은 아니다. 또한 그와 같은 관심을 내가 표현할 수 있어야만 한다는 말이 아니다. 내가 항상 기억해야 하는 것은 하나님의 사랑에 완전히 마음 문을 열어서, 그 사람에게 그분의 사랑을 실천하는 도구가 되어야 한다는 것이다. 아그네스 샌포드는 저서 *Sealed Orders*(금지된 명령)에서 이 점을 다음과 같이 강조했다.

사랑에는 치유의 능력이 있다고들 말한다. 그러나 반드시 그렇다고 생각지 않는다. 물론 하나님의 사랑은 때로 치유를 한다. 하지만 사랑이 너무 감정적이 되면, 감정이 아니라 능력인 하나님의 사랑이 흘러나오는 것을 오히려 방해할 수도 있다. … 기도해 주는 사람과 나 사이에 그리스도를 두고, 내 사랑을 그리스도께 보내고, 그분으로 하여금 그분의 할 일을 하시도록 하는 방

법을 배웠다. 그래서 사람들은 나로부터, 혹은 나를 통해 애정이 아니라 능력을 체험했다.10

아그네스 샌포드의 해결책을 읽는 순간, 하나님이 나를 위해 중요한 점을 지적해 주시는 것 같았다. 당시 나는 흑인의 삶이 어떤지 나한테 이해시키려고 애쓰는 한 친구의 말을 듣고 있었다. 그런데 갑자기 그녀는 말문이 막히더니, 머리를 손으로 감싸고 흐느끼기 시작했다. 그냥 조용히, 하지만 영혼 깊은 곳에서부터 말이다. 그녀는 내가 매우 정성을 쏟으면서 돌봐 주던 사람이었는데, 그녀에게 하나님의 사랑에 대한 확신을 주기 위해 부드럽게 그녀를 감싸 주었다. 그런데 그녀의 몸이 즉시 얼어붙는 것을 느꼈다. 그녀는 울음을 멈추고 애써 미소를 띠며 화제를 딴 데로 돌렸다. 하지만 그녀의 눈은 여전히 고통으로 가득 찼고, 내가 뭔가 잘못했다는 끔찍한 사실만이 엄습했다. 이것은 그녀의 마음속에 있는 어두움을 표현할 수 있는 유일한 언어였다. 그 순간 내가 그녀를 어루만졌을 때, 그녀는 숨이 막힐 것 같았다. 내가 치유의 역사를 방해했고 도움을 주지 못했던 것이다. 반대로 그녀와 나 사이에 예수님을 두었더라면, 아마 그녀에게 울 여유가 필요했고 예수님이 시의적절한 제지를 했을 것이다.

이 불행한 만남 후에 나는 다른 사람들의 필요에 대해 세심한 민감함을 달라고 하나님께 구했다. 어느 순간에 어루만지는 것이 적절한지, 언제 그런 행동을 자제해야 할지 알기 위해서 말이다.

나의 온화한 성품은 또 다른 방식으로도 방해가 되었다. 당시 나는 사랑을 하면 깊이 빠졌고, 내가 사랑하는 사람과 물건에 집착하려는 유혹에 빠졌다. 하지만 누군가가 떠나야 할 시간이 왔을 때, 그 사람에게 매달리는 것은 오히려 사랑을 억압하는 것이다.

　진실한 사랑은 시간이 무르익었을 때 반드시 그 사람을 자유롭게 놓아주는 법이다. 하지만 나는 그런 사람들을 내 손아귀에서 놓아주는 기술을 늦게 배웠다. 다른 사람에게 사랑을 쏟을 때, 아무런 보답도 기대해서는 안 된다는 것을 뒤늦게 깨달았다. 그리고 도움이 필요한 사람에게 귀를 기울이는 것은 그들과 친해지기 위해서가 아니라, 그들의 행복을 위해서라는 중요한 교훈도 늦게 깨달았다.

　우정과 친밀감을 원하는 나의 실제적이고도 당연한 필요는 상호보완적인 친구관계를 통해 만족시켜야 했다. 남편과의 관계, 교회 사람들과의 교제, 세심하게 배려하는 마음으로 나의 말을 들어줄 수 있는 영혼의 친구의 도움을 통해서 말이다.

위　험　요　소

　우 정 을 　 무 시 해 서 는 　 안 된다는 것을 어렵사리 깨달은 것과 마찬가지로, 나는 건강, 수면, 운동을 무시하는 매우 실제적인 위험에 대해서도 힘들게 배웠다. 앤은 우리에게 "몸과 마음과 영혼과 감정을 존중하라."는 조언을 했다. 도움이 필요한 사람들과 관계를 맺는다는 것은 굉장히 매력적이지만 힘든 작업이다. 모든 것을 희생하는 대가를 치를 수도 있다. 그러므로 당신에게 있어서 입력(input)이 무엇인지 깨달아야 한다. 이 가르침을 강조하기 위해 어느 오후 앤은 칠판 전체에 걸쳐서 다음과 같은 등식을 썼다.

출력 = 입력 = 출력 = 입력 = 출력

우리는 그녀의 말뜻을 이해했다. 큰 대가를 치르면서 다른 사람을 위해 우리를 바치려고 한다면, 우리도 역시 필요한 자원을 받아야 한다는 것이다. 이는 내가 학창 시절에 엄마를 도와주고, 내 공부도 하고, 직장일도 병행했을 때처럼 완전히 기진맥진하지 않기 위해서이다. 휴식을 취하는 법과 영적, 정서적으로 재충전하는 법, 그리고 나의 도움이 필요한 사람들에게 얼마만큼의 시간을 투자해야 하는가 등을 알아야 한다. 이것이 바로 균형 잡힌 삶을 사는 법이다.

이 교훈에 담긴 지혜를 이해했지만, 그런 한계를 분명히 긋기 시작하면서 양심의 가책 때문에 괴로웠다. 의지할 데라고는 아무도 없어 도움을 애타게 찾고 있는 사람들이 그렇게 많은데, 내가 무슨 휴식을 취할 권리가 있단 말인가?

최근에 치유에 관한 책을 출판한 프랜시스 맥넛이 비슷한 문제를 겪었다고 고백하는 강의 테이프를 들으면서도, 나는 여전히 이 원리를 실천할 용기가 나지 않아 갈등하고 있었다. 그는 언젠가 합숙 수련회에서 강의를 했을 때 얼마나 당황했는지에 대해 이야기를 했다. 그는 계속 강의를 하면서도 아프고 도움이 필요한 사람들을 위해 밤늦게까지 사역을 했다. 그러나 그는 힘이 다 빠져 버렸다.

그의 유일한 취미는 테니스였다. 스피드 있는 테니스를 통해서 그는 사람들의 필요에서 잠시나마 벗어나서 건전하고도 경쟁을 유발하는 경기에 몰입한 후 휴식을 취하는 것을 즐겼다. 그래서 매일 오후에 테니스 코트에 가기로 결심했다. 하지만 운동을 하고 싶다고 해서 짧은 운동복 차림으로 테니스 라켓을 쥐고는 기도가 필요하고 고통 중에 있는 휠체어를 탄 많은 사람들을 유유히 지나쳐갈 수 있단 말인가? 그는 그렇게 할 자신이 없었다. 그래서 그는 수련회 본관의 뒷문을 찾아내어 아무도 못 보게 빠져 나갔다.

나는 그의 난처한 입장이 이해가 되었고, 오히려 그의 조그마한 용기가 가상하다고 생각했다. 그래서 나도 배워 보려고 했다. 특히 예수님도 비슷한 예를 보여 주셨다는 것을 발견했을 때는 더욱 그랬다.

마가복음 1장에 보면 안식일에 관한 이야기가 나온다. 예수님은 가버나움에 있는 회당에서 가르치시고, 악한 귀신 들린 자를 구원하시고, 베드로의 장모를 치유하시고, 해질 무렵에는 도움이 필요한 많은 군중들을 위해 사역을 하셨다. 해뜨기 전에 아버지 하나님과 함께 있기 위해 한적한 곳으로 가셨다가 다시 가버나움으로 돌아오자마자 제자들은 새로운 요구를 했다. "모든 사람이 주를 찾나이다! 이르시되 우리가 다른 가까운 마을들로 가자"(막 1:37, 38). '다른 곳'은 다시 전도를 할 수 있는 가까운 마을이다. 또한 그 마을들로 가는 길은 예수님에게 능력을 재충전할 수 있는 여유와 운동할 수 있는 기회였을지 모른다.

예수님의 예와, 칠십이 명이 사명을 마치고 돌아왔을 때 '와서 쉬어라.'고 하신 명령과, 프랜시스 맥넛의 겸손한 간증으로부터 큰 위로를 받았다. 그래서 최상의 휴식을 취함으로써 영적인 능력을 재충전할 수 있는 방법을 찾아보기로 결심했다.

그것은 '전원 요법'이었다. 나는 더비셔의 언덕을 거니는 것을 좋아하는데, 기분 전환을 하기 위해 매주 거기에 갔다. 때로는 혼자 걸으며 황야에서 호연지기를 맛보고, 블루벨 꽃이 만발한 숲 속의 고요함과 진달래 정원의 화려함과 돌로 쌓아 올린 오두막집의 벽 아래 자라는 접시꽃의 편안함을 마음껏 마시곤 했다. 어떤 때는 남편(나 자신을 발견하게 만드는 유일한 사람)과 함께 산책을 하거나, 어렸을 때 했던 것처럼 낙엽 더미 사이를 지나다니거나, 겨울바람과 함께 달리거나, 봄이 오거나 첫눈이 내렸을 때 혹은 때 이른 꽃이 피거나 어린 양이 태어났을 때처럼 놀라움과 기쁨이 넘치는 비명을 지르기도 했다. 콘서트, 발레, 재미있는 놀이도 긴장을 푸는 데 도움을 주었다.

창조성도 치료의 한 방법이다. 내 옷을 직접 만들거나, 정원이나 화단의 잡초를 뽑거나, 히야신스를 심거나, 친구들을 위해 특별한 음식을 준비하거나, 봄철 대청소를 하면서 나는 만족한다. 하루 이틀 사이에 고통이 없어지지 않을 사람들을 도와줄 때는 빨리 끝낼 수 있으면서도 아름다운 일을 창조하는 데 시간을 쏟을 필요가 있다. 이런 것들이 없다면 내 인생은 균형을 잃고, 나는 메마르고 우울해지며 다른 사람마저 우울케 하는 사람이 되고 말 것이다.

또한 하나님과 단 둘이 있기 위해 조용한 곳으로 피하는 것은 이루 말할 수 없는 가치가 있다.

하 나 님 의 음 성 듣 기

앤 이   수 업 도중 사용한 이 작은 한마디는 내게 깊은 감명을 주었는데 그녀가 그 말을 하는 순간, 나는 그 중요성을 깨달았다. "한쪽 귀로는 우리에게 이야기하는 상대방에게 귀를 기울여야 하고, 다른 한쪽으로는 하나님의 음성에 크게 귀를 기울여야만 한다."

이 말을 들은 후 누군가가 나를 만나러 온다는 이야기를 들을 때마다, 또는 아픈 사람이나 사별한 사람을 내가 방문하기 전에 나는 기도를 했다. 기도하면서 나의 지혜와 통찰력만으로는 이 사람의 필요를 채워 주지 못한다고 고백하면서, 내가 그에게 어떤 말을 해 주기를 원하는지 그 사람에게 평안과 위로와 치유의 역사가 임하도록 도와주기 위해 무엇을 할 수 있는지 보여 달라고 간구했다. 그리고 나서 잠잠히 기다리며 하나님의 음성에 귀를 기울였다.

때로는 나의 저서 Listening to God(하나님의 음성을 듣는 법)[11]에서 설명했듯이, 적절한 행동이 무엇인지 분명히 깨달은 듯했다. 마치 하나님이 엘리야와 사무엘에게 말씀하셨던 것처럼 고요하고 작지만 권위 있는 음성으로 말씀하신 것 같았다. 예를 들어 언젠가 내가 이 장에서 언급한 관절염에 걸린 사람을 돕기 위해 무슨 일을 할 수 있는지 하나님께 물어본 적이 있었다. 여러 달 동안 나는 하나님이 "내가 그의 관절염을 치유하길 원한다."라고 말씀하시는 것을 느꼈다.

처음에는 이 말을 듣고 깜짝 놀랐다. 내가 혹시 꾸며낸 말이 아닌지 두려웠다. 사실 우리 교회는 아직까지 치유 예배를 따로 드린 적이 없었고, 하나님이 치유할 수 있다는 것을 믿고는 있었지만 (그분은 어쨌든 하나님이기 때문에) 정말 우리가 그렇게 믿고 있었는지는 확신하지 못했다.

그러나 그 음성은 계속해서 하나님이 앨리스테어를 치유하길 원하신다는 것이었다. 남편에게 그 이야기를 했다. 데이비드 왓슨이 우리 집에 왔을 때도 그 이야기를 해 줬고, 진 다날에게 조언도 부탁했다. 모두가 정말 하나님의 음성이라는 생각에 동의했다. 그래서 앨리스테어와 그 이야기를 나누었다. 놀랍게도 그는 치유를 받기 위해 안수 기도를 받는 데 동의했다.

진 다날이 마침 그때 노팅엄에 있어서 나와 그녀를 위해 기도할 수 있어서 너무나 감사했다. 그녀는 이런 사역에 경험이 많았고, 나는 왕초보였다. 앨리스테어는 고작 12시간 전에 비로소 인생을 그리스도께 헌신했음에도 불구하고 우리가 기도했을 때 앨리스테어의 몸에는 분명히 극적인 변화가 일어나고 있었다. 기도를 끝마치고 그가 일어나서 라운지를 걸어 다녔을 때, 장난기 어린 웃음이 얼굴 만면에 퍼졌다. 그런 다음에 진과 내가 앉아서 지켜보고 있는 소파 쪽으로 와서, 우리 앞에서 바닥에 무릎을 꿇었다. 앨리스테어가 무릎을 꿇는다고? 그의 무릎은 몇 년 동안 막대기처럼 굳어 있었다. 이제는 아무런 통증 없이 구부릴 수 있게 된 것이다.

내가 들은 속삭임인 "내가 그를 치유하길 원한다."는 하나님의 음성이었다. 그의 음성을 들을 뿐만 아니라 과감히 순종할 수 있는 은혜를 받은 것이 너무나 기뻤다.

또 한 번은 결혼생활에 많은 문제가 있는 한 부부와 함께 상담 과정을 준비하면서 하나님을 섬긴 적이 있었다. 그때 나는 한마디, '어머니'란 말을 들었다. 그게 무슨 말인지 전혀 감이 오지 않았다. 그런데 이 부부와 같이 이야기하면서, 그 남자가 어머니를 원망하고 있다는 사실을 알아챘다. 그가 어린아이였을 때뿐만 아니라 십대 때도 어머니가 그를 과잉보호했기 때문이었다. 심지어 그는 그것 때문에 자신이 싫었음에도 불구하고, 엄마가 자신을 계속 억압하도록 내버려두었다. 하지만 지금 만약 그의 아내가 자기 어머니처럼 행동하면, 화가 나서 어머니를 후려치고 싶었던 심정으로 아내에게 욕을 퍼붓는 것이었다. 또다시 하나님의 진단이 나에게 해결의 실마리를 던져 주었다. 위기에 처한 이 부부를 어떻게 도울 것인지는 분명해 보였다.

종종 나는 하나님이 무엇을 하기 원하는지 감지할 수 있었다. 언젠가 한 사람이 남편, 교회, 동료, 하나님에 대해 아주 격렬한 분노를 쏟아내는 걸 들은 적이 있다. 이 모든 독설을 듣고만 있어야 한다는 게 얼마나 힘들던지, 그와 함께 기도하는데 한마디도 할 수 없었다. 침묵이 흐른 후 고슴도치 한 마리가 큰 손안에 붙잡혀 있는 모습이 떠올랐다. 그 가시투성이의 동물은 이 여자이고, 그 손은 하나님의 손이라고 생각되었다. 하나님은 그녀가 화를 내도 그녀를 사랑하며 그녀의 번민을 이해한다고 말하려는 것이었다. 이 환상을 그녀에게 설명할 필요는 없었다. 하나님이 그녀를 위해 어떻게 기도할지 보여 준 것만으로도 충분했기 때문이다.

그러나 이런 고독의 순간에는 또 다른 목적이 있었다. 다른 사람의 짐을 같이 지는 것은 무거운 배낭을 나르는 것과 같다. 한마디로 심신이 피곤한 일이다. 미셸 퀴스트가 늘어놓은 불평처럼, 한때 나는 하나님이 나에게 너무 많은 짐을 지우고, 지치게 하고, 남의 일에 지나치게 간섭하시는 것 같았다.

> 주여, 어찌하여 저 보고 모든 사람과 형제들을 사랑하라고 말씀하셨나이까?
> 그들은 부조리와 분노, 고난, 죄의 무거운 짐 때문에 허리가 휠 지경입니다.
> 그들은 녹슬고, 왜곡되고, 심하게 뒤틀린 모든 것을 가지고
> 세상을 이끌고 있습니다.
> 주여, 그들은 나에게 상처를 주는 자들입니다!
> 그들은 나의 피를 말리고 있습니다!
> 내 직장일은 어떡하란 말입니까?
> 내 가족은요?

내 평안은요?

내 자유는요?

그리고 나는요?[12]

하지만 그 순간에도 내가 도와주려는 사람에게 무슨 일이 벌어질지를 걱정하고 있는 나 자신을 발견했다. 너무 많이 감은 태엽처럼 내 마음은 제대로 다스릴 수 없었고, 영적으로 메마르고 고갈되어 버렸다.

Listening to God(하나님의 음성을 듣는 법)에서 나는 매일 아침 한 시간씩 기도하고, 정기적으로 묵상하는 날을 따로 떼어 놓고, 일 년에 두세 번 안식의 시간을 가지는 것이 얼마나 가치 있는지를 배우고 있다고 설명했다. 또한 하나님이 나에게 주시는 묵상의 은사를 연구하고 있었다. 그 첫 단계는 휴식이었다. "휴식을 취하라. 모든 부담을 떨쳐 버리라."라는 하나님의 음성이 들리는 것 같았다. 예수님이 크고 강한 팔을 펼치고 내 앞에 서서, 내가 지기에는 너무 무거운 짐을 받아 주시는 환상을 보곤 했다. 그러면 나를 짓누르고 있던 모든 부담과 근심과 짐을 떨쳐 버렸다. 그리고 안식을 누리면서 살아 계신 하나님의 임재를 맛보고, 그분께 완전히 나를 맡겼다.

묵상은 우리를 사랑하는 하나님의 손에 자신을 맡기고, 그 사랑을 맛보며, 그분의 광채와 온화함을 덧입는 것이다. 또한 그 사랑의 능력에 압도된 채 그것에 반응하고, 온유함에 의해서 변화되고, 긍휼을 힘입어 더 강해지고, 하나님의 충만하심으로 우리의 공허를 채우고, 길을 잃었을 때 우리의 목자가 우리를 찾아내어 그분의 영원한 생명수를 마시고 회복하는 것이며, 생기를 불어넣는 성령으로 충만케 되는 것이며, 경험을 통해 그분의 다음과 같은 약속의 진실성을 깨닫는 것이다. "내가 너에게 가리라." "나의 능력이 너의 연약함 속에서 온전하게 되리라."

남편과 내 아이들뿐만 아니라 도움이 필요한 사람들에게 더 많이 베풀수록, 하나님과 보내는 고독의 시간들을 더욱더 갈망하게 되었다. 캐서린 D. H. 도허티의 말은 특히 적절하다.

전인격체를 끊임없이 요구하는 오늘날 시장에서 그리스도를 증거하려면 침묵이 필요하다. 육체적 도움뿐만 아니라, 공감, 동정, 우정, 이해, 무한한 사랑을 항상 베풀기 위해서도 침묵이 필요하다. 집과 음식, 그리고 정신과 마음과 몸과 영혼에서 우러나오는 즐거운 환대를 꾸준히 베풀기 위해서도 침묵이 필요하다.13

침묵과 정적이 흐르는 기도실에서 나는 종종 벽에 걸려 있는 십자가 밑에 꿇어 엎드려서 하나님께 고백했다. "당신에게 드릴 수 있는 것은 나의 공허함뿐입니다. 부디 나를 충만케 하시옵소서." 그러면 그분의 부드러운 사랑과 임재가 나에게 임하고, 다음 찬송가의 가사가 새로운 의미로 다가왔다.

오, 예수님의 깊고 깊은 사랑!
광대하고 측량 못할, 무한한, 자유로운 그 사랑
웅장한 바다 물결처럼
나에게 충만히 밀려오네.
내 모든 주변과 발밑까지

당신의 사랑이 흐르고 있네.

계속 밀려오고, 고향까지 밀려가서

저 위에 있는 영광스런 안식처까지 흐르네.

-새뮤얼 트레버 프랜시스(1823~1925)

구하는 기도

사 람 들 의 말 에 귀를 기울이는 것이 기교라기보다는 태도인 것과 마찬가지로, 하나님의 음성을 듣는 것 역시 앞으로 다른 사람을 도와주고자 하는 사람들이 개발해야 하는 마음의 자세이다. 솔로몬은 통치 초기에 드린 "주여 듣는 마음을 종에게 주시옵소서."라는 기도에서 이 점을 잘 표현했다.

이 기도는 하나님이 그에게 베푼 은혜, 즉 "무엇이든 원하는 대로 구하라."는 허락의 관점에서 볼 때 실로 놀라운 기도이다. 이 구절(왕상 3:9)은 다양하게 해석된다. 경청하는 마음, 지혜로운 마음, 재판하는 마음, 사려 깊은 마음, 명철한 마음, 사리를 분별하는 마음 등. 이 기도에는 이 모든 다양한 의미가 담겨 있으며, 그 외에도 솔로몬은 자기 주가를 올리고 개인적인 풍요와 이익을 안겨 줄 단순한 지혜의 은사만 구한 것은 아니다. 그가 구한 것은 다름 아니라 지혜를 받아들일 준비가 되어 있는 '열린 마음'이었다. 또한 모든 사람의 호소와 하나님의 은밀한 속삭임을 귀담아듣는 마음이요, 성령님의 모든 은은한 음성에 귀를 기울이는 마음이다. 또한 사람들에게 마음의 문을 활짝 열고, 그들에게 영혼 깊은 곳에서 우러나오는 환영을 베푸는 태도이며, 동시에 고통받는 자의 신음을 정확히 파악할 수 있을 정도의 사랑으로 충만한 침묵을 보여 주는 자세이다.[14]

그것은 내 마음속에서 싹트고 있던 바로 그 기도였다. 또한 상처받은 사람들을 효과적으로 도와주고자 하는 사람들이라면 모두 해야 하는 기도이다. 하나님께서 솔로몬의 그 기도를 기뻐하신 사실로 볼 때, 우리도 용기를 얻을 수 있다. 가난하고 병든 사람들에게는 음식이나 위로보다 그들의 이야기를 듣겠다는 마음이 훨씬 더 가치가 있으며, 훌륭한 듣기 이론을 실천하는 것보다 그냥 글로 쓰는 것이 훨씬 더 쉽다. 아직도 대부분의 기본 법칙을 어기고 있는 나는 로저 허딩의 다음과 같은 말에서 위로를 얻는다.

> 성령 충만하고 열매를 많이 맺는 그리스도인은 선함과 신실함에서 우러나오는 진실성, 자비와 온유와 절제에 의해 길러지는 소유하지 않는 온화함, 인내에서 나오는 정확한 공감, 평안과 기쁨이 담겨 있고 사랑의 동기에서 나오는 모든 것을 갖추고 있을 가능성이 많다.[15]

하나님은 우리의 불완전한 경청을 치유의 도구로 사용하신다. 내가 이 책을 쓰고 있는 동안에도 이 사실을 묵상했다.

언젠가 내가 설교를 담당한 교회 예배가 끝난 후, 한 소녀가 상처를 받고 통곡한 적이 있다. 다른 경청자와 함께 그녀의 이야기를 들었는데, 내 친구가 고통 중에 있는 그녀를 위한 긴 기도에 들어가기도 전에 훌륭한 듣기의 기본 법칙을 대부분 어기는 것을 보고는 다소 놀라기도 하고 아슬아슬하기도 했다. 하지만 기도가 끝날 무렵 그 소녀한테서 기쁨의 빛이 감돌았다. "하나님이 정말 나를 치유하셨어요." 그녀가 간증을 하고 우리 곁을 떠날 때, 얼굴에는 미소로 가득 차 있었다.

그렇다고 하나님의 이와 같은 압도적인 능력이 효과적인 듣기의 훈련이나 기술을 등한시해도 된다는 면죄부를 주는 것은 아니다. 또한 역사하시는 분은 하나님이기 때문에 우리가 하는 것은 중요하지 않다고 생각해서도 안 된다. 사람들을 진심으로 걱정하고 하나님이 역사할 수 있는 통로에 대해 진심으로 생각한다면, 하나님의 능력이 우리 안에서 완전해지도록 할 수 있는 한 최선을 다해 듣기 기술을 발전시켜야만 한다.

캘커타에서 사역했던 테레사 수녀의 기도처럼, 나는 이런 일이 내 안에서 더욱 진실한 것이 되도록 계속 기도한다.

예수님, 내가 어디를 가든지 당신의 향기를 전파하게 도와주시옵소서. 당신의 영과 생명으로 내 영혼을 충만케 하시옵소서. 내 인생이 오직 당신의 광채로 빛나도록 나의 모든 부분을 감찰하시고 사로잡아 주시옵소서. 나에게 영광의 광채를 비추셔서 내 안에서 빛나게 하사 내가 만나는 모든 사람이 당신의 임재를 느끼게 하옵소서. 그들이 나를 볼 때, 내가 아니라 예수님을 보게 하시옵소서. 나와 동행하시면, 당신처럼 그들에게 비추겠나이다. 다른 사람들에게 빛이 되어 비추겠나이다. 오, 빛이신 예수님, 만물이 당신에게서 나오고, 그 어느 것도 나의 것이 아닙니다. 나를 통해 다른 사람들에게 당신의 빛을 비추소서. 내 주변 사람들에게 당신의 빛을 비춤으로써 당신이 가장 사랑한다는 것을 나로 찬양케 하옵소서. 단지 말뿐이 아니라, 내 마음속에 품고 있는 당신에 대한 완전한 사랑과 강력한 증거를 통해 당신을 전파하게 하소서.[16]

7 소중한 것을 잃은 이들

다른 사람들에게 귀를 기울이는 것은 생각보다 훨씬 힘든 일이다. 세인트존대학에서 상담 과정을 시작하자마자 알 수 있었다. 해가 감에 따라 이 확신은 더 커졌다. 다른 사람들에게 귀를 기울이는 일은 너무나도 복잡해서 때로는 귀가 두 개가 아니라 네 개는 필요하다는 생각이 든다. 하나는 상대방이 하는 말을 듣고, 다른 하나는 그 사람의 감정을 파악하고, 세 번째는 하나님의 음성에 귀 기울이고, 네 번째 마음의 귀는 우리 안에서 일어나고 있는 것을 듣기 위해서다.

우리 자신에게 귀를 기울이라. 다른 사람의 말을 정확히 듣기 위해서 우리 자신에게 귀를 기울여야 한다는 것을 처음 알았을 때 좀 놀랐다.

마이라 체이브-존스는 왜 이것이 중요한지에 대해 한 가지 이유를 설명한다.[1] "자신과 관계를 맺지 않는다면, 남들하고도 관계를 맺을 수 없다." 그녀는 듣기란 다른 사람으로부터 선물을 받는 것과 같다는 의미를 강조하면서, 미래의 경청자들에게 자신의 가장 깊은 내면에 자리 잡은 생각과 감정이라는 섬세한 선물을 받는 방법을 연구해 보라고 도전한다.

당신은 정말 그 선물을 받고 싶은가? 소중한 선물을 대하듯이 조심스럽게 다루는가? 아니면 말할 기회를 찾기 위해 대화가 잠시 중단되는 순간만을 기다리는가? 공감하기 가장 어려운 사람들은 누구인가? 만약 그렇다면 왜 그런가? 그들의 선물을 받아들이는 게 왜 그렇게 어려운가? 죽음이나 암에 대한 어떤 특별한 두려움이나 공포가 있는가? 아니면 어떤 생각이 드는 방식에 영향을 미치고 있는가? 예를 들면, "만나는 모든 사람에게 예수님을 영접하도록 부담을 주어야만 한다."는 생각 말이다. 아니면 남들한테서 듣기 부담스러운 내용이 있는가? 다른 사람을 효과적으로 돕기 위해서는 이와 같은 자기에 관한 지식이 굉장히 중요하다.

어린 시절에 대한 자의식을 되돌아보면서 나는 이 주장에 담긴 진리를 발견했다. 나는 사랑을 주고받는 것이 필요한 온화한 사람임을 깨달은 것이다. 이것은 나의 장점인 동시에 단점이다. 장점인 까닭은 이 같은 사랑에는 이 책 초반에서 언급한, 남을 돕는 사역의 필수조건인 긍휼이 분명히 담겨 있기 때문이다. 하지만 보다 미묘한 단점도 있다. 사랑이 많고 온화한 사람들은 종종 다른 사람들에게 답답한 존재로 비치거나, 그들에게 매달리려 하거나, 소유하려고 하거나, 시기할 수 있다. 그리고 상대방에게 여유가 필요한 때에도 포옹하고 팔로 껴안으려고 한다. 이것은 바로 내가 조심해야 할 부분이다. 그렇게 할 때 내가 잠시 물러서서 내 도움 없이도 그들이 성숙할 시간을 준다면 더 빨리 성숙할 수 있는 사람일 경우, 사생활을 침범하거나 과잉보호 같은 사랑을 베풀지 않기 위해서다.

하나님의 음성을 듣는 법을 배우면서 내가 실수를 한 것처럼, "주께서 내게 이렇게 하라고 말씀하셨다."라고 말하는 사람들도 실수할 것이라는 판단 아래 모두를 철저하게 의심하게 되었다. 만일 한 젊은이가 나한테 와서 "주께서 이 결혼을 하라고 말씀하셨습니다."라고 말한다면, 갑자기 배 근육이 땅기고, 눈이 커지며, 조심하라는 말이 튀어나올 것만 같다. 이처럼 나는 종종 그들의 기쁨이나 고통에 귀를 기울이기보다는 그들에게 자기기만의 위험에 빠지지 말라고 경고해 주고 싶었다. 그리고 꼭 필요한 말만 하기보다는 수다를 늘어놓는 말 많은 사람들을 참지 못했다. 그런 사람들이 자기 이야기를 하기 시작하면 나는 아예 신경을 끄고 한없이 쏟아져 나오는 말을 그냥 흘러버린 채, 그 수다스러움 뒤에 숨겨져 있는 불안감을 파악하지 못했다. 나는 그런 사람들에게서 긍휼이 아니라 초조함을 느끼고 있었던 것이다. 그런 초조함은 오랫동안 죄책감을 느끼게 했다. 존 포웰은 이 같은 '숨겨진 비밀'이 훌륭한 경청을 어떻게 가로막는지 보여 준다.

고통은 우리의 관심을 자신에게로 끌어당기는 힘이 있다. … 무능함, 열등감, 염려, 죄책감을 거의 지속적으로 경험한다. 이런 감정에 사로잡히면, 다른 사람에게 관심을 거의 베풀어 줄 수 없게 된다. 그래서 이마에 '시간 없음'이라고 번쩍거리는 네온사인을 붙이고 만다.[2]

자아 인식이 중요한 또 한 가지 이유는 위기에 처한 사람이 도움을 받을 때는 자기를 도와주는 사람이 자기를 비난하거나 심지어 자기를 절망시킨다고 생각하기가 쉽기 때문이다. "당신은 분명 내 모든 고통을 듣는 것이 짜증날 거예요."라고 말하거나 "당신은 내가 정말 지겹다고 생각하죠."라고 은근히 찔러볼 수도 있다. "내가 당신한테 분명 실망만 안겨 줬죠. 당신의 기도가 응답받지 못했잖아요."라면서 도와주려고 하는 사람한테 걱정을 되레 떠넘길 수도 있다.

이와 같은 두려움은 감추는 것보다 부딪쳐 보는 것이 더 안전하다. 하지만 다른 사람들한테 이처럼 정직해지고 마음을 열고 상처받을 준비를 하라고 격려하고자 한다면, 우리 역시 진실한 반응을 보여 주기 위해 우리 감정을 드러낼 준비를 해야 한다. "사실, 당신의 문제가 지겹지 않다고 말하면 놀랄지도 모르겠는데요. 어떠세요?" 또는 "당신은 정말 나에게 실망스런 존재가 아니라는 걸 분명히 아시면 좋겠어요. 혹시 스스로에게 실망하고 있는 거 아니에요?"라고 대꾸를 할 수 있다.

이와 같은 상황에 반응하는 문제에 있어서, 나는 한 가지 문제에 부딪혔다. 자아 인식이 부족하다는 것이다. 나는 듣기에서 필수적인 진실성, 자발성, 세심함을 가지고 반응할 만큼 충분히 나 자신의 생각이나 감정에 대해서는 잘 몰랐다. 그래서 나는 그걸 배워야만 했다.

그것을 배우는 것은 고통스러웠다. 다른 무엇보다도 영혼을 찌르는 질문에 대답해야 하는 고통이었다. 왜 내가 사람들의 말을 듣기를 원하는가?

사람들이 나한테 고통을 털어놓는 것을 즐기기 때문인가? 만약 그렇다면 왜 그런가? 내 사기가 높아지기 때문인가? 내가 중요한 사람이라고 느끼도록 해 주기 때문인가? 다른 사람들이 당하는 고통이 뭔지 단지 궁금해서인가? 내가 필요한 사람이 되고 싶기 때문인가? 아니면 다른 사람들을 이용해서 내 정서를 살찌우게 하기 위함인가? 상호보완적 친구관계를 대체할 만한 사람으로 그들을 이용하는 것인가?

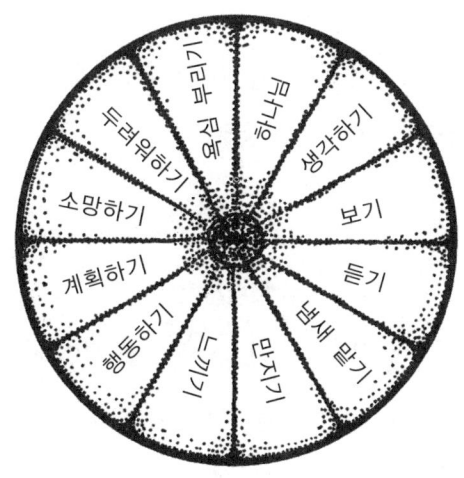

| 내 오렌지 조각 |

나는 나 자신을 더 잘 이해하기 위해서 열심히 노력했다. 그 한 방편으로 나의 다양한 모습을 오렌지 조각에 비유해 보았다. '오렌지를 반으로 자르면 무엇이 보이지?' 더비셔 언덕을 걷고, 수녀원에서 조용한 시간에 열심히 공부하면서 자신에게 이렇게 물어보았다.

– 당신 마음속에는 어떤 일이 벌어지고 있는가? 무슨 생각을 하고 있

는가?
- 당신 감정 속에는 어떤 일이 벌어지고 있는가? 어떤 감정들이 존재하는가?
- 당신 감각 속에는 어떤 일이 벌어지고 있는가? 무엇을 보고, 무엇을 듣고, 무슨 냄새를 맡고, 무엇을 느끼고, 분위기를 어떻게 파악하고 있는가?
- 당신의 몸속에서는 어떤 일이 벌어지고 있는가? 몸으로 어떤 일을 하는가?
- 당신의 계획과 소망과 두려움과 욕망은 무엇인가?
- 당신과 하나님의 관계는 어떤 상태인가?

고통에 귀 기울이기

이런 식으로 나 자신에게 귀를 기울이는 법을 배우는 것은 하나님과 다른 사람의 음성을 듣는 모험과 더불어 또 다른 모험이었다. 하지만 나 자신에게 귀를 기울이는 것이 감당할 수 없을 정도로 고통스러울 때도 있었다. 세인트존대학에서 사별에 대해 공부하면서 처음으로 이런 사실을 알게 되었다.

세미나가 시작된 직후 우리는 세 명씩 소그룹을 나누어서, 상대방에게 자신이 경험한 사별에 대해 이야기하는 훈련을 받았다. 이별에는 죽음을 통한 이별, 잘 아는 곳에서 낯선 곳으로 이사를 갈 때 겪는 이별, 해고를 당하거나 친한 친구가 결혼하거나 그와의 관계에 변화가 생겨서 겪는 이별,

파혼으로 인한 이별 등이 있다. 서로 나누기 위해 우리가 둘러앉았을 때 나는 뱃속에서 뭔가 부글부글 끓듯이 불안하고 조마조마해지는 것을 감지했다. 마치 천 마리의 나비를 내 속에 풀어놓은 듯했다. 목도 긴장되는 것 같았다. 허둥지둥하던 내 감정은 급기야 공포로 변했고, 이미 눈물이 흐르고 있었다. 내가 말해야 하는 차례가 왔을 때, 엄마의 죽음과 관련된 사건을 이야기했다.

엄 마 의   죽 음

긴   세 월   동 안 병상에 있던 엄마의 죽음은 갑자기 찾아왔다. 친척 한 분이 엄마가 더 이상은 오래 못 사실 것 같다고 예고해 주려고 파크스톤의 우리 집에 전화를 했을 때 여러 가지 '감을 잘못 잡은 신호'가 많이 있었다. 엄마는 다시 기운을 차리고, 반은 환자 같은 삶을 또다시 시작하고 있었다.

그래서 어느 주일 밤 엄마가 다시 병원에 입원했다고 형님이 전화했을 때, 만사를 제쳐두고 즉시 엑서터로 갈 필요를 전혀 느끼지 못했다. 나는 아침에 가겠다고 약속했다.

월요일에 가능한 빨리 엑서터로 차를 몰아서 병원에 도착해 보니, 엄마는 이미 의식을 잃은 상태였다. 나는 침대 옆에 앉아서 엄마 손을 붙잡고 같이 이야기도 해 주고 기도도 했다. 그러나 전혀 미동도 보이지 않았다. 어쩔 도리가 없었다.

병원 직원은 엄마가 이런 상태로 며칠은 헤맬 거라고 주의를 줬기 때문에, 나는 아빠가 있는 로버츠 거리로 갔다. 우리는 대부분의 낮 시간과 저녁을 엄마 침대 옆에서 보낸 후, 식사는 오빠 집에서 하도록 엄마를 모셔다 드리고, 잠을 자기 위해서는 다시 집에 갔다가 화요일 이른 아침에 엄마에게 돌아왔다. 아빠와 나는 여러 시간 동안 침대 옆에 있었기 때문에, 한 시간 정도 로버츠 거리의 집에서 쉬다가 그날 저녁에 다시 병실로 돌아가기로 했다. 아빠는 엄마에게 부드럽게 키스하면서 엄마에게 완전히 의식이 있는 양 자연스럽게 말했다. "여보 안녕! 좀 있다 봐요."

나도 키스를 했다. 혼수상태에 빠진 사람도 자기한테 말하는 것을 들을 수 있다고 하지만 지금은 도저히 말을 할 수 없었다. 눈앞에서 사라지고 있는 엄마한테 무슨 말을 해야 할지 몰라 갑자기 말문이 막혔다. 하지만 나는 아빠의 거리낌 없는 태도가 좋았고, 엄마가 자기를 오랜 세월 동안 크나큰 희생을 치르면서까지 사랑해 준 이 남자의 따뜻함과 진실성을 듣고 느끼기를 바랐다.

우리가 병원을 떠나 로버츠 거리의 초록 문으로 들어서자마자 곧 문을 두드리는 소리가 났다. 옆집에 새로 이사 온 이웃인 카트라이트 씨였는데, 아빠의 좋은 친구였다. 부모님 집에는 전화가 없었기 때문에 아빠는 병원에 이 사람의 번호를 남겨 놓았었다. 병원에 어서 전화해 달라는 부탁을 받았다고 한다.

몇 분 후에 충격을 받은 모습으로 돌아왔다. 얼굴의 모든 혈색이 다 빠져나간 것 같았다. 귀신같이 창백해진 상태로 한마디했다. "엄마가 죽었단다. 우리가 떠나고 15분쯤 후 죽었다고 수간호사가 그러는구나."

나는 할 말을 잃었다. 아빠는 저녁때마다 기도하던 라디오 옆에 있는 '그의' 의자에 털썩 주저앉아 머리를 손으로 감싼 채 흐느꼈다. 나는 안방으로 들어갔다. 망연자실했다.

바닥에는 엄마가 병원에 입원하기 며칠 전 두 분이 같이 고른 카펫이 깔려 있었다. 엄마는 이제 결코 그것을 볼 수가 없다. 창문 밖으로 거리 맞은편에 있는 진홍색 공중전화 박스를 뚫어지게 쳐다보았다. 곧 저기에서 친구들과 친척들에게 부음을 전하느라 오랜 시간을 보내게 될 것이었다. "엄마가 오늘 오후에 돌아가셨어요." 모든 사람들에게 알리고 싶었지만, 내가 말하고 싶지는 않았다. 내 인생이 완전히 끝난 것 같았다. 하지만 정말 그렇다고 믿는지도 확신할 수 없었다. 이런 진실은 받아들이기 힘든 법이다. 하지만 내 마음 깊은 곳에서는 그것이 사실임을 알았다. 그리고 지난 몇 년간 정신없이 숙제하느라고 머물렀던 비밀의 방에서, 이제는 속으로 흐느끼면서 내 감정을 분출했다.

슬 픔 치 료

앤 이 사 별 에 대한 강의를 위해 다시 우리를 불러 모았을 때, 나는 이제 막 학생들에게 이 이야기를 시작한 것 같았다.

그 이야기를 하면서 나는 울지 않았다. 그러나 역시 훈련의 효과가 있었다. 엄마가 돌아가셨을 당시의 감정이 고스란히 살아난 것이다. 그리고 사랑하는 사람이 죽거나 어떤 이유로 이별할 때 보통 일어나는 반응에 대해 앤이 설명을 하는 동안 나는 넋을 잃고 들었다.

그녀는 슬픔에는 뚜렷한 패턴이 있다고 했다. 사별한 사람이 자기에게 일어난 일을 극복하기 위해 몸부림칠 때 겪는 몇 가지 단계가 있다는 것이다. 첫 번째 반응은 충격이다.

나는 그것이 어떤 것인지 알았다. 엄마의 죽음 이후 며칠 동안 도저히 그 사실이 믿기지 않았다. 사실 나는 뇌진탕을 일으킨 사람처럼 걸어 다녔다. 머리가 마비된 것 같았다. 머리가 돌아가질 않았다. 무기력한 사람 같았다.

그런 상태로는 어떤 결정도 내릴 수 없다는 것을 알았기 때문에, 참으로 당황스러웠다. 엄마가 돌아가신 그날 몇 가지 유품을 챙기러 아빠를 병원에 모시고 갔다. 이미 테이블 위에 가지런히 차곡차곡 쌓여져 있었다. 한 번 훑어보고, 서명만 하면 됐다.

"고인의 결혼반지를 보관하길 원합니까? 아니면 손가락에 그대로 남겨둘까요?" 그들이 아빠에게 물었다.

아빠는 짐짓 놀란 것 같았다. "네 생각은 어떠니?" 아빠는 나에게 물었다. 정말 황당한 질문이라 대답을 할 수 없었다. 그까짓 반지 하나가 왜 중요하단 말인가? 우리가 그 순간 원하는 것은 반지가 아니었다. 우리가 원하는 것은 그 반지의 주인이 죽음에서 다시 일어나는 것이었다. 적어도 우리에게 작별 인사라도 하러 말이다. 아빠는 그 반지를 달라고 했다.

집으로 돌아오는 길에 침묵을 깨뜨린 것은 아빠였다. "가서 시장을 좀 봐야겠다. 저녁에 먹을 것이 아무것도 없단다."

주차를 하고 함께 마켓을 돌아다녔다. 그러나 여전히 꿈을 꾸는 것 같았고, 악몽에 시달리는 기분이었다.

"저녁으로 뭘 드시고 싶으세요?" 내가 물었다. 아빠는 입맛이 없다고 대답했다. 그 심정이 이해가 되었다. 나도 아무것도 먹고 싶은 마음이 없었다. 마켓에서 그 많은 것 중 무엇을 사야 할지 결정할 힘조차 없는 것 같았다. 그 우유부단함 때문에 걱정이 되었다. 평소에는 이렇지 않았다. 도대체 나한테 무슨 일이 일어나고 있는가? 미쳐가고 있는 것은 아닌가?

거의 반시간 동안 미로 같은 진열대 주위를 서성거린 후 슬라이스 햄 한 봉지를 샀다. "찬장에 피클이 조금 있더구나." 아빠가 생각해냈다. 그날 점심 우리는 기계적으로 식사를 했는데, 그렇게 하는 것이 현명하다고 생각했기 때문이었다. 하지만 음식은 좀 부드러웠던 같았다. 햄, 피클, 으깬 감자는 아무런 맛이 없었다. 그저 밋밋했다.

사별한 사람은 정신적 공황, 혼란, 당황, 깊은 한숨, 불안감을 경험한다. 그것은 분명히 나와 아빠가 체험한 것이었다. 마치 고층 건물의 사무실에서 세상이 지나가는 것이 보이는 이중 창문을 통해 인생을 바라보면서도, 자신은 그 세상의 일부임을 느끼지도 못하고, 심지어 되고 싶지도 않은 사람이 된 것 같았다.

그리움과 후회

슬픔의 두 번째 단계의 특징은 이별한 사람을 집요하게 갈망하는 것이라고 심리학자들은 말한다. 허무를 느낀다. 사별한 사람은 사랑했던 사람을 애타게 그리워한다. 그래서 통곡하거나, 잃어버린 사람을 찾으려고 시도한다.

이 주장을 접했을 때, 엄마가 돌아가신 후 며칠 동안의 일이 더 생각났다. 엄마가 돌아가신 날 저녁, 아빠와 나는 내가 어렸을 때 그렇게 즐겨 뒤적이던 옛날 사진들이 놓여 있는 찬장 안의 세인트브루노 담배통을 꺼냈다. 아빠는 사진을 정리하면서 엄마의 사진을 따로 골라냈다. 결혼하기 전에 찍은 사진이 있었다. 결혼식 때 사진도 있었다. 해군 제복을 입은 레이와 함께 찍은 사진도 있었다.

보다 최근 사진들은 찬장 서랍에서 발견했다. 첫 손녀인 레이의 딸과 찍은 사진이 나왔다. 또 한 명의 오빠인 존과 같이 찍은 사진도 있었다. 내 졸업식 무렵 사우샘프턴 근처에서 보낸 휴가 때 아빠와 찍은 멋진 사진도 몇 장 있었다. 내 남편의 목사 안수식 날 샐리스베리성당 밖에서 남편과 같이 찍은 사진도 보였다. 키가 182센티미터나 되는 건장한 남편에 비해 엄마는 많이 왜소해 보였다.

그리고 우리는 엑서터의 석간신문인 〈익스프레스 앤드 에코〉에 부음을 기고하기 위해 무슨 말을 써야 할지 결정하는 데 몇 시간을 보냈다. 여러 표현을 생각하는 동안 엄마가 여전히 우리 곁에 있는 것 같았다. 그것이 바로 우리가 바라던 것이었다.

교육 과정의 일부로 읽은 사별에 관한 책들은 사별한 사람이 종종 사랑했던 사람과의 추억을 생생하게 간직하기 위해 그것을 소중히 생각하는 경향이 있음을 강조했다. 그것은 당연하고 정상적인 반응이다. 사랑했던 사람을 이상적으로 그리는 것도 당연하다. 엄마의 부음을 쓰는 데 아빠가 계속 고집했던 표현들을 생각하면 웃음이 나온다. '사랑하는 아내', '모든 자식들이 사랑하는 엄마', '43년간의 행복했던 결혼생활' 등. 물론 다 맞는 말이었다. 하지만 다른 측면도 있었다. 우리는 지기 싫어하는 엄마의 고집 때문에 종종 짜증도 나고 좌절감도 맛보았다. 그러나 그러한 모든 기억은 엄마의 죽음과 함께 달아나 버렸다.

장례를 치르면서 아빠는 관에 누워 있는 엄마의 모습을 보고 싶어 했다. 아빠가 그 모습을 보겠다며 함께 가겠냐고 물었을 때 내 심장은 두려움으로 멎을 뻔했다.

그때 솔직했다면 나는 가고 싶지 않다고 거절했을 것이다. 하지만 당시 레이는 오스트레일리아로 이민을 가고 없었고, 존은 신장 기능 부전으로 아파서 도울 처지가 못 되었기 때문에 나밖에 동행할 사람이 없었다.

아빠는 엄마의 시신을 보자 "정말 아름답지 않니!"라고 말했다. 그러나 그 말 이후 우리는 아무 말도 잇지 못했다. 대신 엄마를 뚫어지게 쳐다보면서 죽음의 신비와 정적을 들이마셨고, 병원에서 하지 못했던 마음의 작별 인사를 했다. 엄마가 관에 누워 있는 모습을 보면서 찾고 있던 사람을 찾은 것 같았고, 그 모습은 그 순간 우리 둘 다 원하고 필요했던 모습이었다.

모든 책에 보면 사별한 사람들은 종종 죄책감과 자기 비난에 시달린다고 한다. 이 말 또한 내 경험에 의하면 사실이었다. 엄마의 죽음 후 몇 시간 동안 나 자신을 비난했다. "네가 파크스톤을 조금만 일찍 떠났어도 엄마가 혼수상태에 빠지기 전에 병원에 도착했을 텐데." "네가 그날 병원을 떠나지 않았다면 엄마가 예수님 곁에 가는 순간 옆에 있었을 텐데."

'~하기만 했어도', '~하기만 했다면' 아빠도 이런 표현을 자주 사용했다. "엄마가 곧 죽을지도 모른다고 그 사람들이 말해 주기만 했어도, 우리는 집에 오지 않았을 텐데." 이 말은 슬픔에 싸인 사람의 입에서 쉽사리 나오는 표현이다. 또한 슬픔의 한 단계를 표현해 주는 말이기도 하다.

실 제 적 인   도 움 들

사 별 에   관 한   강의가 시작한 지 얼마 안 됐을 때, 앤은 우리가 사별을 겪었을 때 도움을 준 사람들을 생각해 보라고 말했다. 그리고 그 내용을 나누어 보라고 했다.

이 훈련을 통해 나는 사별의 슬픔 속에 아빠와 나를 버려두지 않고, 우리에게 다가와서 감정적이며, 영적인 실제 도움을 주었던 사람들에게 진심으로 감사하게 되었다.

내 형님도 그 중 한 사람이었다. 엄마가 병원에 입원했을 때, 그리고 엄마가 돌아가신 후 정신적 충격이 채 가라앉지 않은 며칠 동안 매일 저녁 아빠와 나를 위해 식사를 준비했다. 장을 보고 요리하고 청소하는 짐을 덜어 주었다. 그때 아빠와 나는 둘 다 완전히 녹초가 되었다. 입맛이 없었던 우리에게 식사를 준비한다는 것은 너무나 큰 짐이었다. 그 외에도 기억나는 일이 많이 있다. 사망신고서를 작성하는 일, 그것을 어디서 작성하는지 알아보는 일, 장의사를 찾아가는 일, 장례식 때 부를 찬송가를 고르는 일, 관을 고르는 일, 친구들과 친척들에게 편지 쓰는 일, 화환을 주문하는 일 등. 모든 일이 저절로 되어 가는 것처럼 보였지만, 사실 실제적 도움이 있었기에 우리는 일처리를 할 수 있었다.

로버츠 거리 동네 사람들도 맡은 역할을 다해 주었다. '윈이 죽었다'는 소식을 듣자마자 아빠는 안방으로 들어가서 커튼을 걷어 올렸다. 다음에 침실로 가서 서랍을 열고, 검은 색 넥타이와 상장을 꺼냈다.

이것은 이웃들에게 엄마가 죽었다는 것을 알리는 방법이었다. 아무 말도 할 필요가 없었다. 이 소식을 말로 전한다면 모두에게도 너무나 고통스러웠을 것이다. 그 신호를 본 사람들은 그것이 무엇을 의미하는지 알아차렸다. 나머지 사람들은 입에서 입으로 전해 들었다.

커튼을 올린 후부터 장례식이 끝난 며칠 이후까지 언제나 그렇듯이 정적이 로버츠 거리를 휘감았다. 사람들은 우리 집을 지나갈 때 작은 소리로 말했다. 이웃 사람들이 나 혼자 있는 것을 보면, 아빠는 어떻게 지내시냐고 물었다. 그러나 아빠가 나와 같이 있는 것을 보면, 그저 따뜻하게 "안녕하세요, 두굿 씨" "안녕, 시드"라고 말했다. 그들은 이해했고, 우리를 생각해 주었다. 방해가 되는 일은 하지 않았다.

이렇게 이웃들이 우리의 고통과 하나가 되어 주는 것은 큰 도움이 되었다. 마켓에서 만난 장을 보는 사람들은 여느 때처럼 그저 일상생활의 분주함에 파묻혀 지냈다. 하지만 우리 이웃들은 달랐다. 그들은 할 수 있는 한, 길을 가다가도 멈춰 서서 우리의 슬픔을 같이 나눔으로써 하나가 되었다. 이것은 내가 마켓에서 쏟아내고 싶었던 속으로만 품었던 원망을 잠재우는 데 일조를 했다. "내 엄마가 돌아가셨어요. 그런데 어떻게 당신들은 아무 일 없었다는 듯 그저 분주하게만 살아가는 거죠?"

우리는 로버츠 거리 동네 사람들에게 감사했다. 또한 우리를 용기 있게 방문해 준 사람들에게도 감사했다.

르네 고모는 고모부와 함께 와서 아빠가 엄마의 최후 몇 시간 동안 일어난 일들을 이야기하는 동안 잘 들어주었다. 내가 가장 좋아하는 샐리 고모와 라이즈 고모도 와서 우리가 그 이야기를 다시 하는 동안 귀담아들어 주었다. 정육집 주인 볼트 씨는 가게를 팔고 25킬로미터 떨어진 곳에 살기 때문에 버스를 타고 와야 하는 불편함에도 불구하고 방문해 주었다. 카트라이트 씨도 28번지에서 우리 집을 방문해서 아빠가 울어도 전혀 개의치 않고, 옆에 앉아 있어 주었다.

이 경청자들은 그 누구보다도 우리를 더욱 위로해 주었다. 대부분의 사별한 사람들이 그렇듯이 아빠와 나는 그저 엄마 이야기만 하고 싶었다. 우리 둘만 있을 때는 대부분 엄마 이야기를 했다. 긍휼이 많은 사람들이 우리 집에 와서 사별에 대해 이야기를 하도록 내버려 두고, 눈물이 나오면 나오는 대로 울도록 했을 때 그들은 아마 결코 깨닫지 못했겠지만, 그들은 바로 우리를 치유하기 위한 하나님의 도구였다.

사이먼 스티븐스는 이 상황을 다음과 같이 잘 설명한다.

> 긍휼이 넘치는 경청자가 되는 것은 이와 같은 특별한 위기 상황에서 친척들과 친구들의 몫이다. 자신은 잊어버리고, 사별한 사람들이 이별에 대해 길고 장황하게 이야기를 하도록 격려해 주어야 한다. 눈물도, 긴 침묵도 참아 줘야 한다. 고인의 인생사와 임종 순간에 대한 자세한 이야기를 반복해서 들어야 될 것이다.
>
> 긍휼이 많은 경청자는 또한 말을 거의 할 필요가 없다. 왜냐하면 상제들의 곁에 관심을 가지고 머물러 있는 것이 다른 어떤 말보다 훨씬 더 중요하기 때문이다. 그저 그 자리에 있으면서 상제들의 말에 귀를 기울이는 것이 그 사람의 사회적 회복을 위해 가장 중요한 공헌이다. 그것은 결코 쉬운 일이 아니다! 때로는 매우 고통스럽고 지치는 일이다.[3]

짧은 시간 방문해 준 사람들에게도 더 오랫동안 우리 곁에 머물러 준 사람들만큼이나 감사하다. 한때 청각장애학교 교장 선생님이었지만, 지금은 은퇴한 케틀웰 씨도 방문해서 심심한 애도를 표시했다. 우리 집 주치의도 왔다. 목사님도 와서 장례 절차를 계획하는 것을 도와주었다.

장례식! 가끔 장례식을 어떻게 치렀는지 궁금할 때가 있다. 그것은 마치 사회장이라도 되는 것 같았다. 사람들은 또 한 번 우리의 상한 심령을 치유하는 하나님의 사역을 감당했다. 어떤 말이 아니라 단지 우리 곁에 있어 줌으로써 말이다.

돌길인 교회 도로의 끄트머리에서 아빠와 나는 장의차에서 내린 후, 대기 중인 관 뒤쪽으로 안내를 받았다. 놋쇠로 된 손잡이가 달린 그 느릅나무 상자를 보는 순간 얼굴을 한 대 얻어맞은 기분이었다. 우리가 그곳에 왔던 마지막 때는 가장 아름다운 드레스를 입은 나를 아빠가 매우 자랑스러운 듯 팔로 안아 주던 내 결혼식 날이었다. 그런데 지금 우리는 근엄한 복장을 한 채 함께 엄마를 떠나보내고 있었다. 냉혹한 현실을 더 이상 부인할 수는 없었다. 엄마는 돌아가셨다. 고통으로 가득 찬 잠시 동안 슬픔의 마취제는 점점 효과가 떨어졌다. 우리의 상처는 노출되었다. 꽃이 뿌려진 관 뒤를 따라 울면서 비틀거리며 교회 안으로 들어갔다. 그러나 일단 교회 현관에 도착하자마자 모든 것이 변했다. "여기 모인 모든 사람들을 봐라." 아빠가 속삭였다. 나는 보고 숨이 멎을 뻔했다. 교회는 꽉 차 있었다. 엄마에게 작별을 고하기 위해 직장 휴가를 내면서까지 수고스럽게 여기까지 온 사람들은 그 순간 다른 어떤 것보다도 더 많은 격려가 되었다.

고등학교에 장학금을 받고 입학했을 때 자전거를 사 준 대부도 보였다. 틴레이 카페에서 엄마와 함께 종업원으로서 일한 퍼스맨 부인도 보였다. 그 외에도 톨만 씨 부부, 볼트 씨 부부, 그리고 로버츠 거리 32번지에 사는 프레드 보스퍼 씨 등 많은 분들이 오셨다.

멍한 상태였지만 고마운 마음으로 그들을 뚫어지게 쳐다보았을 때 놀랍게도 엄청난 힘이 내 안에 흘러들어 왔다. 지금 알고 있는 것을 그 당시에는 몰랐었다. 위로란 말은 힘을 불어넣는다는 뜻이라는 것을 말이다. 그때 단지 알았던 것은 그저 옆에 있어 주는 것 외에는 아무 말이나 행동도 하지 않았던 이 사람들이 나에게 이루 말할 수 없는 위로를 주었다는 것이다.

성경 말씀도 마찬가지였다. 교회 복도를 걸어가면서 목사님이 큰 소리로 읽은 예수님의 말씀은 나의 상한 심령 위에 부어졌고 고통을 가라앉혔다. "예수께서 이르시되 나는 부활이요 생명이니 나를 믿는 자는 죽어도 살겠고 무릇 살아서 나를 믿는 자는 영원히 죽지 아니하리니"(요 11:25, 26).

그 말씀은 이렇게 말하는 것 같았다. "이 상자 안에 있는 것은 너의 엄마가 아니다. 그것은 단지 이 땅의 흔적일 뿐이다. 그녀는 영원히 살아 있다."

나는 그 말씀이 진리임을 알고는 다시 힘을 얻었다. 믿음과 확신을 가지고 찬송을 부를 수 있었다. 하나님의 임재와 사랑이 매우 실제적이었다. 엄마가 돌아가신 그날 밤, 아빠와 나는 시편 기자가 기록한 놀라운 약속을 함께 읽으며 아빠와 나한테 하나님의 사랑을 보여 준 사람들에게 감사했다.

"지존자의 은밀한 곳에 거주하며 전능자의 그늘 아래에 사는 자여 … 그가 너를 그의 깃으로 덮으시리니 네가 그의 날개 아래에 피하리로다"(시 91:1, 4).

여든이 된 밥 삼촌은 우리가 화장터로 가는 동안 장의차 안에서 나와 하나님의 관계에 대해 물어보았다.

"장례식 내내 너를 지켜보았다. 네가 듣고 보는 모든 것을 믿는 것처럼 보이더구나. 나도 하나님의 사랑에 대한 그런 확신을 갖고 싶구나." 삼촌이 말했다. "그런데 이상한 것은 나도 내가 기억하는 한, 해마다 헨델의 메시아를 콘트라베이스로 연주하면서 놀라운 말씀도 모두 다 들었단다. 그런데 네가 가장 의지하는 하나님에 대한 신뢰가 나에게는 아직 부족하구나."

나는 시편 기자가 설명하는 하나님의 보호하심을 체험하고 있다는 것과 때때로 시험과 정신적 충격을 당해도 하나님의 날개 아래에서 안전을 누리고 있다는 사실을 간증했다. 삼촌은 듣고 있었다. 하나님의 신실하심을 말로 증거했을 때 이해할 수도 없고, 상황을 초월하는, 그리고 심지어 폭풍우 속에서도 밀려오는 하나님의 평강을 더 많이 체험했다.

편 지 와   계 속 되 는   사 랑

밥 삼촌과 다른 친척들이 장례식이 끝난 후 우리 집으로 왔다. 장례식 후의 이 절차가 다소 두려웠지만, 역시 도움이 됐다. 대화의 주제는 단 한 가지뿐이었다. 나의 엄마. 그런 대화 역시 치유에 도움이 되었다.

우리는 모두 엄마의 죽음에 관한 소식이 알려지면서 계속해서 도착하는 편지들을 읽고 또 읽었다. 엄마의 용기에 대한 감사, 아빠의 신실함, 사람들의 기도에 대한 확신, 한 가족처럼 도와주는 마음 등, 이 모든 것은 우리를 겸손하게 만들고 도움이 되었다. 아빠는 이 편지들을 수없이 읽었다. 그리고 종종 그들이 보낸 위로에 흠뻑 취하곤 했다.

장례식 아침 누군가가 아빠와 나한테 꽃다발을 보냈고, 모두들 무척 좋아했다. 그들은 내 팔에 꽃다발을 안겨 주며 이렇게 말했다. "이것은 묘지에 갖다 놓는 것이 아니고, 바로 남아 있는 사람들을 위한 것이다."

우리 모두는 아빠가 빨간 가죽 앨범에 꽂아 둔 사진을 보았다. 그 앨범은 샐리 고모가 아빠에게 '엄마 원을 생각할 만한 무언가를 사기 위해' 준 돈으로 산 것이었다.

이 모임은 마치 파티 같았다. 사실 작별 파티였지만, 그럼에도 불구하고 매우 만족스럽고 즐거운 파티였다.

그 후 슬럼프가 찾아왔다.

밥 삼촌과 그의 아내는 편지를 쓰겠다고 약속한 후 떠났다. 르네 고모와 고모부도 곧 아빠를 보러 오겠다고 약속한 후 떠났다. 데이비드는 그날 오후 내내 목사님 사모님에게 맡겨 놓은 우리 두 아이들을 데리러 갔다. 그리고 아빠와 나는 희미한 기억과 상념 속에 잠겨서 석탄 난로를 유일한 위로 삼아 길고도 쓸쓸한 저녁을 보냈다.

나는 카트라이트 씨가 그날 저녁 방문했을 때 받은 위안을 결코 잊을 수 없다. 우리는 그날의 아름다운 시간에 대해 말할 사람이 필요했다. 그러던 차에 그가 와서 우리 이야기를 들어주었다. 그는 앤이 세인트존대학에서 우리에게 가르쳐 준 훌륭한 경청의 원리에 대해서는 아는 바가 전혀 없었을 것이다. 그건 중요한 문제가 아니었다. 어쨌든 그가 우리 이야기를 들어준 덕택에 적어도 그날 저녁만큼은 외로움을 조금이나마 달랠 수 있었다. 확실히 그들은 아빠를 위해 다시 올 것이 분명했다.

나는 며칠 동안 아빠와 함께 지냈지만, 데이비드와 두 아이들이 도싯으로 돌아갔다. 나 역시 아빠 혼자 남겨두고 떠나야 하는 슬픈 날이 다가오고 있음을 알고 있었다. 드디어 그날이 왔다. 놋쇠로 된 현관 계단을 내딛고 내 차가 있는 곳까지 가면서 임박한 이별의 아픔을 도저히 참을 수 없었다.

"조이스! 네가 베풀어 준 모든 것이 다 고맙다." 아빠는 눈물을 흘리며 겨우 말을 꺼냈다.

"편지 쓸게요." 나는 뺨에 흐르는 눈물을 닦아내면서, 멍뚱하게 말을 꺼냈다. 그리고 작별 키스를 했다. 운전석에 앉아 시동을 켜고 로버츠 거리를 내려갔다. 정육점과 식료품 가게, 유제품 가게, 우체국, 문방구를 지나 오른쪽으로 돌아 할로웨이 거리로 들어섰다.

'내 인생은 평소처럼 흘러갈 것이다.' 나는 생각에 잠겼다. '꾸려야 할 가정이 있고, 돌봐야 할 남편과 두 아이가 있고, 젊은 아내 모임도 인도해야 하고, 청소년 단체도 돌봐야 한다. 그러나 우리 아빠는! 그에게는 아무것도, 아무도 없다. 시간은 지루하게만 흘러갈 텐데….'

시간은 정말 지루했다. 이 기간 동안 아빠는 자기가 하는 몇 가지 일이 엄마에 대한 추억과 어떻게 긴밀히 연관되어 있는지를 일기로 썼다. 다음 항목은 많은 다른 사람들에게서도 볼 수 있는 전형적인 것이다.

화요일   집에 있었다.
수요일   꽤 조용한 아침이었다.
목요일   나이든 아콧 부인을 뵈러 갔다. (엄마와 아빠가 40년 동안 알고 지냈던 부인이다.)
금요일   집에 있었다.
토요일   집에 있었다.
일요일   교회 가서 예배를 드렸다.

가끔 무기력증에서 벗어나 아주 활동적인 일이 주는 자극도 맛보았다.

월요일   새 카펫을 깔았다. 식료품 찬장을 깨끗이 청소했다.
화요일   쇼핑하고 다른 사람들을 방문했다.
수요일   오늘 저녁 카트라이트 씨를 도와줬다. 장례식 비용을 지불했다.

목요일	산책을 오랫동안 했다. 틴레이 씨 가게에서 몇 가지 물건을 샀다. (엄마가 종업원으로서 일했던 카페이다.)
금요일	온 집안을 깨끗이 청소했다. 시장도 보았다.
토요일	레지 볼트 씨와 함께 톱샘에서 주말을 보냈다.

이런 외향적인 단계는 재빨리 지나갔고, 곧 또 다른 무기력한 시기가 찾아왔다. 이별이 사방을 둘러싼 것처럼 느껴지고 의미 있는 삶을 산다는 것이 다시는 불가능한 것처럼 보이는 사별의 슬픔으로 가득 찬 삶이었다.

그 와중에도 아주 많은 사람들이 계속 도움을 줬다. 목사님은 정기적으로 방문해서 아빠가 남자들을 위한 저녁 모임에 참석하도록 권유했다. 카트라이트 씨 부부도 정기적으로 아빠에게 식사 초대를 했다. 집에서 만든 케이크를 가져오는 사람들도 있었다. 그리고 이 모든 것은 어떤 진통제도 듣지 않는 사별의 고통을 덜어 주었다.

콜린 머리 파크스는 그런 실제적인 돌봄의 가치를 이렇게 강조한다.

장례식이 끝나면 종종 가장 큰 슬픔이 찾아오는데, 보통 사별이 있고 난 후 2주째 다가오는 경향이 있다. 장례식 때 애써 보여 준 '태연한 태도'는 더 이상 유지할 수 없기 때문에, 가까운 친척이나 친구는 사별 당한 사람이 해야 하는 많은 관습적 역할과 책임을 대신 떠맡아 줄 필요가 있다. 그럼으로써 마음껏 슬픔을 표현할 수 있는 자유를 주는 것이다. 이때 가장 소중한 사람은 가장 많은 연민을 표하는 사람이 아니라, '옆에 계속 붙어 있으면서' 일상적인 집안일을 조용히 처리해 주고, 사별 당한 사람에게 별다른 요구를 하지 않는 사람이다.[4]

그러는 동안 내 삶도 일상으로 돌아와 잘 지나갔다. 때로는 엄마가 매우 최근에 돌아가셨다는 사실조차 잊어버린 것 같았다. 사별의 아픔에서 빨리 회복하고 있다는 생각이 들었다. 어떤 사건으로 인해 슬픔이 쉽게 가라앉지 않는다는 뼈아픈 사실을 인식할 때까지는 말이다.

엄마는 1월에 돌아가셨다. 그 해 3월 어머니날이 가까이 왔을 때, 여느 때처럼 엄마에게 줄 카드를 사러 가게에 갔다. 신중하게 고른 카드를 손에 쥐고, 내가 지금 무슨 일을 하고 있는지를 깨달았을 때는 이미 계산을 하려던 참이었다. 다시 카드를 진열대에 꽂아 놓고, 집으로 오는 내내 울었다. "나한테는 엄마가 없잖아." 이 사실에 마음이 너무 아팠다.

크리스마스 때도 비슷한 일이 있었다. 엄마에게 줄 선물로 슬리퍼를 사러 신발 가게에 도착하고 나서야 올해에는 슬리퍼가 필요 없다는 게 생각난 것이다. 그러나 그때는 울지 않았다. 웃음이 나왔다. 그것은 11개월의 슬픔이 끝난 후 회복하고 있다는 신호였다.

세인트존대학에서 배운 바에 따르면, 슬픔의 마지막 단계는 새로운 환경에서 다시 삶에 적응할 준비가 됐을 때 온다는 것이었다. 그것은 내가 엄마를 덜 사랑하게 되었기 때문이 아니었다. 오히려 이제는 필요한 작별 인사를 하고, 그녀 없는 인생을 살 준비가 되었음을 의미했다.

아빠도 새로운 자신을 발견한 것 같았다. 편지의 어조가 변하고 있었다. 침례교회에서 청소와 안내를 맡았는데, 매주 예배를 드리고, 교회 의자를 닦고, 은그릇을 반짝반짝 닦는 것을 매우 자랑스러워했다. 더 이상 엄마의 추억에 사로잡히거나 엄마에 대한 이상을 그리지 않았다. 대신 오빠의 악화된 건강을 걱정하기 시작했다. 엄마의 기일이 지난 지 얼마 안 됐을 때 아빠는 나에게 할 이야기가 있다며 보고 싶다는 편지를 보냈다.

내가 24번지에 도착했을 때 그는 교회에서 멋진 미망인을 만났다는 다소 불쾌한 소식을 전했다. 그가 재혼한다면 내 심정은 어떨까? 두 분 다 외로운 처지에서 서로에게 필요한 우정을 상대방으로부터 찾았던 것이다.

그 해 말 데이비드는 사우스스트리트침례교회에서 아빠의 결혼 주례를 섰다. 우리는 새로운 인생을 시작하는 아빠와 함께 기뻐했다. 아빠는 새 엄마의 집으로 이사를 갈 예정이었기 때문에, 데이비드와 나는 24번지의 가구를 모두 치우자고 제안했다. 내가 어렸을 때 그렇게 열심히 닦았던 옷장과 침대, 나에게 너무나도 큰 즐거움을 선사했던 사진이 담긴 찬장, 엄마가 돌아가시기 직전에 새로 깐 카펫, 이 모든 것을 트럭에 싣고 나니 인생의 한 장을 마감한 듯했다. 그러나 마지막으로 24번지의 현관문을 닫고, 지난 몇 년간 내 집이 있었던 거리를 마지막으로 바라보면서도 이 고통스런 한 해가 또 다른 이유 때문에 내 인생의 전환점이 되었다는 사실을 깨닫지 못했다. 또한 그 때문에 내가 상처받은 하나님의 치유자가 될 운명을 맞이하리라고는 생각도 못했다.

하지만 앤이 세인트존대학에서 학생들에게 가르쳐 준 사별에 관한 교훈을 귀담아들었을 때, 도움이 필요한 순간 사람들이 나에게 다가왔던 것처럼 나도 미로 같은 감정을 헤치고 극복하려고 발버둥치는 사람들에게 다가가고 싶어 한다는 것을 알았다. 사랑하는 사람이나 무언가를 잃어버린 사람들이 겪는 가장 혼란스런 감정을 가진 사람들한테 말이다. 그럼에도 불구하고 앤의 말을 들었을 때, 다음과 같은 사실을 깨달았다. 엄마와 사별한 상처가 아물고 치유를 받았고, 또 아빠와 내가 엄마의 죽음 이후 경험한 반응들이 지극히 당연하고 정상적인 것이었음에도 불구하고, 내 영혼 깊은 곳에는 아직 아물지 않은 사별의 상처가 숨어 있다는 사실을 말이다. 사랑하는 사람이 죽었을 때 슬퍼하지 않는 사람에게 어떤 일이 일어나는지 앤이 설명했을 때, 비로소 내 속에 있던 나비들이 다시 퍼덕거리기 시작했고, 나는 두려워지기 시작했다.

8 과거의 상처 돌아보기

정신과 의사들은 우리가 극복해야 하는 가장 심한 상처는 사랑하는 사람과 사별하는 것이라고 경고한다. 그 사람의 죽음이 예견된 것이라 할지라도, 예를 들어 우리 엄마처럼 몇 년간 질병에 시달린 경우에도 남아 있는 사람들은 사랑하는 사람이 죽었다는 소식을 듣게 되면 적잖은 충격을 받는다. 하지만 미처 대비할 겨를도 없이 사랑하는 사람이 갑자기 죽게 되면 그 충격은 더 크고, 슬픔과 상처는 더 오래 지속되고, 갑자기 불안상태에 빠지게 된다.

존 오빠가 갑자기 죽었다.

아빠가 재혼한 직후, 우리 가족은 남편 데이비드가 두 번째 목사직을 수행하게 될 케임브리지로 이사했다. 거기서 갓 일 년을 지냈을 무렵 어느 월요일 아침에 앤 형님이 전화로 그 소식을 전했다. "존이 오늘 오후 죽었어요."

너무나 큰 충격을 받아서 목구멍이 얼어붙는 것 같았다. "오! 안 돼!" 첫 반응으로 이 말밖에 안 나왔다. 앤은 자기하고 아이들은 이웃들이 잘 돌봐주고 있다며 나를 안심시켰다. 데이비드의 서재에서 전화를 받은 나는 쓰러질 것 같은 몸을 책상에 의지하여 겨우 일어설 수 있었다. 혼비백산하고 망연자실한 상태에서 그 소식을 받아들이려고 하자 방안에 있는 모든 것이 둥둥 떠다니는 것처럼 보였다.

'존이 죽었다고? 어떻게 그런 일이? 서른네 살밖에 안 되었는데.' 게다가 어린 아이도 둘이나 있었다. 살아서 해야 될 일이 너무나도 많았다. 좋은 직장, 평온한 가정, 교회 청소년 모임 등. 바로 몇 주 전에 그들이 우리 집에 와서 머물렀을 때만 해도 한 해 혹은 몇 년 전보다 더 건강해 보였다. 신장 질환을 앓고 있긴 했지만 인공 신장 때문에 잘 버티고 있었다. 의사도 경과가 좋다고 말하지 않았는가. 그것도 '아주' 좋다고. 죽었을 리가 없다. 분명 뭔가 착오가 있을 것이다.

그러나 착오는 없었다. 존은 죽었다. 며칠 후 데이비드와 나는 장례식에 참석하러 엑서터로 갔다.

존의 집에 들어설 때만 해도 그가 가버렸다는 것이 믿기지 않았다. 나는 그를 찾았다. 라운지에 앉아서 장례식에 참석하려는 가족과 친구들을 기다리면서 아주 초조했다. 우리 모두는 도대체 거기서 무엇을 하고 있는가?

이 사람들은 왜 오빠가 더 이상 존재하지 않는 것처럼 그에 대한 이야기를 하는가?

모든 것이 가슴을 아프게 했다. 존은 나타나지 않았다. 앤은 평상심을 잘 유지하는 것 같았다. 그러나 그것조차도 마음이 아팠다.

장의차가 도착했다. 안심이 되었다. 나는 그 집의 폐쇄공포증에서 벗어날 필요가 있었다. 운전자는 로버츠 거리의 소년단에서 함께 나팔을 불던 존의 오랜 친구였다. 교회로 가는 도중 그와 어린 시절에 대해 이야기했다. 우리의 회상 때문에 존이 다시 살아난 것 같았다. 나한테는 그런 것이 필요했다. 그는 죽었을 리가 없었다.

엄마의 장례식과는 대조적으로 존의 장례식 때 마음을 추스리는 일은 거의 악몽과 같았다. 교회는 다소 낯설었다. 내가 아는 사람들은 거의 없었다. 남편 데이비드가 앤과 함께 걸어갔다. 아빠는 새 엄마와 같이 있었다. 나는 혼자였다. 쓸쓸했다. 엄마의 장례식 때는 그렇게 위안이 되었던 성경 말씀 "나는 부활이요 생명이니…"도 아무런 평안을 주지 못했다. 낯선 교회의 차디찬 돌로 된 벽이 튕겨져 나와서 메아리치고 비웃는 것 같았다. 칠흑 같고 매몰찬 어두움이 허리케인 같은 괴력과 맹렬함으로 주위를 휘몰아치는 것 같았다.

장례식이 끝난 후에도 그 폭풍우는 쉽사리 가라앉지 않았다. 존의 집으로 차를 몰았지만 도저히 그 집안에 다시 들어갈 수 없었다. 모든 방, 가구, 모든 사진과 방석을 볼수록 흠잡을 데 없이 옷을 입은 키 크고 잘 생긴 금발머리의 오빠가 생각났기 때문이었다. 그는 항상 거기서 나를 골려 주고, '조이시'란 별명으로 나를 부르곤 했었다. 하지만 이제 누구에게도 작별인사할 기회를 주지 않은 채, 갑자기 이 세상을 떠난 것이다. 아빠의 어깨에 기대어 흐느끼면서, 친척들에게 죄송하다고 전해 달라고 했다. 그러고 데이비드와 함께 집으로 왔다.

돌아오는 내내 어두움이 계속 나를 덮었다. 데이비드와 나는 거의 한마디도 하지 않았다. 남편과도 이 내적인 공허함을 나눌 수 없었다. 오히려 존의 비극적 죽음이 가져다준 엄청난 부담을 내 안에 깊이 묻어 두었다. 지하실 문을 잠근 후, 나는 우리 가정에 죽음이 다시 찾아오지 않은 듯이 처신했다. 그 후 며칠 동안 나는 정신 나간 듯한 행동만 했다.

계 속 되 는 이 별

처 음 에 이 곳 에 서 의 생활은 적응하기 어려웠다. 왜냐하면 케임브리지에서 목사의 아내로서 나에 대한 기대는 파크스톤 교구에서 받았던 기대와는 사뭇 달랐기 때문이었다. 첫 임기 때 나는 소위 말하는 '무보수 목사' 정도의 기대를 받았다. 나는 그게 마음에 들었다. 하지만 케임브리지에서는 그렇지 않았다. 우리와 동역한 목사님은 독신이었는데, 그동안 여러 명의 독신 목사들하고 사역해 왔다. 그 교구는 목사 아내한테는 사역을 허용하지 않았고, 한 명이 아니라 여러 명의 교회 성도들이 전통적으로 목사 아내나 부목사가 담당하는 업무를 효과적으로 수행했다.

교제권 안에서는 고정된 역할이 없었기 때문에 나는 밖에서 재능을 발휘할 분출구를 찾아보다가, 두 명의 청각장애 유치원생에게 언어를 가르치는 아르바이트 자리를 찾아냈다. 이 두 꼬마 소녀들이 마음에 들었고, 그들에게 첫마디 말을 하도록 도와주는 것이 굉장히 재미있었다. 하지만 교회 안에서는 내가 있을 어떤 자리도 찾지 못했다. 아마 그래서 내 슬픔을 받아들일 수 없었나 보다. 잘 모르겠다. 다만 아는 것은 그때 사별이 어떤 종류의 이별을 의미하는 것인지 알았더라면, 다르게 반응했을 거라는 것이다. 사람들이 슬퍼하는 까닭은 사랑의 끈이 끊어졌기 때문이기도 하지만, 그 밖의 모든 종류의 이별을 받아들일 때 슬퍼하는 것이 언제나 당연하다는 것을 지금은 안다. 수술이나 사고로 인한 사지의 절단, 해고나 은퇴로 인한 실직, 귀중품, 자유, 지위 또는 가정의 손실, 파혼, 이혼 또는 이사로 인해 사랑하는 사람과 이별하는 것 등 모든 경우에 그렇다. 또한 '존재했을지도 모르는 대상'과의 이별도 사별의 한 형태이다. 예를 들어, 유산의 상처에서 회복하고 있는 자식 없는 부부, 혹은 서로 결혼하고 싶어 하는 독신들이 지속적으로 겪는 아픔 같은 것이 그에 해당한다.

게리 콜린스는 이것을 다음과 같이 강력하게 설파한다.

슬픔은 중요한 사람이나 대상을 잃어버린 것에 대한 중요하고도 정상적인 반응이다. 그것은 신체적, 감정적, 인지적, 사회적, 영적으로 표출되는 상실과 근심의 체험이다. 이별은 슬픔을 수반한다. 이혼, 직장 은퇴, 신체 절단, 애완동물이나 식물의 죽음, 자식의 출가나 목사님의 다른 교회로의 이직, 친한 이웃을 떠나 이사를 가는 것, 차를 파는 것, 집이나 귀중품을 잃어버리는 것, 시합이나 운동 경기에서의 패배, 건강의 쇠퇴, 심지어 자신감이나 열정을 잃어버리는 것도 슬픔을 가져온다. 불신, 신앙을 잃어버리는 것, 영적 활력의 쇠퇴, 인생의 의미를 찾지 못하는 것 또한 슬픔을 의미하는 공허함과 비애를 낳는다. 진실로 삶의 일부가 사라지면, 슬픔을 맛보게 된다.[1]

그런 사실을 알았다면, 나는 이미 온갖 종류의 이별을 다 겪었다고 생각했을 것이다. 엄마를 사별했고, 이사를 하면서 아늑한 파크스톤의 집과 호의적이고 관심을 베풀어 준 친구들과 이별했고, '무보수 목사'직도 잃었고, 데이비드와 내가 동역하라고 부르심을 받은 공동 사역도 놓쳤고, 마침내 오빠까지 잃었다. 게다가 내가 좋아하는 퍼백 언덕을 떠나 삭막한 케임브리지로 왔다. (이것은 다른 손실에 비해 약과였지만 어쨌든 현실에서는 그랬다.) 그리고 배드민턴을 치다가 허리 디스크에 걸렸기 때문에 활력 넘치는 운동을 통해 긴장을 풀어 보려는 치료도 포기했다.

하지만 나는 요리는 할 수 있었다. 그래서 목사 사택에서 매주 갖는 티타임 때 빵을 구웠고, 일주일에 몇 번 정도 사람들을 점심에 초대했다. 또한 수많은 학생들과 젊은 전문인들이 주일 저녁 예배가 끝난 후, 우리 집 좁은 라운지로 몰려들면 커피를 대접했다. 이 젊은 사람들은 교회 20대 모임의 회원들이었다. 우리는 그 모임을 '포커스'라고 불렀다.

케임브리지에서 여름 몇 달을 보내는 동안 해외에서 온 학생들이 거리에 붐볐기 때문에, 나는 그 해 여름 포커스 회원들과 함께 이 학생들을 위해 우정 캠페인을 조직했다. 이렇게 해서 포커스 회원들과 나의 관계는 점점 깊어갔다. 나는 또한 집에서 젊은 부인들을 위한 성경 공부를 시작했고, 이 모임을 인도하고 준비하기 위해 일주일에 많은 시간을 투자했다.

나는 존 때문에 슬퍼하지도 않았고, 그에 대한 생각도 하지 않았다. 파크스톤에서 내가 소중히 생각한 모든 것과의 이별을 극복하는 유일한 방법은 마음속에서 그 소중한 사람들과 장소를 멀리하는 것이었다. 그 소중한 곳에서 보낸 3년은 매우 행복한 시절이었기 때문에, 더 이상 생각만 해도 견디기 힘들었다. 과거와 현재의 괴리는 너무도 고통스러웠다.

그 당시에 나는 내가 감정의 갈등을 겪고 있었음을 깨닫지 못했다. 또한 사랑하는 사람들을 이런 식으로 묻어두는 것이 엄청난 에너지를 소비하고, 심리적으로 해롭다는 것도 깨닫지 못했다. 게다가 사랑하는 사람과 이별할 때, 그 사랑을 표현해야 한다는 사실도 인식하지 못했다. 그 중 한 가지 방법은 울거나 애통해 하는 것이며, 이런 치료를 거부하는 것은 스트레스를 더욱 배가시킨다는 것도 알지 못했다.

이런 식으로 모든 형태의 슬픔을 자물쇠로 안전하게 잠가둔 채, 바쁘게 생활하는 것은 슬픔의 고통스런 과정을 피하기 위한 의도적인 노력이 아니었다. 그냥 하다보니까 그렇게 된 것이다. 다른 대처 방법은 전혀 몰랐다. 교회 사람들도 이런 행태를 잘못 해석해서, 상처의 흔적은 온데간데없이 사는 것이 그리스도인다운 용기 있는 태도라고까지 받아들였다. 그들은 내가 위험한 정서적 공황을 숨기고 있다고는 깨닫지 못하고, 그저 정력적인 내 생활 방식에 찬사를 보냈다.

잘 못 진 행 되 는 슬 픔

존이 죽은 후 9개월 동안 나는 심하게 우울증을 겪고 난 후 독감에 걸렸다. 데이비드는 짐짓 놀라서 휴가를 보낼 필요가 있다고 결정을 내렸다. 늘 그렇듯이 그는 기발한 상상력과 재능을 발휘해서 일생일대의 휴가를 계획했다. 일주일 동안 그리스에 가서 로데스 섬에 있는 린도스의 아름다운 마을에서 쉬자는 것이었다.

태양과 바다, 하나님과 가족들과 함께 보낸 조용한 시간들은 회복하는

데 큰 도움이 되었다. 나는 빠르게 기력을 회복했다. 아팠던 등도 좋아졌다. 그리스에서의 마지막 날 해변에서 아들과 함께 달리면서, 나는 남편에게 소리쳤다. "등이 정말 좋아졌어요."

몇 시간 뒤 나는 유고슬라비아의 남부 지역에 있는 한 구식 병원의 칙칙한 수술실에 누워 있었다. 스코페에서 유고슬라비아-오스트리아 국경으로 차를 몰고 가는 도중, 차가 도로 밖으로 미끄러졌다. 차가 뒤집어지면서 아래의 4미터 제방에 쾅 부딪혔다. 그래서 척추에 손상을 입고, 머리 부상을 당하고, 대부분의 물건을 잃어버렸다.

때문에 계획한 대로 케임브리지에서 부활절을 보내지 못하고, 유고슬라비아 남부에 있는 이 병원에서 온몸에 붕대를 감고 지내야만 했다.

"사랑하는 자들아 너희를 연단하려고 오는 불 시험을 이상한 일 당하는 것같이 이상히 여기지 말고 오히려 너희가 그리스도의 고난에 참여하는 것으로 즐거워하라"(벧전 4:12, 13). 이 말씀은 린도스에서 묵상하던 말씀이었다. 그때 친구한테 편지를 쓰면서 이 구절에 대해 언급했다.

데이비드가 차에서 내 성경책을 꺼내왔기 때문에, 나는 병원 침대에 기댄 채 베드로전서 1장에 나오는 이 구절을 다시 읽었다. 4장 12절 근처의 여백에 내가 이렇게 갈겨써 놓은 것을 발견했다. "이 시험은 그리스도의 고난에 동참하게 만들기 때문에 나중에 그분의 영광에도 동참하는 놀라운 기쁨을 맛볼 것이다." 5장 10절 말씀 옆에도 이런 해설을 써 놓았다. "잠시 고난을 받고 나면, 그리스도로 말미암아 인자하심이 충만한 하나님이 영원한 영광을 부어줄 것이다. 그분이 개인적으로 와서 너를 데리고 가서, 견고한 지위에 앉히고, 강력한 능력을 부어줄 것이다."

하나님이 앞으로 겪을 더 많은 이별에 대해 적절하게 나를 준비시켰다는 것을 알고 감탄을 했다. 그러나 집에 돌아왔을 때, 그건 다른 이야기였다.

마 지 막   지 푸 라 기

우 리 차 는 완전히 박살났다. 모든 것을 단념했다. 우리의 처지는 비참해졌다. 어쩔 수 없이 데이비드는 종이 상자에 넣을 수 있는 만큼 많은 짐을 쑤셔 넣었고, 우리는 난민 가족처럼 꾀죄죄한 차림으로 기차를 타고 유럽을 가로질러 여행했다. 나는 등의 통증 때문에 깜짝깜짝 놀라서 여행 내내 될 수 있는 한 기차와 배의 좌석에 누워 있었다. 그리고 척추에 치명적인 손상이 가지 않기만을 바랐다.

교회 친구가 런던에서 우리를 만나서, 케임브리지까지 차로 태워 주었다. 침실에 도착할 즈음 나는 충격과 피로로 벌벌 떨고 있었다. 그 친구와 데이비드는 내 옷을 벗기고 침대에 눕힌 후 마실 것을 갖다 주었고, 어느 정도 기운을 차린 나는 집을 비운 사이 수북이 쌓인 편지를 읽기 시작했다.

하나는 노팅엄 주소가 찍힌 편지였다. 당시 노팅엄에는 아무도 아는 사람이 없었고, 한번도 그 도시를 방문한 적이 없었다. 당황스러웠다. 그러나 포커스 모임의 한 형제와 교제를 해 왔던 소녀가 약혼하기로 결정했다는 소식을 편지로 보낸 것임을 알고는 웃음이 나왔다. 그녀는 다소 황당한 동정적 문장으로 끝을 맺었다. '조이스, 아버지 소식을 들었어요. 정말 안됐군요. 무엇보다도 그분은 당신한테 마지막 지푸라기였음에 틀림없었을 텐데 말이죠.'

"도대체 무슨 말이에요?" 방에 들어온 데이비드에게 물었다. 그는 얼굴이 창백해지더니 입을 다물지 못한 채, 무슨 말을 해야 할지 어쩔 줄 몰라 했다.

"아직은 당신한테 말해 주지 않으려고 했는데." 그가 고백했다. "하지만 이제 알아야 할 때가 된 것 같구료. 당신이 병원에 있는 동안 장인께서 차를 운전하시다 쓰러지셔서 돌아가셨다오. 여기서 우리한테 연락할 방법이 전혀 없었어요. 안타깝지만 우리는 장례식에 참가하질 못했어요. 지난 주였는데. 엑서터 주소가 찍힌 모든 편지를 숨겼는데, 노팅엄에 있는 사람이 그 소식을 알리라고는 생각도 못했네. 나머지 편지들도 보겠어요?"

데이비드가 내 가족이 보낸 편지들을 가져왔을 때, 내 눈가에는 몇 방울의 눈물이 흘러내렸다. 그러나 많지는 않았다. 아빠와의 갑작스런 이별은 마치 마취제 없이 절단 수술을 당한 것 같았다. 너무나 큰 충격을 받은 나머지 첫 칼자국에도 아무런 고통을 느끼지 못했다. 이 시험은 감당하기에 너무나도 벅찬 것이었다. 나는 오빠에 대한 슬픔이 여전히 해결되지 않은 채였다. 데이비드가 그 불행한 소식을 전했을 때, 거의 까무러칠 뻔했던 나는 마음을 갈기갈기 찢어놓은 그 고통을 누구하고도 나누지 않았다. 그 대신에 마음을 단단히 먹고 하나님의 신실하심을 보여 주는 많은 증거들에 집중했다.

그것은 쉬운 일이었다. 교회 사람들은 대단했다. 한 학생은 거의 무한정 우리에게 자기 차를 빌려 주었다. 한 사업가는 무이자로 융자를 해 주었다. 성경 공부 모임의 자매들은 정기적으로 나를 방문했다. 그리스도인 친구들은 나의 '용기'를 칭찬했다. "그녀는 대단해."라고 말하곤 했다. "그런 모든 일을 겪고서도 웃고 있잖아." 그들의 말이 옳았다. 나는 아직도 웃고 있었다. 하지만 그들은 그 웃음 뒤에 슬픔을 잘못 처리한 고전적인 신호가 감추어져 있다는 것을 알지 못했다.

슬픔을 다루는 법

나처럼 사랑하는 사람의 죽음의 현실을 부인하는 것은 용기가 아니라, 슬픔에 대응하는 비정상적인 방법이라는 것을 우리 중 누구도 알지 못했다. 또한 누군가가 나같이 멍한 상태에서 지내거나, 목석같이 기계적인 행동을 하는 것은 상황이 심각하게 잘못 돌아가고 있음을 보여주는 또 다른 증거라는 것도 몰랐다. 그의 곁에 장사 지낼 사람조차 없을 때, 사별한 사람은 슬픔에 대해 정상적인 반응이 아니라 병적인 증세를 보일 수 있다는 사실을 아는 사람도 없었다. 또한 7장에서 언급한 대로 슬픔 치료가 이별을 당한 시점에서 늦춰지거나 미루어진다면, 사별한 사람은 몇 달 혹은 심지어 몇 년이 지난 후에 보다 악화된 형태의 슬픔의 단계를 밟아야만 한다는 것을 알게 된다는 것도 몰랐다. 그래서 이런 상황이 일어날 때까지는, 사랑하는 사람이나 대상이 존재하지 않는 삶을 사는 데 필요한 적응할 힘조차 없다는 것 역시 아무도 몰랐다.

과거의 상처에 대한 치유

4년이 지나서야 나는 이런 사실들을 깨달았다. 그때 비로소 하버드대학 교수인 에리히 린드만이 철저하게 연구한 슬픔에 대한 반응에 대해 알게 되었다. 그는 비정상적인 슬픔에 대한 반응들을 다음과 같이 분류했다.

1. 어떤 사람은 과장된 행동을 보이며, 이별을 당했다는 어떤 조짐도 보여 주지 않거나, 심지어 이별을 겪었다는 사실조차 잠재의식 속에서 완전히 부인한다.
2. 어떤 사람은 고인이 겪은 마지막 질병의 증상과 유사한 증상을 나타낸다. 이 증상이 지속된 결과, 히스테리성 환자나 우울증 환자가 되는 수도 있다.
3. 어떤 사람은 궤양성 대장염, 류머티즘성 관절염, 천식 같은 뚜렷한 이상 증세로까지 발전한다.
4. 친구와 친척 관계가 변하는 경우도 있다. 때때로 사별한 사람은 모든 사회적 연락을 끊어 버리고, 은둔자의 삶을 택하는 경우도 있다.
5. 어떤 사람은 지속적으로 정신이 멍한 상태에서 돌아다니거나, 극히 형식적이고도 기계적으로 행동하며, 모든 감정적 표현을 절제하기도 한다.
6. 특정인에 대한 분노를 반복적으로 표출하는 사람도 있다. 의사한테 자기를 무시한다고 비난하거나, 또는 사회사업가에게 조치를 취하겠다고 협박하기도 한다.
7. 주도권이나 동기가 부족한 사람도 있다. 사별한 사람은 어떤 결정을 내리거나, 친척이나 친구의 도움 없이 어떤 행동을 끝까지 완수하는 것이 극도로 어렵다.
8. 어떤 사람은 불면증, 무가치하다는 느낌, 극도의 긴장, 맹렬한 자기 비난, 자기 학대 등의 감정 상태에서 심한 우울증에 빠지기도 한다.

뒤늦게 깨달은 것이지만, 나도 이와 같은 비정상적인 슬픔의 증세를 많이 보였다는 것을 이제야 알았다. 지난 몇 개월 동안 육체적으로 쇠약했지만, 정신은 어느 때보다 과민반응을 보였다. 사고가 있은 지 몇 주 안돼서,

데이비드는 노팅엄에 살라는 제안을 받았고 우리는 수락했다. 이사를 갈 목사관은 몇 달 동안 텅 빈 상태였다. 모든 방은 다시 장식을 해야만 했다. 그 해 여름 나는 정원에 앉아서, 새 집의 가구 배치나 실내의 벽지에 대해 계획을 세우는 등 전반적으로 이사할 준비를 했다. 매우 특별한 존재였던 케임브리지의 사람들을 떠날 때, 또 다른 작은 이별을 맞이해야 한다는 생각은 꿈에도 못했다. 또한 엄마가 돌아가셨을 때, 내게 그렇게 가깝게 느껴졌던 아빠하고도 이별을 준비할 줄이야. 사실 아빠에 대한 생각은, 앤이 우리에게 사별에 대해 이야기해 보라고 했을 때, 즉 4년 후에야 내 마음에서 사라졌다. 그때 나는 정말 두려웠다.

내 적 치 유

그 두 려 움 의 이유는 앤 롱이 우리에게 치유란 주제에 대해 생각해 보라고 권유했을 때 분명해졌다. 그녀는 당시에 많은 그리스도인의 관심을 끈 사역을 했던 프랜시스 맥넛의 가르침을 다루면서 기도할 때 각각 다른 방식의 접근이 필요한 세 가지의 기본 질병이 있다고 설명했다.

1. 개인적인 죄로 인해 스스로에게 책임이 있는 영혼의 병
2. 우리 자신의 잘못 때문이 아니라, 환경이나 다른 사람들이 우리에게 끼친 감정적 질병이나 문제점
3. 질병, 사고, 유전으로 인해 몸에 생긴 신체적 병

그녀는 두 번째 범주에 초점을 맞춘 후, 사람들을 괴롭히는 정서적 문제의 뿌리가 상당히 깊다는 점을 깨닫도록 도와주었다. 즉 그런 문제들은 본인이 저지른 행동 때문이 아니라, 자신들에게 일어난 사건에서 연유한다는 것이었다. 그런 사람들은 내적 치유 사역을 통해 도움을 받을 수 있다고 제안했는데, 이 주장을 뒷받침하기 위해 그녀는 프랜시스 맥넛의 말을 인용했다.

내적 치유의 기본 개념은 단지 이와 같다. 어제나 오늘이나 영원히 동일하신 예수님이 우리의 과거의 기억을 품고서,
1. 현재의 삶에 여전히 남아서 영향을 미치는 상처를 치유할 수 있다.
2. 상당히 오랫동안 텅 빈 상태로 방치되었던 우리 마음속의 모든 공간을 그의 사랑으로 채울 수 있다.[2]

앤은 우리의 삶을 집에 비유하면서, 내적 치유가 어떻게 일어나는지를 설명했다. 우리 각자에게 집이 있는 그림을 한 장씩 주었는데, 벽이 무너지고 있어 위험하게 보이고, 바닥은 썩고 말라 비틀어져 집주인이 언제라도 빠질 만한 구멍이 생겨서 접근할 수 없는 상태였다. 거실 아래에 있는 지하실은 텅 빈 것이 아니라, 밀항자들이 숨어 있었다. 이 밀항자들은 다소 힘이 세고 몸집이 작은 사람들 아니면 반항적인 아이들처럼 보였는데, 비록 집에 갇혀 있었지만 가장 부적절한 때에 가장 부적절한 장소에서 자신들의 존재를 알리게 된 것 같았다. 그녀는 그들이 어떻게 해서 애당초 이 지하실에서 살게 되었는지를 계속 설명했다.

어린이는 기본적 욕구가 충족되지 않을 때, 두려움에 휩싸인다. 그 고통

은 너무나 커서 정서적으로 살아남기 위해 가장 깊은 내면의 감정으로부터 자신을 분리시킨다. 아이들은 금방 기운을 회복하기 때문에, 계속 살아남고 심지어 자기가 당한 일을 금방 잊어버린 것처럼 보인다. 하지만 자신의 근본 모습은 사실 잠시 지하실 아래로 밀어둔 것에 지나지 않는다. 그 후 어린아이로서, 십대로서, 또는 어른으로서 겪게 되는 지속적 상처 때문에 거실 바닥의 구멍 속으로 들어가 지하실 아래로 떨어질 수밖에 없는 것이다. 거기서 고통 속에 있는 모든 '어린이들'에 의해 또다시 포위된다. 폭풍우가 끝나면 몸을 추슬러서 거실로 다시 올라온 후, 지하실이 존재하지 않는 것처럼 계속 삶을 살아간다. 그러나 마룻바닥에 뚫린 틈 때문에 주거 지역은 심하게 제약을 받는다.

프랜시스 맥넛, 아그네스 샌포드, 프랭크 레이크 등 여러 전문가들은 이

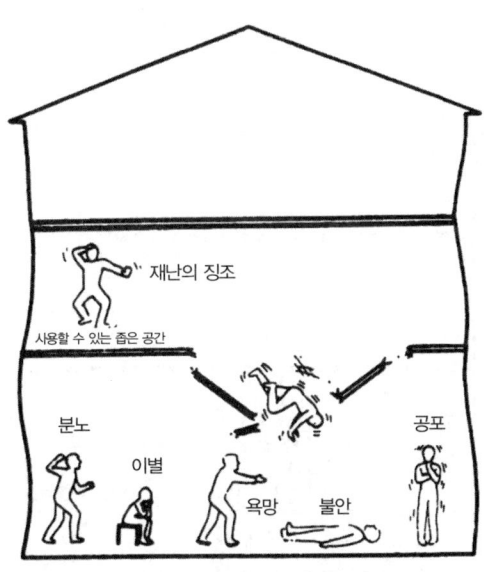

| 내적 치유에 대한 필요 |

작은 사람들이 상처받을 필요도, 주인을 약탈할 필요도, 숨어 지낼 필요도 없다고 한다. 오히려 그리스도의 통제 아래에서 치유를 받을 수 있다는 것이다. 사람들의 삶에 이와 같은 일이 일어나는 곳에서는, 고통을 겪고 있는 집 주인이 지하실 문을 열고, 예수님과 함께 지하실 계단을 유유히 내려가서, 폭동을 일으키는 이 죄수들을 만나고, 그들에게 자아 분열이 일어났던 시간과 장소를 상기시켜 준다. 그 결과 이와 같은 많은 사람들의 고통은 사라지고, 그 사람의 과거와 현재는 다시 화해를 하기 때문에, 지하실은 소란스러운 곳이 아니라 평화로운 곳이 된다. 또한 심리적인 기초인 바닥은 수리되었고, 그 결과 어른은 넓은 거실 전체- 신학적 용어로 말하자면, '온전함'을 의미하는 구원의 광대함-를 다 누리게 된다.

이 간단한 '지하실에 예수님과 함께 내려가기' 그림3을 통해 나는 세 가지 이유로 강력한 영향을 받았다. 첫 번째 이유는, 그 당시 우리가 살던

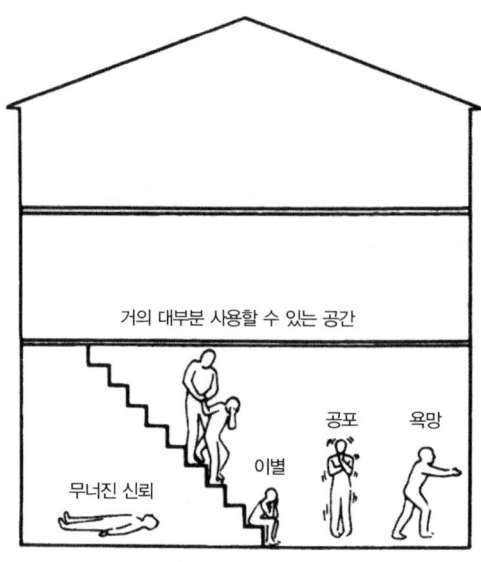

| 지하실에 예수님과 함께 내려가기 |

목사관은 거실 아래 거대한 지하실이 있었기 때문이다. 이 지하실은 튼튼한 계단을 통해 내려갔다. 일부는 창고 공간으로 사용되었고, 일부는 교회 모임을 위해 사용했다. 우리가 도착했을 때, 데이비드는 용도를 단번에 파악했다. 가장 큰 방에 카펫을 깔고, 가구를 들여놓아서 삭막하고 볼품없는 홀을 교회 라운지로 탈바꿈시켰다. 또 다른 방 하나도 마침내 널찍한 사무실로 개조되었다. 우리 감정의 지하실이 하나님에 의해 개조된다면, 사람들의 인생에도 이와 비슷한 일이 일어날 것이라고 생각했다.

둘째 이유는, 상담 과정을 계속 듣고 있는 동안 한 친구가 데이비드와 나를 존 웨슬리의 일생에 관한 연극에 초대했기 때문이다. 이 연극에서 이 위대한 감리교 설교가는 어느 악명 높은 감옥을 찾아갔다. 거기 있는 동안 가장 악랄한 죄수, 살인마, 매춘부, 상습적인 도둑들조차도 그리스도의 사랑에 감동했다. 19세기 영국 감옥에서 부흥이 일어났다면, 하나님은 많은 사람들을 안정하지 못하게 하는 포로 된 감정도 그와 마찬가지로 어루만져서 변화시킬 것이라는 생각이 들었다.

그리고 세 번째 이유는, 금방 쓰러질 듯한 그 그림의 집을 연구했을 때, 내 눈은 '이별'이라는 버림받은 작은 인물에 초점이 모아졌다. 사별에 관한 앤의 강의와 내가 연구했던 그 주제에 관한 배경 저서들에 비추어 볼 때, 그 인물은 바로 내 인생의 지하실에서 울고 있는 사람임을 인정하지 않을 수 없었다. 앤이 처음 우리에게 사별에 관한 개인적인 경험을 회상해 보라고 권했을 때, 떠올랐던 바로 그 작은 사람이었다. 그는 또한 내가 혼자 프랜시스 맥넛의 책을 읽었을 때, 그리스도의 치유하시는 손길을 붙잡기 위해 손을 뻗치기 시작한 바로 그 작은 피조물이었다.

내적 치유 속에 담긴 개념은 그저 예수 그리스도께서 우리가 상처를 받았던 그때로 되돌아가서 현재 남아 있는 상처의 영향으로부터 우리를 자유케 해 달라고 구하는 것이다. 이 과정은 두 가지 측면을 포함한다.

1. 우리에게 상처를 준 것을 빛 가운데로 드러내는 것. 보통 이것은 다른 사람의 도움을 받는 것이 가장 좋다. 그 문제에 대해 철저히 논하는 것 자체가 치유의 한 과정이다.
2. 과거에 상처를 준 사건의 구속력을 치유해 달라고 주께 기도하는 것. 어떤 상처는 과거의 것이고, 어떤 것은 꽤 최근의 것이다.4

도 움 청 하 기

'우리의 상처를 빛 가운데로 가져오기' '다른 사람과 함께' 이 두 말은 내가 마음속에 새긴 두 가지 핵심 원리였다. 그렇지만 하나님이 분명한 주의를 주지 않았다면 과연 이 원리에 따라 행동했을지 확신이 서지 않는다.

C. S. 루이스는 고통을 정의하기를, 귀가 어두운 세상에 하나님께서 말씀하시기 위해 사용하는 확성기라고 했다. 그 해 4월 침대에 누운 채 독감에서 회복하는 동안 나는 단지 바이러스 때문에 육체적으로 연약한 것이 아니라 정서적으로도 상처를 입었다는 것을 깨달았다. 내 인생의 지하실 안에는 내가 사랑하는 사람들과 집, 권위를 연달아 잃어버림으로 말미암아 야기된 충격과 강렬한 고통에서 아직까지 회복하지 못한 성품이 남아 있었다. 당시 나는 하나님의 음성을 듣는 법을 배우는 데 있어서 아직 초보에

불과했다. 그럼에도 불구하고 지금 상황의 현실을 직면하고 있던 나는 어떻게 해야 할지 보여 달라고 하나님께 구했다.

마치 그 기도에 대한 응답인 것처럼 선한 사마리아인의 이야기가 생생하게 다가왔다. 침대에 누워, 예루살렘에서 여리고로 여행하는 도중 노상강도를 만나서 길가에 누워 있는 사람의 심정은 어떠했을까를 상상해 봤다. 내가 바로 그 사람이라고 생각해 보았다. 상처를 입고, 피를 흘리며, 버려져 있는 것 같았다. 나는 충분히 도움을 줄 수 있는 두 사람이 서둘러 옆을 지나가는 것을 보면서, 나도 얼마나 자주 삶이 무너진 사람을 도와주기보다는 교회 모임이나 기독인연합모임으로 황급히 달려가곤 했는지 깨달았다. 예수님의 이야기에 나오는 폭력의 희생자처럼 이제는 내가 지치고 낙담한 상태에 빠진 것이었다. 당나귀의 발굽 소리를 들었을 때, 이 여행객이 내 상처를 돌봐 주기 위해 멈춰 설 거라고는 감히 바랄 수도 없었다. 그러나 그는 그렇게 했다. 그의 목소리는 부드럽고 친절했다. 내 상처를 싸매는 그의 손길은 섬세한 치유의 손이었다. 그가 내 원기를 회복시켜 주자 힘없는 영혼은 다시 살아났고, 그의 팔로 나를 부축이자 꺼져가던 희망의 불씨는 살아났다.

"내가 선한 사마리아인을 네게 보내줄 것이다." 하나님이 속삭이는 것 같았다.

그 선한 사마리아인은 앤 롱의 모습으로 나타났다. 언젠가 데이비드와 내가 그녀와 함께 점심을 먹다가, 대화가 유고슬라비아에서 일어났던 자동차 충돌 사고 이야기와 아빠의 죽음에 관한 슬픈 사건 쪽으로 흘러갔다. "조이스, 그 운명에서 회복하는 데 얼마나 걸렸죠?" 앤이 물었다. 바로 튀어나온 나의 대답에 나도 깜짝 놀라고 말았다. "아직도 거기서 헤매고 있는 것 같은데요."

그 식사 자리에서 그 문제는 더 이상 거론되지 않았다. 이야기할 자리가 못 되었던 것 같다. 그러나 그것은 나에게 있어 중요한 첫 걸음이었다. 당시만 해도 나는 내 자신에 관해 쉽게 이야기를 꺼내는 그런 성격이 아니었다. 갑자기 당한 여러 명의 죽음과 작은 이별 때문에 내가 얼마나 영향을 받았는지 아무한테도, 심지어 나 자신한테도 털어놓은 적이 전혀 없었다. 그러나 지금 첫 발을 내디딘 셈이었다. 단 한마디로 말이다. 하지만 그것은 시작에 불과했다. 나는 앤의 반응을 알아챘다. 그녀는 놀랐다거나 불쾌해 하지 않았다. 그와는 반대로 "그럴 수 있어요."라며 따뜻하게 받아 주는 반응은 나중에 한 번 더 만나자고 그녀에게 전화할 수 있는 담대함을 불어넣기까지 했다. 그녀는 하나님의 선한 사마리인이 되었다. 나는 그녀에게 곪아가고 있는 내 정서적 상처를 봐 줄 수 있겠느냐고 물어보았다. 그녀는 수락했다.

예 수 님 과 함 께 지 하 실 로

앤의 아파트로 차를 몰고 가면서, 내 고통을 설명하기 위해 어떤 말로 시작해야 할지 고민했다. 그러나 걱정할 필요가 없었다. 하나님의 음성을 듣고, 사람들의 말에 귀를 기울이는 데 탁월한 경험과 기술이 있는 앤이 대화를 주도했기 때문이었다. 우리는 둘 다 자연을 사랑했다. 우리는 그녀가 끓인 커피를 같이 마시면서 아파트에서 내려다보이는 경치를 보고 감탄했다. 세인트존대학을 둘러싸고 있는 평온한 들판의 푸름, 힘이 넘치는 거대한 떡갈나무, 갖가지 색깔로 불타고 있는 창문 밖의 화단.

앤은 함께 하나님께 기도를 드리는 시간을 갖자고 온화하게 제안했다. 물론 앤은 경험 많고 능숙한 사람이지만 치유하시는 분은 그녀가 아니라 위대한 상담자인 예수님이라는 것을 알았기 때문에, 나는 이렇게 기도로 시작하는 것에 감사했다. 또한 내가 앤과 함께 지하실 문을 열려고 할지라도, 하나님의 도움이 필요하다는 것도 알았다.

앤이 기도하자, 그 방이 하나님의 임재로 가득 찬 것 같았다. 그 분위기는 내가 도와 달라고 요청을 하게 만든 이유를 말할 시간을 주겠다는 앤의 권고에 반응할 용기를 불어넣었다.

처음에 사별에 관한 그녀의 첫 세미나를 들었을 때, 내가 경험한 분노와 공포에 대해 말하기 위해 어떤 말을 꺼내야 할지 갈등이 되었다. 그래서 그녀는 그 대신에 우리가 같이 점심 먹었을 때 데이비드와 내가 간단히 말하고 지나간 그 이야기를 더 자세히 해 달라고 요청했다. 그녀는 정말 관심이 있는 것 같았다. 또한 들어줄 자세가 된 것 같았다. 그 이야기가 주체할 수 없이 나왔을 때, 앤은 간단하지만 심오한 질문을 던졌다.

"조이스, 혹시 아빠한테 작별 인사를 했나요?"

그 질문에 나는 소스라치게 놀랐다. '작별 인사라고? 하지만 틀림없이 그것은 아빠의 죽음을 받아들였느냐는 의미겠지.' 나는 속으로 생각했다. "아뇨, 하지 않았는데요." 나는 인정했다.

그 다음 앤은 내가 아직 아빠로 인한 슬픔을 치유하는 일을 시작하지 않은 것 같다고 했다. 아빠가 돌아가셨다는 사실을 부인하는 생각의 틈 속에 내 인생의 바늘이 꽂혀 있다는 것이었다. 물론 이것은 정죄가 아니라 단지 사실 확인이었다. 그와 같은 상황에서는 다시 슬퍼하는 과정을 거치는 것이 중요하다고 했다. 이별을 인정하고, 현실의 의미를 과감히 받아들이고, 떠나보낼 수밖에 없었던 대상이나 사람에게 작별을 고하는 순간을 가져야만 한다는 것이다.

그리스도인들은 이 과정을 혼자서 감당할 필요가 없다. 사실 이 지점에서 내적 치유 사역이 필요하다. 지하실 문을 열고, 예수님과 함께 계단을 내려가서 그분께 슬픔에 찌든 사람들을 한 사람씩 어루만지고 함께 이야기를 나누어 달라고 부탁하는 것이다. 그녀한테 이 일이 일어난 순간으로 함께 되돌아가자고 부탁을 할 것인가? 나는 이러한 치유에 대해 신중히 생각하고 싶었기 때문에 우리는 내가 열어젖힌 상처에 기도의 붕대를 살짝 얹어 놓고, 내가 준비가 되면 다시 만나자는 데 동의했다.

그날 점심 때, 집으로 가면서 무겁고 거대한 짐을 벗어던진 것 같았다. 어떤 의미에서 아무것도 변한 게 없었다. 하지만 또 다른 의미에서는 모든 것이 변했다. 앤은 나의 고뇌를 들어주었고, 그것을 나의 일부라고 인정해 주었다. 내 가면 뒤에 효과적으로 감춘 해결되지 않는 무시무시한 고통이 도사리고 있음을 그녀는 보았다. 그렇다고 그녀는 나를 거부하지 않았다. 오히려 나와 내 이야기를 진지하게 받아 주었기 때문에 내 인생의 지하실은 이미 그다지 심각한 상태는 아닌 것처럼 보였다.

성 령 님

Listening to God (하나님의 음성을 듣는 법)에서, 나는 우리가 노팅엄에 도착한 직후 놀라우신 하나님이 갑자기 나타나셔서

나와 만나 주시고 내 기도생활을 어떻게 변화시켰는지를 설명했다. 이 만남은 나로 하여금 성령의 인격과 사역에 대해 연구하도록 만들었다. 그것을 통해 나는 그분이 하신 일을 상상해 보았다. 창세전에 하나님의 영인 그분은 혼돈에 대해 묵상하다가 거기서 미를 창조하신다. 즉 공허와 흑암 위를 운행하다가 우리가 빛이라고 부르는 많은 광채가 나는 것을 창조하신 것이다. 그의 사역은 부조화를 조화로 바꾸고, 분열이 있는 곳에 통합을 이루며, 이사야의 말처럼 슬픔을 기쁨으로 변화시키는 것이다.

어쨌든 그가 나를 위해서도 그렇게 할 수 있다는 것을 알았다. 나도 그것을 원했다. 그래서 앤에게 다시 이야기할 준비가 되었다고 말했다.

앤은 다음 번 만날 때 다른 사람도 같이 오면 어떻겠냐고 제안했다. 내 인생의 지하실에서 어떤 일이 벌어지는지를 분명히 알기 위해서 하나보다 둘이 낫지 않겠느냐는 것이었다. 하나님께서 나를 치유하신 데 있어서 둘이 분명 하나보다 더 효과적일 것 같았다.

그 당시 나는 이 제안의 가치를 깨달았고, 지금도 마찬가지다. 앤이 나를 도와주는 방식으로 누군가가 도움을 받으면, 그 사람에게 지나치게 의존하기가 쉽다. 앤의 경우처럼, 그 사람이 친구라면 관계가 격해질 위험은 두 배나 높다. 그러나 두 사람이 치유 과정에 관여하면, 무분별한 의존이나 격렬함이 문제가 될 가능성이 줄어든다.

두세 사람의 팀이 고통 중에 있는 사람의 말을 듣는 것이 효과적인 또 다른 이유는, 고통을 겪고 있는 사람과 혼연일체가 되는 과정이 굉장히 힘들기 때문이다. 도와주는 사람이 한 사람 이상이면, 한 사람이 주도적으로 들어주고, 반응하고, 기도하는 일에 매달리는 동안, 다른 사람들은 그 사람의 필요와 하나님의 미세하고 고요한 음성에 귀를 기울일 수 있다. 그런 상황에서는 하나님의 지혜와 지식과 분별력이 필요하기 때문이다.

그래서 우리 셋이 만났다. 내 이야기를 또다시 반복할 필요는 없었다. 이미 했기 때문이다. 이번에 우리가 할 일은 예수님과 함께 지하실 문을 열고 들어가 지하 감옥에 살고 있는 그 작고 외로운 사람을 만나는 것이었다.

앤은 이와 같은 일이 일어나도록 기도했고, 성령이 나의 상상력에 세례를 베풀고 내 안의 진실된 감정을 어루만지도록 구했다. 내가 그 지하실 문을 열고 예수님과 함께 계단을 걸어 내려간다고 상상했을 때, 나의 기대감은 한층 부풀어 올랐다. 하지만 우리가 지하실에서 그 사별한 사람과 부딪혔을 때, 예수님이 그 자리에 계셨음에도 불구하고 나는 고통으로 온몸이 마비되는 것 같았다.

아빠가 돌아가셨다는 소식을 처음 들은 그 악몽 같은 저녁 시간이 되살아났다. 손가락이 까지는 듯한 상처를 입은 것처럼 온몸이 비틀거리고, 콕콕 쑤시는 듯한 고통을 다시 맛보았다. 다시 도망치고 싶었다. 그러나 앤은 내가 이것을 직면하도록 부드럽고 섬세하게 격려했다.

나는 해냈다. 내가 그리스로 떠나기 전날 밤 내게 전화를 했던 아빠, 나하고 더 쉽게 연락하기 위해 처음이자 마지막으로 전화기를 설치했던 그 아빠가 엄청난 심장마비로 고생하다가, 작별 인사도 없이 떠나버린 그 사실을 인정하고 받아들였다. 그는 돌아가셨다.

'돌아가셨다.' 그 말은 납덩이처럼 내 마음을 짓눌렀다. 나는 무너졌고, 꼼짝할 수가 없었다.

"조이스, 아빠나 하나님께 하고 싶은 말이 있어요?" 잠시 침묵이 흐른 뒤에 앤이 물었다. 갑자기 내 몸에 힘이 솟아나는 것을 느꼈다. 아빠한테 하고 싶은 말은 없었다. 그런데 하나님께 외치고 싶은 말은 있었다. 나는 그분께 화가 났다. "왜 내가 집을 떠난 동안 아빠가 돌아가시게 하셨나요? 왜 한 번이라도 더 아빠를 볼 수 없었나요? 왜 작별 인사도 못하게 하셨나요?"

그 분노의 힘은 무거운 돌이라도 움직일 것 같았다. 그 분노는 곧 고통으로 바뀌었다. 지난 4년간 나는 아빠에 대한 생각을 하지 않았지만, 그를 사랑했다. 그 사랑이 다시 밀려왔다.

"지금 아빠한테 하고 싶은 말이 있나요?" 앤이 조용히 물었다. 마침내 몇 년간 참았던 눈물이 나왔다. 얼마나 오랫동안 울었는지 모르겠다. 얼굴을 파묻고 흐느꼈는데, 그렇게 울고 나니 마음이 완전히 풀어졌다.

마침내 내가 고개를 들었을 때 앤이 아직도 내 옆에서 무릎을 꿇고, 나를 지켜보고 돌봐 주면서 거기 있었다. 그녀와 같이 온 사람은 기도를 하고 있었다.

앤은 세심하고 사랑스러운 미소를 지었다. "이 눈물은 오래 전에 흘렸어야 한 것이었어요." 그녀가 말했다.

나는 눈을 감고 기쁜 마음으로 안식을 누렸다. 몇 분 후, 앤의 목소리가 정적을 깨고 흘렀다. "조이스, 이제 아빠한테 작별 인사를 할 준비가 되었는지 모르겠네요."

"작별이라고요?" 이제 마지막이 온 것 같았다. 하지만 그 질문에 부딪혔을 때 나는 준비가 된 것을 알았다. "어떻게 하면 되죠?" 나는 되물었다.

"어떤 식으로든 옳다고 생각하는 대로 하세요." 앤이 속삭였다.

다시 눈을 감았다. 이번에는 존의 장례식 때 마지막으로 본 아빠의 모습을 그려보았다. 혈색이 도는 건강한 모습, 이해해 주고, 도와주고, 보호해 주는 사랑으로 가득한 마음, 좋아하는 침례교회의 사찰 집사 역할을 충실히 하는 모습, 하나님께 중심을 두고, 그 어느 때보다 더 내 가까이에 있으면서 우리는 함께 이 두 번째 이별의 고통을 헤쳐 나가고 있었다. 또한 아빠를 떠나올 때 창문 밖을 내다보며 작별 인사를 하는 그의 모습을 그려 보았다. 그것은 나에게 기도하는 법을 가르쳐 준 아빠, 내가 대학교에 갈 수 있도록 끝없는 희생을 했던 아빠, 엄마의 고통스런 마지막 순간까지 엄마를 사랑했던 아빠, 지금은 하늘에서 엄마와 다시 연합한 아빠에 대한 작별이었다.

이제 무거운 짐은 벗어 버렸다. 평강이 내 마음속에 흘러들어 왔다. 그리고 온전함을 느꼈다.

그 일이 있은 주말, 나는 더비셔의 언덕을 혼자 걸었다. 봄이었다. 내가 즐겨 거니는 들판의 나뭇가지 위에 개똥지빠귀가 앉아 있었다. 그 새는 혼신을 다해 노래하며, 나만큼이나 햇볕을 즐기고 있었다. 이 노랫소리는 내 발걸음을 붙잡았다. 아빠가 돌아가신 이후로 새가 그렇게 노래하는 것을 듣고 있었다는 것을 인식한 적이 없었다. "아빠가 네 노랫소리를 듣고 싶어 하겠구나." 나는 얼룩무늬 가슴의 그 친구한테 외쳤다. "아빠도 너의 노래를 좋아했단다."

그 새 때문에 아빠를 생각하니, 기쁨과 힘과 평강과 아빠에 대한 새로운 사랑이 내 안에 밀려들어 오는 것 같았다. 갑자기 세상이 다시 아름다워 보이고, 껴안고 싶어졌다. 들판과 우리 집까지 뻗어 있는 울타리를 뛰어다니자 마음이 가벼워졌다. 갑자기 행복해졌다.

며칠 후 노팅엄에 있는 생선 시장에서 장을 보고 있었다. 새우 가격을 지불하려고 하다가 고개를 들어보았는데, 순간적으로 거기 직원이 아빠 같다는 생각이 들었다. 계산대 뒤에 있는 남자의 건강한 얼굴, 밝은 갈색 눈, 적

갈색 웨이브 머리는 아빠하고 많이 닮은 것이었다.

　새우값을 내고는 미소를 지었다. 그것은 완전한 치유가 실제로 일어났다는 신호였다. 비정상적인 슬픔의 중압감은 사라지고, 대신 슬픔을 치유하는 정상적인 과정인 탐색 단계에 접어들었다. 아빠가 돌아가셨다는 사실을 받아들였을 때, 그에 대한 사랑을 다시 발견했다. 이것은 현재의 우리를 다시 하나로 묶어 주고, 새로운 상황에 처해 있는 내 인생에 다시 적응할 수 있는 용기를 주었다. 그것은 바로 아빠는 이 땅에 안 계시지만, 우리가 함께 보낸 행복한 시간만은 영원하다는 것이었다. 저 세상에 간 사랑하는 사람과 작별을 고하는 것은 곧 그를 잊어버리거나 생각조차 하지 않는다는 의미가 아니다. 그것은 단지 이별을 영원히 간직하고, 우리의 일부로 받아들이며, 그 한계조차도 인정하고, 죽은 사람이 없는 인생을 그대로 직면하는 방법에 불과하다. 이 과정은 고통스럽지만, 가능하다.

다 른 사 람 돕 기

　왜　하 나 님 은　나에게 이별을 연속적으로 당하게 하셨는지 모르겠다. 다만 아는 것은 하나님과 사람들로부터 받은 도움을 통해 나는 하나님의 상처받은 치유자가 되었다는 사실이다.

　아빠한테 작별을 고한 직후, 우리 교회 성도 중 한 사람이 사별을 당했다. 슬픔을 극복하는 과정을 체험한 나는 그녀 곁에 머물면서 고통을 들어 주고, 분노를 받아 주고, 그녀를 압박하는 감정의 소용돌이는 지극히 정상적임을 납득시켜 주는 것은 나의 특권이었다.

그 일이 있을 때 내 친구의 남편이 침대에 누워 암으로 죽어 가고 있었다. 그녀를 방문하러 갔을 때 그녀는 빨래를 널고 있었다. 우리는 몇 년 동안 만난 적이 없었지만 그녀는 내 품에 달려들어 얼굴을 파묻고 흐느꼈다. 나는 그 심정을 이해했다. 우리 둘은 말이 없었지만, 그저 그녀가 울도록 내버려두며 같이 우는 것만으로도 충분했다.

'그녀와 같이 울다.' 아빠의 죽음이란 현실을 부인했던 몇 주 전만 하더라도 나는 그렇게 할 수 없었다. 나의 숨겨진 슬픔은 나를 완전히 빨아들였고 '시간 없음'이란 네온 불빛이 내 이마에서 반짝였을 것이다. 그러나 지금은 그녀 곁에서 내가 직접 받았던 똑같은 방식으로 그녀를 위로하는 것이 특권이란 생각이 들었다.

이런 식으로 사별한 사람 곁에 있어 주는 법을 배우면서 항상 도움이 되는 방법도 있고, 항상 상처만 주는 방법도 있다는 것을 깨달았다.

경청은 항상 도움을 준다. 한 친구가 그것을 이렇게 표현했다. "듣기는 하되, 판단하거나 기도해 주려고 하지 말라." 혹은 방문할 만큼 가까운 거리에 살지 않는다면, 편지로 위로해 줄 수 있다. 생일, 크리스마스, 기일, 결혼기념일 같은 기념일은 사별의 고통을 되살아나게 할 수 있기 때문에, 그런 때 더 많이 도와주는 것도 유익한 방법이다. 사별은 몇 달, 심지어 몇 년간 지속되기도 하므로, 당사자는 마지막 작별 인사를 고할 준비가 될 때까지 지속적으로 도움을 받을 필요가 있다.

"힘을 내!"라는 말이나 "모든 일이 잘 될 거야." 혹은 "시간이 약이다." 같은 상투적인 말은 도움이 안 된다. 또한 눈물이나 고통에 귀를 기울이지 않는 것은 찢어진 상처에 칼을 갖다 대는 것만큼 잔인한 일이다.

사별한 사람은 소중히 대할 필요가 있으며, 그들은 밤 시간이라도 친구가 필요할지도 모른다. 또한 마지막 순간에 그들이 위기를 극복하지 못할 수도 있다는 생각을 한다면, 여러 교제 모임에 초대하라. 그러면 그들은 매우 고마워할 것이다.

이렇게 배운 돌봄은 희생을 치르는 것이지만, 나름대로의 보람이 있었다. 사별한 사람이 마침내 새로운 환경의 삶에 적응하기 시작할 때, 그들과 보낸 시간이 헛된 것이 아니었음을 확신하게 될 것이다. 나 자신을 위해 받은 것을 남에게 나누어 줄 기회를 얻은 것이 기뻤다. 그러나 당시에 깨닫지 못했던 것은 나도 온전한 상태가 아니라 여전히 상처투성이였다는 사실이다. 내 마음이 진실로 고통 중에 있는 사람들에게 이끌린다면, 나 역시 그리스도의 치유의 손길에 자신을 더 많이 내어 드려야만 한다는 것이었다. 왜냐하면 어떤 감정적 상처들이 반항기 있는 아이들처럼 여전히 내 인생의 지하실 깊은 곳에서 문제를 일으키고 있었기 때문이었다.

9
과거와 화해하기

내 인생의 지하실에 있는 작은 사람들에게 좀 더 관심을 가져야 할 절박한 필요가 있다는 사실을 정확히 보여 주는 몇 가지 상황들이 있었다. 첫 번째는 나와 데이비드의 비서와의 관계였다. 어떻게 그녀가 우리와 함께 일하게 됐는지를 생각해 보았을 때, 이상하리만치 틀어진 우리 관계 때문에 적잖이 당황했다.

교회 사역이 점점 많아졌기 때문에, 나는 데이비드한테 비서가 절실히 필요하다는 데 공감했다. 그의 행정 부담을 덜어 줄 수 있는 유능한 비서를 만나게 해 달라고 하나님께 기도했다. 몇 주 후 젊고 생기발랄한 한 미국 여자가 우리 교회에 합류했다. 어느 월요일 저녁 친교 모임에서 그녀와 이야기를 하다가, 그녀가 비서로서 적격인데다가 일자리를 찾고 있다는 것을 알았다. 나는 그녀가 마음에 들었다. 그래서 집에 가서 데이비드에게 말했다. 그녀가 남편과 함께 저녁 식사를 하러 왔을 때, 우리 교구를 위해 데이비드 곁에서 일할 수 있는지 함께 논의했다. 몇 주 후 그녀는 교회 사무실을 만드는 별로 달갑지 않은 일을 시작했다.

교회 사무실이라고? 우리한테는 그런 사무실을 만들 공간이 없었기에, 우리 식당을 낮에는 비서가 사용하고, 저녁에는 우리 가족이 사용하면 어떻겠냐고 제안했다. 게다가 그 공간은 데이비드의 서재 가까이 있었기 때문에 이상적인 배치라고 생각했다. 적어도 그 비서가 일을 시작하기 전까지는 말이다.

그녀가 우리와 같이 일한 지 몇 주밖에 안 되었을 때부터 나는 불합리하고 비이성적으로 행동하기 시작했다. 기도 응답으로서 그녀를 바라보는 것이 아니라, 그녀에 대해 분개했다. 그녀가 전화를 받고 누가 왔을 때 나가보는 등의 도움에 대해 환영하기는커녕, 그녀가 있는 것이 짜증나고 도움이 되기보다는 더 방해만 되는 것 같았다. 설상가상으로 그녀가 데이비드와 함께 서재에서 근무할 때는 나는 가슴에 칼을 맞은 사람처럼 속이 아팠다.

처음에는 남편이 매력적이고 인상적인 젊은 여자 가까이서 일할 때 모든 부인이 느끼는 질투 정도로 생각했다. 그래서 나는 스스로를 따끔하게 혼내고, 하나님께 내 '죄'를 고백하고, 상황이 변하기를 기대했다. 역시 상황은 변했다. 더 악화되었다. 갈수록 악화되고 악화되었다.

그건 데이비드의 도덕적 정직성을 못 믿어서가 아니었다. 나는 그가 신뢰할 만한 사람이라는 것을 믿었다. 하지만 그 믿음도, 그와 비서가 단 둘만 있을 때마다 나에게 밀려온 비합리적인 두려움을 물리치기에는 역부족이었다.

나는 자신을 이해할 수 없었다. 전에는 이런 느낌을 가진 적이 결코 없었다. 내 힘으로는 도저히 통제할 수 없는 강력한 감정에 휩쓸리는 것 같았다. 그래서 하나님께 자백하고, 회개하려고 노력하고, 깨끗이 없애 달라고 간구했지만, 꿈쩍도 하지 않았다. 대부분의 목사 아내들이 항상 그렇듯이 나도 겉으로는 유능하고 잘 대처하는 듯한 몸가짐을 꾸며냈다. 하지만 너무나 위선적이었고, 이 갈등으로 인해 우리 가정의 행복과 안녕이 위협받는 것처럼 보였기 때문에 속으로는 나를 경멸했다.

내적 치유 또는 과거 기억에 대한 치유라고 부르는 이 사역에 대해 공부를 함으로써 소망을 얻게 되고, 다시 어떤 조치를 취해야겠다고 마음먹기 전까지 몇 달 동안 이런 상황이 지속되었다.

이 당시에 과거 상처의 치유라는 주제를 다룬 여러 권의 책들이 미국으로부터 영국의 기독교 서점으로 들어왔다. 나는 그것을 전부 다 읽었다.

이 책들은 네 가지 사실을 상기시켜 주었다. 첫째, 너무 고통스러워서 참지 못하고 억누를 수밖에 없었던 과거의 사건에 대한 기억은 시간이 지난다고 반드시 치유되지는 않는다는 사실이다. 둘째, 이런 기억들은 마음속에 깊이 묻어두더라도 첫 사건 후 20년 혹은 그 이상의 세월이 지나도 처음 잠재의식 속에 밀어 넣었을 때 겪은 고통과 똑같은 정도의 고통스런 효력을 나타낸다는 사실이다.

셋째, 이런 기억들은 겉으로는 잠잠한 것 같아도 생각, 감정, 행동, 하나님에 대한 생각, 우리 자신과 관계에 대한 생각, 이 모든 것에 영향을 미칠 힘을 지니고 있다는 점이다. 넷째, 내적 치유 사역은, 자백하고 회개를 했음에도 여전히 자신의 행동을 고칠 수 없다고 생각하는 사람들에게 도움이 된다는 점이다. 또한 이와 같은 기도 사역을 통해 도움을 받는 사람들, 즉 과거의 상처나 그 상처에 대한 기억 때문에 자신들이 억눌려 있다는 사실을 깨달은 사람들이 도움을 받을 수 있다. 또한 비이성적이거나 불합리한 공포, 근심, 또는 믿음에 사로잡혀 정신적으로 문제가 있는 것처럼 보이는 사람들, 즉 사랑을 베푸는 정상적인 그리스도인다운 행동을 할 수 없는 사람들도 도움을 받을 수 있다. 또한 그리스도 안에서 자유를 누릴 수 있다는 생각에 한때 흥분했지만, 이제는 그 약속이 한낱 신기루에 지나지 않는다고 생각하는 사람들도 도움을 받을 수 있다.

나에게 가장 큰 영향을 미친 책은 예수회 수사인 프랜시스 맥넛이 쓴 책이었다. 그의 주장은 나에게 깊은 인상을 남겼다. 나에게 나타난 것과 같은 불합리한 행동은 주로 타고난 원죄 때문이 아니라, 희미하고도 머나먼 과거의 상처 때문에 생긴 연약함에서 나온다는 주장에 특히 공감이 갔다.

> 우리의 죄와 육체적 질병 사이에는 인간으로서 실제적 실패, 예를 들어 감정적 연약함이나 문제에 대한 경험 같은 인생의 일부가 가로놓여 있다.[1]

어떤 상처는 과거까지 거슬러 올라가고, 어떤 상처는 꽤 최근의 것이다. 경험은 심리학자들의 발견과 대개 일치한다. 가장 깊은 상처는 가장 연약했을 때, 즉 자신을 방어할 능력이 전혀 없을 때 받은 것이다. 몇몇 상처는 심지어 아이가 어머니의 태속에 있는 동안 태어나기도 전에 받는다는 것을 보여 주는 많은 증거가 있다. 세례 요한이 마리아의 인사를 들었을 때 엘리사벳의 태에서 뛰어논 것처럼 모든 아이들은 엄마의 기분에 민감하다. 엄마가 정말 그 아이를 원하지 않거나 근심과 두려움에 매여 있다면, 아기도 엄마의 감정을 느끼고 거기에 반응하는 것처럼 보인다. … 두세 살 정도의 가장 초기의 기억들이 미래의 행동 양식을 결정하는 데 가장 중요하다. 즉 스스로 마음대로 결정을 내릴 수 있는 때가 오기 오래 전의 기억 말이다.

누군가가 항상 사랑받지 못했고 항상 불안하고 공포에 시달렸다면, 내적 치유에 대한 필요는 인생의 가장 초기까지 거슬러 올라간다.[2]

내 안에 소망이 싹트기 시작하자 나는 위대한 상담자인 예수님이 내 인생의 지하실에 치유의 광선을 발하셔서 나의 성장을 가로막은 모든 것을 밝히 드러내게 해 달라고 기도했다. "주님, 현재를 방해하고 당신과 동행하는 것과 데이비드와의 관계를 가로막는 모든 과거의 사건들을 보여 주시옵소서." 어느 날 밤, 잠자리에 들면서 이렇게 속삭였다. 마치 그 기도에 대한 응답인 것처럼 다음날 아침 일어나 보니, 세 가지 뚜렷한 어린 시절의 기억이 내 마음속의 비디오를 통해 보여지고 있었다.

어 린 시 절 의 상 처

어 린 시 절 의 세 가지 기억은 동일한 주제를 다룬 변이형 같았다. 그것은 거절감에 관한 것이었다. 더 정확하게 말하자면, '스킨십 거절감'이다. 가장 쓰라린 기억은 로버츠 거리에서 살 때, 부모님 침실 한쪽 구석에 있는 어린이 침대에 누워 있었을 때의 일이다. 부모님이 사랑을 나누는 동안, 나는 머리를 담요 아래에 묻고 눈이 아플 정도로 눈물을 흘리고 있었다. 소리 지르고 싶었던 외로움의 흐느낌이 밖으로 새나가지 않도록 하기 위해 애써 참고 있었다. 내가 그 자리에 있어서는 안 된다고 생각했기 때문에 감히 숨소리도 낼 수 없었다. 나는 그들의 영역을 침범하고 있었다. 그래서 너무 무서워서 깽깽거리는 소리조차도 밖으로 낼 수 없었다. 그때는 쓸쓸했다.

이 장면을 생각하니 덩달아 떠오른 생각이 있었다. 어렸을 때, 아빠는 밤에 빵집에서 일을 했고, 낮에는 잠을 잤다. 그래서 밤 시간에는 엄마 옆에서 잘 수 있었다. 그러나 아빠가 건강상의 이유로 수석 제빵사 자리를 포기해야 했던 그 순간부터 밤 시간의 침대를 뺏기는 위기가 찾아왔다. 나는 어디서 잔단 말인가? 어린이 침대는 나를 위한 것이었다. 처음에는 방의 한쪽 구석에 나만의 공간이 있는 것을 즐겼다. 그러나 차츰 큰 침대에서 엄마 옆에 있는 따뜻함과 평안이 그리워져서, 다시 옛날로 돌아가고 싶었다. 물론 이것은 가능하지도 않고, 바람직하지도 않은 일이었다. 그러나 나는 작고 어두운 임시로 마련된 구석에서 소외감을 느꼈다.

부모님이 같이 자고 나는 여전히 깨어 있을 때, 이런 소외감은 한층 깊어졌다. 그런 경우 엄마는 내가 졸려서 꿈나라로 갈 때까지 이야기를 들려주곤 했다. 엄마 아빠가 사랑을 나눌 마음을 갖고 있을 때는 빼고 말이다. 그런 때 엄마는 머리가 아픈 척하고는 오늘 밤은 이야기를 해 줄 수 없으니 혼자 뒹굴뒹굴하다가 자라고 말했다. 몇 분 후에 그들이 속삭이고, 키스하고, 애무하는 소리를 들으면, 나는 당황스럽고, 불쾌하고, 버려진 것 같고, 내가 불필요한 존재 같은 생각이 들었다. 완전히 한쪽으로 밀려난 기분이었다.

내가 읽은 모든 책에 보면, 이와 같은 쓰라린 기억이 의식의 수면으로 떠오르면, 가능한 한 그 사건을 생생하게 회상해서 상기시켜 보라고 제안했다. 그 다음에 그 고통의 순간과 다시 연결된 당사자는 원래 사건이 일어났을 당시에 예수님이 자기에게 어떻게 행동하고, 어떤 말을 하기 원하셨는지를 분별해야만 한다는 것이다. 예수님의 임재를 체험했기 때문에 상처에 대한 치유가 시작되고, 사랑이 없는 곳에 사랑이 부어지고, 아픈 과거의 효과는 결박을 당해서, 마침내 그 사슬은 끊어지고 고통은 사라진다는 것이었다. 그 결과 과거는 현재 성인의 행동에 부정적으로 영향을 미치는 힘을 잃어버린다는 것이다.

나는 이와 같은 자유를 얻고 싶었지만, 부모님을 배신하거나 비난하는 것처럼 보이고 싶지 않았다. 그래서 유능한 상담자의 도움을 받는 대신, 하나님께서 이 쓰라린 기억을 어루만지셔서 내 행동이 변화될 수 있도록 치유해 달라고 기도하는 시간을 가졌다.

상상 속에서 나는 로버츠 거리의 침실로 다시 돌아갔고, 구석에 있는 침대에 눕자 담요가 느껴졌고, 바스락거리는 소리가 부모님 침대에서 새어나오는 것을 들었다. 그러면서 그 방에 누워서 그런 소리를 듣던 그때 받은 것과 똑같은 상처를 지금도 그대로 느꼈다. 사실 그때 그 소리를 듣지 말았어야 했는데 말이다. 그래서 하나님께 나에게 다가와 구원해 달라고 부르짖었다. 이런 식으로 기도하면서, 용기를 내 담요 밖을 살짝 내다보았는데, 내 침대와 부모님 침대 사이에 가리개가 쳐져 있었다. 그 가리개에는 천사들이 날개를 거의 천장까지 닿을 정도로 뻗은 장식이 되어 있었는데, 나에게 필요한 은밀함을 보장해 주었다. 그 가리개를 찬찬히 훑어보니 천사들이 살아 있어서 내가 있는 구석과 나머지 방을 분리시켜 주는 칸막이 공간을 만들어 주는 것 같았다. 천사들의 임재와 더불어 나에게 안심을 주는 약속의 말씀이 떠올랐다. "그가 천사들을 보내어 너의 가는 모든 길을 보호해 주리라."

궁금해서 그 가리개를 뚫어지게 쳐다보았다. 그것은 너무나 매혹적이었다. 침실의 그 구석 쪽에 도사린 공포가 완전히 사라졌다. 마치 이 특별한 기억으로부터 고통이 정말 씻어진 것 같았다. 나는 평안해졌다.

어떤 의미에서 아무것도 변한 게 없었다. 부모님과 침실을 같이 써야만 했다는 사실만 남았다. 그들이 서로 사랑을 표현했을 때 그들 관계에 대해 느낀 이상한 감정을 당시에는 내가 극복할 수 없었다는 사실을 깨달은 것뿐이었다. 이것을 나에 대한 거절이라고 해석했다는 사실뿐이었다. 아무것도 그런 사실을 바꿀 수는 없다. 이미 일어난 사실이다. 그러나 또 다른 의미에서 보면, 그 기억을 둘러싼 느낌이 변했기 때문에 모든 것이 바뀐 셈이다. 너무 무서워서 속삭이지도 못할 정도의 소외감이 아니라 하나님이 사자, 즉 천사들을 보내어 내게 말씀하신 사랑의 따뜻함과 빛을 마음껏 느꼈다.

바로 이것이 그동안의 비합리적인 태도의 뿌리였다는 것을 너무나도 확신했기 때문에, 하나님이 이 기억만 만져주신다면 나는 하룻밤 사이에 변화되어 데이비드의 비서를 온화하고 솔직하고 사랑스럽게 대할 수 있을 거라고 생각했다. 그러나 아뿔싸! 기억에 대한 치유가 성숙함에 이르는 지름길이지만, 즉시 자유를 얻기 위한 공식은 아니었다. 그게 아니었다. 그것은 중요하고 의미심장한 출발은 될 수 있다. 하지만 몇 개월, 아니 몇 년이 걸려야지 완성되는 과정의 출발에 불과했다. 결국 하나님은 서두르지 않는다. 그분은 온전함을 원하는 것이지, 신속한 결과를 바라지 않으신다.

그 당시에는 이 점을 깨닫지 못했다. 그리고 나는 스스로 하나님의 치유의 손길을 구할 만큼 현명하지 못했기 때문에, 나한테 일어난 일은 그저 내 행동이 매우 유별난 이유를 그제야 알게 된 것뿐이라는 것을 설명해 준 사람은 아무도 없었다. 나는 시기심과 함께 엄청난 공포가 뒤따라온 이유도 깨달았고, 어린 시절을 생각하면 기분이 훨씬 좋아졌다. 그러나 내 행동이 바뀌려면, 아직도 해야 할 일이 더 많이 남아 있었다.

비탄에 빠진 나는 하나님께 되돌아가서 한 번 더 나를 치유하시고, 이 끔찍한 문제로부터 자유케 해 달라고 간구했다. 이 기도에 대한 응답인 것처럼 나는 세인트존대학의 상담 과정을 듣고 있는 다른 학생들과 함께 묵상에 돌입했다.

어느 오후 앤이 요청했다. "당신이 침대에 누워 있다고 상상해 보세요. 그리고 머리 위로 거울을 붙잡고 있다고 생각해 보세요. 그 거울 속을 들여다보면 무엇이 보이죠."

나는 목사관의 침대에 어른으로서 누워 있는 게 아니라, 로버츠 거리의 침대에 누워서 나의 천사들에게 둘러싸여 있는 어린 시절의 나를 보았다. 머리 위의 거울을 들여다보았더니 하나님의 얼굴이 있었고 그는 반복해서 "내가 너를 사랑한다."라고 말씀하셨다.

한때 공포로 가득 찼던 이곳은 이제 사랑이 나를 감싸고 있는 곳으로 바뀌었다. 하나님의 사랑으로 말이다. 십자가의 성 요한의 말을 빌리자면, 사랑이 메마른 곳에 하나님께서 사랑을 쏟아 부어 주고 있다는 의미에서 다시 치유가 일어나고 있음을 느꼈다.

내 마음이 감사로 넘치면서 하나님에 대한 나의 사랑은 점점 더 깊어갔다. 그러나 내 행동은 여전히 바뀌지 않았다. 쉽게 삐치고 상처를 잘 받는 아이처럼 목사관에서 일어난 상황에 반응하고 있었다. 마치 철부지 같은 행동이 완전히 몸에 밴 것 같았다. 또한 과거의 고통과 관련성을 깨닫고 그 속에서 하나님을 만났음에도 불구하고, 내적 치유의 첫 번째 단계를 불합리한 내 사고와 행동 방식과 연관 지을 수 없었다.

그러나 항상 그렇듯이 하나님은 놀라우리 만큼 인내심을 발휘하셨다. 다른 경우에서 그 상황에 대해 빛을 비추어 달라고 하나님께 구했을 때, 그분은 조각 그림 맞추기에서 또 다른 조각을 제자리에 끼워 맞추셨다. 친숙한 천사들에 둘러싸인 채 침대에 누워서 하나님의 사랑에 푹 잠겨 있었는데, 예수님이 직접 나에게 다가오셨다. 그는 내 침대 곁에서 무릎을 꿇고 내 손을 잡으시고, 방의 저쪽에서 일어난 부모님의 사랑 행위는 자연스럽고 건강한 것이라고 설명해 주셨다. 그들이 나를 거절한 것이 아니라 하나님이 정한 합당한 방법으로 서로 사랑을 표현하고 있었다는 것이다. 그가 이와 같은 진리를 매우 온화하고 섬세하게 설명해 주셨기 때문에 나는 그 말의 의미를 깨닫고 동시에 받아들였다. 그리고 내 마음은 새로워졌다.

행동은 정말 변했다. 그러나 내가 기대했던 방식은 아니었다.

그때까지만 해도, 나는 사랑하는 커플이 목사관 부엌 창문에서 내려다보이는 벤치에 앉아 애정 행위를 하고 있거나 내가 보는 영화나 연극에서 사랑의 행위를 시작하면 움츠러들곤 했다. 그런데 어느 맑은 여름 점심시간 쯤 설거지를 하면서 두 사람이 우리 집 밑에 있는 장미 숲 벤치에서 키스를 하고 서로 껴안고 있는 것을 보았는데도, 보통 때 같으면 느꼈을 고통이나 불안이 완전히 사라진 것을 발견했다. "하나님이 드디어 역사하셨구나." 나는 감탄했다. "이전에는 이렇지 않았는데."

그러나 나의 감사 이면에는 실망도 남아 있었다. 시기심의 문제가 계속 나를 괴롭혔던 것이다. 여전히 속은 것 같았다. 나는 책에서 설명한 모든 것을 다 해 보았다. 문제가 어디서 나왔는지 보여 달라고 성령께 부탁도 해 보았고, 과거의 상처를 치유해 주셔서 이 병적인 증상으로부터 자유케 해 달라고 예수님께 간구도 했었다. 또한 어린 시절의 고통이 발생했던 장소에서 예수님의 임재도 체험했지만, 여전히 성숙하지 못한 행동 방식에 사로잡혀 있었고, 그것은 여전히 데이비드와 그의 여비서, 그리고 하나님과의 관계에 걸림돌로 남아 있었다.

일 년이 지나고, 그 비서는 떠났다. 나는 그녀에게 상처를 줬음을 알았다. 내 감정도 혼란스러웠다. 마침내 가정은 제자리를 찾은 듯한 안도감이 들었다. 그러나 죄책감으로 시달렸다. 물론 그 문제는 사라지지 않았다. 다른 친구들이 데이비드의 사역을 도와주러 왔다. 하지만 버림받은 느낌과 거절감이 데이비드가 여자들과 같이 근무할 때 활활 타올랐을 뿐만 아니라, 남자들과 가까이서 근무할 때도 추한 얼굴을 내밀고 있었다는 것을 발견했다. 그것은 바로 문제의 본질이 내가 그의 인생과 사랑 밖으로 밀려 날지도 모른다는 두려움에 있었기 때문이었다.

원 인

온 전 함 에 이 르 는 여정을 시작한 나는 하나님이 조각 그림을 맞출 때 한번에 한 조각만 주신다는 것을 알지 못했다. 한 조각을 제자리에 끼워 맞추면, 그는 다음 조각을 내미신다. 아직 맞추지 못한 다른 한 조각은 내가 그때까지도 세인트존대학에서 배우고 있었던 상담 과정 강의에서 배우게 되었다.

둘째 학기의 목표는 인격이 발달하는 복잡하고도 흥미진진한 과정을 이해하는 데 맞춰졌다. 유아 발달에 관한 강의를 하는 데 앤 롱은 그리스도인 정신과 의사인 프랭크 레이크가 고안한 모델을 사용했다. 그 내용은 특히 인생의 첫 9개월 동안 아기가 엄마하고 맺는 관계의 중요성을 보여 주는 모델이었다.³

오른쪽의 그림에 의하면, 아기가 태속에서 신체적, 정서적 영양을 공급받기 위해 엄마에게 의존하는 것과 마찬가지로, 무조건적인 인정과 다양한 영양 공급을 통해 얻어지는 행복감을 맛보기 위해서 태어난 후에도 엄마한테 전적으로 의존한다. 인정은 '시각이라는 탯줄'을 통해서 가장 효과적으로 전달된다고 프랭크 레이크는 말한다. 즉 엄마를 쳐다봄으로써 인생을 알고, 자기가 누구인지를 알고, 소유됐다는 개념을 파악하게 된다고 주장한다. "아기의 존재는 엄마의 얼굴빛에 의해 유지된다. 엄마의 눈에서 벗어나면 서서히 죽음에 이른다. 엄마가 돌아오면, 그의 인생길은 다시 열린다. 엄마의 눈빛과 목소리에 의해서 말이다." 다른 정신과 의사들도 아이가 특히 스트레스를 받거나 혼란스러울 때 신체적 접촉을 통해 인정을 받아들인다고 주장한다. "안아 주는 것은 보호를 의미한다."

또 다른 한편으로, 아이가 젖을 먹을 때 모유를 통해서 신체적인 영양을 공급받지만, 동일하게 정서적인 영양분도 '모든 인성의 발달 단계에서' 엄마로부터 아기에게 전달된다. 아기의 공허함은 엄마의 충만함과 만족, 기쁨에 의해 충족된다. 엄마와의 관계를 통해 엄마의 풍성한 인생과 사랑, 은혜, 자비가 아기에게로 흘러들어 갈 때 아기는 자신의 가치와 의미와 행복감을 발견한다.

인정해 주고, 키워 주는 이런 종류의 사랑은 신뢰, 온정, 사랑으로 자신을 무장하는 능력을 길러 주는 동시에 사랑에 반응하는 능력 또한 키워 준다. 게다가 반드시 밖으로 표현은 하지 않더라도 기분 좋은 자신감을 느끼

엄마가 아기에게 필요한 단계마다 신체적, 정서적 영양을 공급하면, 아기의 행복감은 증가한다.

아기는 이 단계에서 온정과 소속감을 맛본다. 엄마와 함께 있는 인생은 너무나 광대하고, 편안해서 아이는 자기가 사랑받은 그대로 다른 사람을 사랑하는 법을 배우고 싶어 한다.

엄마가 아기의 당연한 의존을 받아 주는 것은 필수적이다. 인정과 환영은 엄마의 눈을 통해 전달된다.

아이는 이 단계에서 학습에 대한 필요를 느낀다. 즉 상처받은 사람을 인식하고, 다른 아이들에 대해 관용하며, 친절하게 행동하는 것을 배운다.

눈을 마주침으로써 인정이 전달된다.

| 엄마와 아기의 관계의 중요성 |

게 만들어 주는 창조적 힘도 불어넣어 준다. "나는 나다. 그리고 현재의 내가 마음에 든다."

이러한 바람직한 자신감이 아이에게 생길 때, 인생 여정의 일부인 삶의 기술 배우기에서도 주도권을 잡고, 아버지, 조부모, 숙모, 삼촌, 놀이 친구 등 다른 사람들에게 마음을 여는 데 강한 동기의식을 가지게 된다. 그것은 마치 사랑의 터널을 뚫고 여행을 마친 아이의 태도와 같은 것이다. 엄마의 인정과 보호해 주는 사랑을 받아먹고 힘을 얻은 아이는 한 인격체가 되는 기쁨을 혼자 힘으로 터득한 것이다. 그래서 그 아이는 생명력과 자발성으로 꽉 차 있는 터널을 뚫고 나와서 개인적인 행복감과 주도적인 인생을 살 수 있는 자신감으로 충만하게 된다.

그러나 어떤 이유로 인해 이와 같은 무조건적인 사랑을 받지 못하면 태속에서 형성된 신뢰 관계가 깨지고, 희망은 사라지며 낙오자라는 감정이 아기에게 밀려와서 그 아이는 다른 행복한 친구들이 누리는 삶의 기쁨을 맛보지 못한다. 그렇다고 이런 아기들이 반드시 창의성이 부족한 사람으로 자라는 것은 아닐 것이다. 그들이 어른이 되면 아마도 잘못된 방향으로 가는 악순환을 겪을지 모른다. 즉 자신의 인격에 의해서가 아니라 성취를 통해 인정과 지위를 얻으려고 추구하는 것이다.

이 특별한 모델이 시사하는 바를 깨달았을 때, 나는 속으로 쓰라린 고통을 맛보았다. 그것은 마치 누군가가 내 살에서 피부 가죽을 벗겨내 몸의 일부를 드러내게 만들고 찌르는 듯한 고통을 안겨 주는 것 같았다. 이 고통은 다시 수면 아래로 숨으려 하지 않았다. 하지만 혼자 힘으로 과거의 고통에 대해 기도한다고 해서 저절로 초기 사건에서 원하는 결과를 얻을 수 없다는 것을 깨달았기 때문에, 이번에는 용기를 내어 앤에게 이 찢어지는 듯한 고통을 위해 같이 기도해 달라고 부탁했다.

경청에 기도 더하기

차를 타고 다시 앤의 아파트에 가면서 어떻게 이야기를 시작할지 곰곰이 생각했다. 그러나 걱정할 필요가 없었다. 앤은 경험 많고 유능한 경청자였고, 하나님의 음성을 듣는 법과 사람의 말에 귀를 기울이는 법에 능통한 사람이었다. 그녀의 아파트에 가득 찬 기도의 기운을 느낄 수 있었다. 그녀가 이미 나와의 만남을 하나님께 맡겼다는 것을 알았다. 또한 앤이 나에게 완전히 집중하고, 내 쓰라린 감정의 원인을 이해하려고 노력하고, 힘닿는 대로 나와 하나님 사이를 연결하는 다리가 되어 줄 것임을 충분히 짐작했다. 또한 나에게 상처를 주지 않을 것도 알았다. 그녀는 이미 나를 위한 사역을 하기 위해 아침 시간을 따로 떼어 놓았다.

나를 괴롭히고 있는 내적 혼란을 설명하려고 최선을 다했다. 부모님이 나를 사랑한 것이 나의 있는 모습 그대로가 아니라, 내가 성취할 수 있는 것 때문일지도 모른다는 두려움으로 인한 혼란이었다. 또한 아기가 애타게 찾는 엄마의 사랑을 빼앗길 때 일어나는 상황을 설명하기 위해 '무너진 신뢰 관계'라는 표현을 사용하자 그것은 마치 누군가가 칼로 내 가슴을 찌른 것과 같을 것이라고 그녀에게 말했다. 내가 그 고통을 말로 표현할 때, 참 가소롭고 유치한 것 같았지만, 앤이 나를 바보 같다거나 너무 감상적이라고 정죄하지 않고 내 심정을 이해했다. 그래서 그녀가 사용한 그림에 대해 내가 왜 이런 식으로 반응했는지를 계속 설명했다.

"이렇게 말하는 게 별로 기분이 좋지는 않은데요."라고 인정했다. "내가 마치 부모님을 비난하는 것처럼 보이는데, 사실은 그분들이 나를 사랑했다는 것을 알기 때문에 그러고 싶지는 않거든요. 그냥 가끔 내가 사랑받지 못했다고 느낄 뿐이에요."

앤은 내가 부모님을 비난하는 이야기가 아닌 줄 안다고 나를 안심시켰다. 또한 아이들이 메시지는 매우 빨리 파악하지만, 그것을 정확히 해석하지 못한다는 점도 지적했다. 그렇기 때문에 때때로 자기들을 돌보는 사람들이 그들에게 등을 돌릴 의도가 전혀 없었음에도 불구하고, 거절 같은 상처를 받는다는 것이다. 이 말에 안심을 하고 나의 괴로움에 대해 이야기했다.

우리는 만나 이야기를 시작하기 전에 함께하는 동안 치유의 역사가 일어나도록 지혜와 지식과 필요한 분별력을 달라고 하나님께 기도했다. 이야기를 나누는 도중, 엄마가 나의 출생에 관해 이야기하시면서 한 번 이상 언급했던 두 가지 점이 번뜩 떠올랐다. 별로 상관없는 이야기 같았지만 그럼에도 불구하고 나는 말로 표현했다. 첫째는 내가 예정보다 일찍 태어나서, 즉 조산을 했기 때문에 미처 유모차를 사지 못해 로버츠 거리 꼭대기에 사는 베네트 부인한테서 하나를 빌렸다는 것이었다. 근데 그 부인의 아들 로렌스는 나보다 몇 주 후에 태어났다. 두 번째 이야기는 엄마가 난산을 해서, 내가 태어난 후 5일 동안 엄마의 시력이 정상이 아니었다는 것이었다.

시력을 잃다니! 그 말은 나에게 상처가 되었다. 엄마와 아기가 서로 즐겁게 눈을 마주치는 그 그림이 다시 생각났다. 그 그림을 보자 자연스럽게 아픔이 내 가슴을 파고들었다. 생명을 주는 엄마의 눈길은 내 인생의 가장 초기에 가장 필요한 것이었는데, 나를 외면했던 것이다. 그 고통이 몇 년간 묻혀 있다가, 지금에서야 물속에 있는 부푼 공처럼 더 이상 밑에 머무는 것을 거부했던 것이다. 그 대신 내 인생의 수면 위로 계속 떠올라서 치료를 받아야만 했다.

앤이 나를 받아 주고 내가 경험한 슬픔에 귀를 기울여 주었기 때문에 편안한 마음으로 이야기를 나눌 수 있었다. 사실 이런 감정을 표출하는 것만으로도 큰 위안이 되었다. 하지만 앤과 나는 이런 상황에서 '그저 들어주는' 것만으로는 충분치 않다는 것을 알았다. 과거의 고통이 그저 의식의 표면 위에 드러나서 거기에 집중할 수 있을 뿐이지, 이 비정상적인 감정의 현실을 극복하는 데는 전혀 도움이 안 되었다. 이것은 듣기로 말미암아 하나님이 보다 직접적으로 역사할 수 있는 길을 터놓는 계기에 불과했다. 그래서 앤은 같이 기도하자고 제안했다.

내적 치유를 위한 기도

내 기억으로 앤은 현재와 과거의 주인이신 하나님이 단지 그 당시로 돌아가서 내가 당한 이 상처를 어루만져서 치유해 달라고 기도했던 것 같다. 그리고 우리는 하나님이 어떤 일을 하실지 보려고 기다렸다.

조용히 기다리는 동안 나는 마치 다시 '아기'가 된 기분이었다. 내가 숲 속 끝에 있는 들판에서 완전히 혼자 누워 있는 것 같았다. 몸부림치지도 않았고, 울지도 않았다. 그냥 어쩔 도리 없이 거기에 누워 있었다. 그러나 거기서 혼자 공허하게 기댈 곳도 없이 누워 있을 때 발자국 소리를 들었고 나중에 한 사람이 나타났다. 예수님이었다. 숲 속에서부터 나와서 내가 누워 있는 들판으로 오고 있었다. 내가 있는 데까지 와서는 나한테 사랑스럽게 몸을 구부리셨다. 강하지만 부드러운 손가락으로 부드러운 내 머리칼을 쓰다듬어 주는 것을 느꼈다. 그 손길에 위로를 받았다. 그의 손가락을 내 작은 주먹에 올려놓았고, 나는 아기처럼 기뻐하면서 그것을 꽉 잡았다. 나는 그렇게 하는 것이 좋았다. 그때 나의 눈은 그의 얼굴을 똑바로 쳐다보고 있었다. 나를 쳐다보는 환하게 빛나는 미소를 보았다. '나를 보았다!' 그렇다. 그분은 눈길을 통해 엄마가 본의 아니게 할 수 없었던 그 모습으로 나에게 사랑을 전하고 있었다. 그는 나에게 새로운 삶의 전기를 마련해 주었다.

예수님이 공허한 나에게 자신의 충만함을 부어 주고, 섬세한 능력으로 나의 무력함을 채워 주고, 그분의 임재를 통해 슬픔을 위로로 바꾸어 놓았을 때, 온화함과 능력과 소망과 기쁨이 나에게 흘러들어 왔다.

장면이 바뀌었다. 숲은 사라지고 환하게 빛나는 방만 있었다. 나는 여전히 무기력하고 연약한 아기로 누워 있었다. 그러나 이때 나는 시끄러운 소리와 활기와 공포에 둘러싸여 있었다. 나는 어떤 관심도 받지 못했다. 반대로 버림받은 것 같았다. 나 혼자만 있었다. 두려웠다. 그러나 수동적이었다. 혼자라고? 아니다. 여기서 다시 사랑이 충만하고 치유하시는 예수님의 임재를 느꼈다.

이 상태를 앤에게 어떻게 설명할 길이 없었다. 내가 설명할 수 있는 말은 오직 그녀의 아파트에 올 당시에는 마치 콕콕 찌르는 쐐기풀 더미에서 구른 것처럼 전신이 아팠지만, 지금은 평강을 느꼈다는 것뿐이었다. 앤은 나한테 일어난 일이 말로 표현할 수 없는 상태임을 민감하게 알아차렸다. 하나님이 우리 기도에 응답하셨고, 나를 치유했다는 것을 보고는 조용히 물러가 주었고, 내가 그분의 임재를 마음껏 누리도록 내버려 두었다.

하나님의 사랑을 마음껏 마시며 앤의 아파트에서 얼마나 오랫동안 있었는지 기억이 안 난다. 다만 기억하는 것은 며칠 후, 전에는 결코 의식적으로 읽은 적이 없지만 나에게 일어난 기적을 생생하게 설명해 주는 것 같은 성경 말씀을 우연히 보게 되었다는 것이다.

"네가 난 것을 말하건대 네가 날 때에 네 배꼽 줄을 자르지 아니하였고 너를 물로 씻어 정결하게 하지 아니하였고 네게 소금을 뿌리지 아니하였고 너를 강보로 싸지도 아니하였나니 아무도 너를 돌보아 이 중에 한 가지라도 네게 행하여 너를 불쌍히 여긴 자가 없었으므로 네가 나던 날에 네 몸이 천하게 여겨져 네가 들에 버려졌느니라 내가 네 곁으로 지나갈 때에 네가 피투성이가 되어 발짓하는 것을 보고 네게 이르기를 너는 피투성이라도 살아 있으라 다시 이르기를 너는 피투성이라도 살아 있으라 하고 내가 너를 들의 풀같이 많게 하였더니 네가 크게 자라고 심히 아름다우며 유방이 뚜렷하고 네 머리털이 자랐으나 네가 여전히 벌거벗은 알몸이더라 내가 네 곁으로 지나며 보니 네 때가 사랑을 할 만한 때라 내 옷으로 너를 덮어 벌거벗은 것을 가리고 네게 맹세하고 언약하여 너를 내게 속하게 하였느니라 나 주 여호와의 말이니라"(겔 16:4~8).

이 구절은 원래 이스라엘을 향한 하나님의 신실하심을 간략하게 묘사하기 위한 의도로 쓰인 것인데, 여러 가지 면에서 나를 위한 그분의 영원한 사랑을 묘사하는 것 같았다. 마치 엄마가 나를 낳고서 시력을 잃었기 때문에 내가 아니라 그녀한테 모든 관심이 쏠리게 되었다고 하나님이 말씀하시는 것 같았다. 그래서 신생아에게 필요한 안아 줌이나 돌봄을 받지 못했다는 것이었다. 그러나 하나님은 나를 버리지 않으셨다. 그 반대로 내가 십대에 인생을 그분께 바쳤을 때 나를 찾아오신 것처럼, 그때도 나를 찾아오셨다는 것이다.

이것은 나에게 깊은 감동을 주었다. 나에게 하나님의 사랑을 말해 주는 동시에 거절감의 고통 아래에 있는 뿌리를 건드린 것이었다.

다 음 단 계

앤은 나의 경험을 통해 교훈을 배우기 위해서 그 후 몇 번 더 나를 만났다. 부모님 침실에서 생생하게 체험한 고통을 그녀에게 말해 준 것도 바로 그때였다. 이 두 가지 경험으로부터 우리는 함께 유사점을 찾아냈다. 두 경우 모두, 나는 두려움과 버림받음과 내가 있어야 할 자리에서 밀려났음을 느꼈다. 사실 아무도 나를 밀쳐내지 않았지만, 마치 그렇게 당한 것같이 느꼈다. 두 경우 모두, 나는 아무런 항의도 하지 않았고, 오히려 묵묵히 있었다. 또한 사랑받지 못했다고 느꼈고, 무시당했다고 생각했다. 나는 "나는 방해꾼이야. 그들이 하는 일을 막아서는 안 돼. 매우 조용히 가만히 있어야만 해. 귀찮은 존재가 되어서는 안 돼."라는 메시지를 받았다.

정신과 의사들은 내가 생생하게 체험한 수동적인 반응을 가리켜 '방어적 이탈'이라고 한다. 보울비 박사는 어린이 발달에 관한 연구를 통해, 그런 상황에 나타나는 두드러진 행동 양식이 있다고 설명한다. 슬픔에 빠진 아기는 어떤 식으로든 불만을 제기하는데, 가령 미친 듯이 우는 것이다. 그때 엄마나 다른 소중한 사람이 나타나지 않으면 아이는 수동적이 되고 움츠러들면서 울음을 그쳐 버린다. 그를 돌보아 주는 사람들은 '이제 진정이 되었구나.' 라고 생각하고 더 이상 관심을 가져 주지 않는다. 그러나 사실은 정반대. 그 순간 아이는 고통을 참아내는 인내의 한계를 넘었기 때문에 생존하기 위해 주변 환경과 사람들로부터 스스로를 분리시킨다. 그의 침묵은 평화로운 것이 아니다. 오히려 스트레스가 쌓이고, 이별의 무거운 짐을 지는 것이다.

　내 생각에 이와 같은 스트레스 반응이 내 인생 초기에 형성한 비합리적이지만 겉으로 보기에는 실재 같은 논리를 형성하는 데 영향을 미쳤다고 본다. 그리고 그 논리를 믿었기 때문에 제한적인 틀 안에서 사고하는 법을 배웠다. 심지어 내가 어른다운 행동을 해야 하는 모임에서조차 새로운 교회 직원이 우리 모임에 합류할 때마다 '가장 우선순위'로 남편-아내 관계를 잘 극복할 수 있는지를 불안한 눈초리로 질문했다. 그들이 난처한 입장에 처했다는 것을 감지하면 나는 데이비드와 그의 사역에 내가 방해가 되는 위험을 무릅쓰기보다는 차라리 놀라서, 뒤로 물러나고, 피했을 것이다. 또한 내가 또다시 관심 밖으로 밀려나는 위험을 감수하고라도 말이다. 어린 시절 나는 늘 수동적이고 어떤 반응도 표현하지 않았던 반면, 성인이 된 지금은 이런 새로운 상황에 분노로써 대처하고 있었다. 데이비드가 근무할 때 내가 옆에 있는 걸 원하지 않는다고 그를 비난했고, 그는 이로 인해 당황스러워했기 때문에 데이비드를 혼란에 빠뜨린 것은 마음속에 쌓인 내 분노였다. 그는 나와 마찬가지로 우리가 함께 사역하도록 하나님이 부르셨다고 믿었다. 그는 내가 옆에서 같이 일하기를 원했다. 그가 가장 원하지 않은 상황은 나를 배제하는 것이었다. 그러나 하나님께서 내 기억을 어루만지시고 마음의 평화를 회복시켰음에도 불구하고, 그가 그 사실을 나에게 재차 확인시켜 주었을 때 그의 말을 감히 믿으려 하지 않았다.

나의 미성숙한 행동은 많은 동료들에게 상처를 주었다. 그리고 나도 괴로웠다. 하지만 그것을 통해서 깨닫게 된 것은 하나님께 감정을 치유해 달라고 구하더라도 우리가 그 이후 4단계를 밟을 준비가 되어 있지 않다면, 그저 유아독존으로 흐를 수 있다는 것이다. 이 4단계는 반드시 정해진 순서대로 따라야 하는 것은 아니지만, 모두 중요하다.

첫 번째는 용서하는 것이다. 누군가가 자기 인생의 경주는 겉으로 보기에 불완전한 카드만 쥐어졌기 때문에 매우 불공정한 게임을 할 수밖에 없었다고 생각한다면, 그는 비통과 분노로 불타 버릴 것이다.

부모님 침실에서 있었던 장면을 그려 보면서, 그들에 대한 분노가 잠재되어 있었음을 알게 되었을 때, 깜짝 놀랐다. "왜 그들은 이사를 하지 않았단 말인가?" 나는 하나님께 불평했다. "맞아. 그분들은 가난했어. 집을 살 만한 여력이 없었어. 하지만 로버츠 거리 24번지에 집이 있는 나의 대부가 그들에게 두 채의 더 큰 부동산을 주겠다고 제안했는데. 그 집을 보러 가기까지 했잖아. 그래서 내 방도 가질 수 있다는 생각에 기분이 날아갈 듯했는데." 이런 불평을 늘어놓는 순간, 대부가 우리에게 개인적으로 그 두 집을 다 구경시켜 준 일과 "조이스와 같이 방을 쓰는 것은 그다지 좋은 것 같지 않은데요."라고 말하며 부모님에게 이사하라고 설득한 일이 떠올랐다. 당연히 나는 그때 자신이 귀찮은 존재이고 방해자라는 생각이 들었다. "주님, 그 자리에 있어야만 한다는 것은 참으로 창피했습니다." 나는 자기 연민의 말을 내뱉었다.

그러나 그들은 이사를 가지 않기로 선택했다. 그리고 이제 나의 분노와 고통과 원한을 풀어 줄 때가 왔다. 즉 용서하는 것이었다. 정말 용서를 했을 때 그분들이 나의 입장에서 상황을 바라볼 수 없었다는 서글픈 심정이 밀려왔지만, 동시에 그들이 내가 생각하듯이 그렇게 나에게 상처를 줄 의도가 전혀 없었다는 것도 깨달았다. 그분들은 나를 사랑했다. "아버지, 그들을 용서합니다. 그들은 자신들이 하고 있는 일을 알지 못했습니다." 나는 이렇게 기도했다.

몇 가지 힘든 작업

그러나 이것만으로 충분하지 않았다. 나는 어린아이 같은 행동으로 사람들에게 상처를 주었다. 이제 회개할 때가 온 것이다. 회개한다는 것은 그저 후회하고 슬퍼하는 것만이 아니다. 또한 과거의 잘못을 바로 잡는다는 것도 아니다. 사실 어떤 잘못도 결코 돌이킬 수 없다. 회개는 행동이 변할 때까지 벌거벗은 상태로 자신을 돌아보는 것이다. 하나님께서는 내가 아무런 고통 없이 과거의 상처를 돌아볼 수 있도록 하기 위해 내 감정을 이미 치유하셨다. 또한 내게 고통을 안겨 준 사건들로부터 어디서 잘못된 결론을 이끌어냈는지 분명히 깨닫도록 나의 분별력도 어루만져 주셨다. 이제 남은 일은 내 생각과 행동을 바꾸는 것만 남았다. 그것은 사람들과 관계를 맺는 법을 다시 배우는 것을 뜻했다. 그렇게 하려면 위험을 감수해야만 했다. 나 자신과 상황에 대해 완전히 새로운 방식으로 생각하는 것을 의미했다. 사도 바울의 말처럼 어린아이 같은 일을 버리고, 어른답게 살아가는 법을 배워야만 했다.

이것은 역시 행동으로 옮기기가 어려웠다. 이 목표를 달성하는 것은 내 생각과 믿음에 정면으로 부딪히는 것이었다. 다시 집 그림으로 돌아가 보자. 이번에는 반항적인 감정들이 매우 오랫동안 감추어져 있었던 지하실이 아니라 불합리한 생각과 잘못된 신념들이 지배하는 위층으로 찾아갔다. 예를 들어, 그곳은 내가 결코 바꿀 수 없었던 신념과 상황이 절망적이라는 생각 등이 자리 잡고 있는 곳이었다.

나는 삶의 공간을 조절해 주는 지하실로 내려가는 계단이 있는 것과 마찬가지로, 하나님의 은혜로 말미암아 위층으로 올라가는 사다리가 있다는 것을 깨달아야만 했다. 일정 기간 동안 나는 위층으로 올라가서 거기 사는 작은 사람들에게 다음과 같은 몇 가지 적절한 질문을 던지는 법을 배웠다.

당신은 변화되길 원합니까?

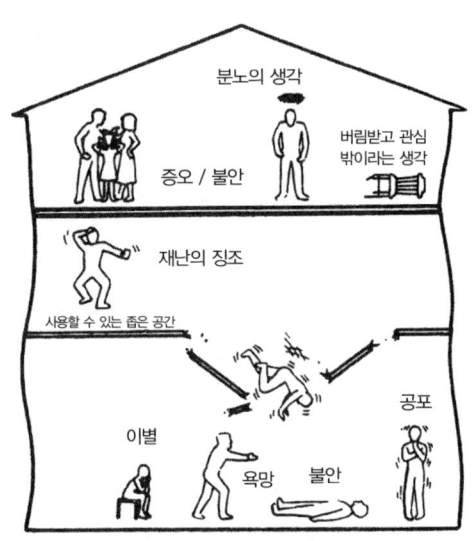

| 내적 치유의 두 번째 단계에 대한 필요 |

지금 당신의 행동 방식이 어떻다고 생각합니까?

당신에게 공포를 안겨다 준 상황에서 적절히 행동하는 법에 대해 누군가가 조언을 해 주기 원합니까?

당신에게 필요한 변화를 가져오는 일에 완전한 책임을 지기 위해 하나님과 협력할 준비가 되어 있습니까?

나는 첫 번째 질문에는 "예"라고 우렁차게 대답할 수 있었다. 나는 변화되길 원했다. 두 번째 질문에 대한 대답 역시 단호하고 정직했다. 너무나도 오랫동안 나를 괴롭혀 온 유치한 행동에 대해 부끄럽다고 인정했다.

세 번째 질문에 대해서는 좀 더 객관적인 상황 파악이 필요했다. 왜냐하면 그 당시 나는 변화받고자 하는 강한 욕구가 있었고, 내가 아는 사람에게 다음과 같은 질문을 던질 수 있었기 때문이었다.

당신의 공포를 뒷받침해 주는 증거가 있습니까? 아니면 옛날에 경험한 두려움이란 비합리적인 생각들이 슬그머니 현재 정체를 드러내는 것입니까?

현재 당신의 생각에 깔려 있는 근본적인 이유는 무엇입니까?

감정과 생각을 고통스러운 사실이라고 잘못 생각하는 것은 아닙니까?

그 상황을 다른 관점에서 바라볼 수 있습니까?

당신의 해석이 정확한지 확신할 수 없다면 신뢰할 만한 친구한테 그 상황을 어떻게 보는지 물어본 후, 그들이 어떻게 말하는지 들어보겠습니까?

당신은 성경적으로 생각하고 있습니까?

나는 이 질문들을 조금씩 스스로에게 적용해 보았는데, 도움이 되었다.

옛날에 유치하게 반응하라는 유혹은 책임감 있는 태도라기보다는 미성숙한 반응에서 나온 것이었다. 내 행동을 곰곰이 생각해 봄으로써 과거의 상처는 이제 하나님이 치유하셨기 때문에 이전과는 다른 자세로 살아갈 수 있었다. 그러나 그렇게 하는 데는 시간이 걸렸고, 행동과 생각이 변화하는 데는 남편의 도움이 많이 필요했다. 이 온전한 치유 과정에서 가장 해방감을 느낀 때는 '필요한 변화를 경험하기 위해 하나님과 협력할 준비가 되어 있는가?'라는 하나님의 질문에 "네 하겠습니다."라고 대답한 순간이었다. 그 후 현실적인 단기 목표를 설정하고, 그것을 성취하기 위해 위험을 감수할 수 있게 된 것은 바로 이 기대감 때문이었다.

온전함을 이루기 위한 이 단계들은 결코 고통이 따르지 않는 순간이 아니었다. 옛날 입은 등 부상은 물론 의도한 목적대로 치유되긴 했지만 과로하거나 너무 많이 사용할 경우 여전히 고통스러운 것과 마찬가지로, 지금

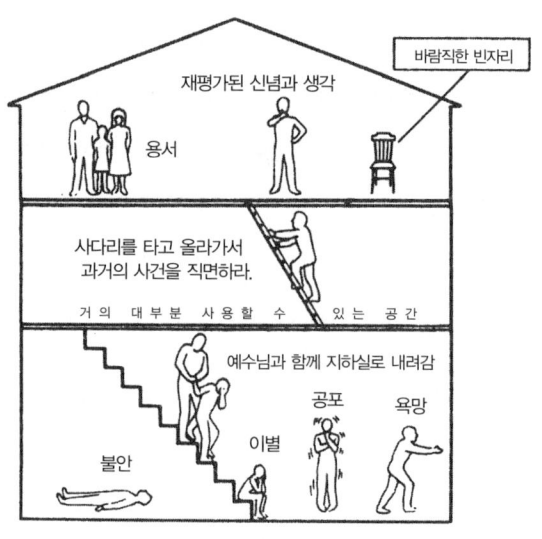

| 두 번째 단계 이후의 내적 치유 상황 |

까지 설명한 대로 과거의 기억들이 치유를 받았지만, 내가 버림받았다고 여기는 상황을 잘못 해석할 수 있다는 점에서 아킬레스건이라는 점을 곧 깨달았다. 그러나 변화시키는 하나님의 역사는 계속되었다. 나는 지금도 변화되고 있다. 계속 성장하고 있다. 또한 그와 같은 즐거운 체험으로 인해 위층으로 올라가는 사다리를 타고 올라간 것이 기쁘다.

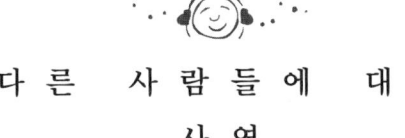

다른 사람들에 대한 사역

존과 폴라 샌포드 부부는 저서 *The Transformation of the Inner Man*(내적 인간의 변화)에서 다음과 같은 기억에 남을 만한 주장을 펼친다. "과거 우리의 모습과 행동의 잿더미로부터 현재 우리의 사역이 싹텄다. … 변화는, 한때 우리 등을 기어오르던 도마뱀이 미래에는 다른 사람을 위한 (영적) 전투에서 우리에게 승리를 가져다줄 준마가 될 것이라는 점을 널리 공표하는 것이다."4

이것은 나의 경험을 통해 사실로 입증되었다.

하나님께서 내 생각과 행동을 어루만지셔서 변화시키고 모든 피조물이 누리기를 바라는 더 위대한 온전함을 맛보게 하신 것과 마찬가지로, 나는 과거의 상처로부터 자유케 되려고 몸부림치는 다른 사람들 곁에 있는 특권을 얻게 되었다. 그동안 여러 사람들이 그리스도 안에 있는 자유와 풍성한 삶을 누리는 것을 지켜보았다. 어떤 사람들은 과거의 상처에 대한 고통스러운 속박으로부터 놀랄 만한 방법으로 자유를 얻었다. 또 하나님이 과거의 고통스런 기억으로부터 아픔을 씻어 주었을 때, 큰 안도를 맛본 사람들도 있었다. 또한 자신에게 엄청나게 잔인한 상처를 입힌 사람들을 용기 있게 용서한 사람들과 같이 울기도 하고 웃기도 했다. 십자가에 못 박히고, 다시 살아나시고, 부활하셨다가 다시 오실 주 예수님의 능력과 사랑으로 한 사람의 고통을 감싸 주고, 주께서 그것을 치유하시는 것을 지켜보는 과정은 나의 상담 사역이 가져다주는 가장 큰 기쁨이다.

그러나 지난 몇 년간 이 기쁨과 더불어 이 사역의 폐해에 대한 근심도 커져 갔다. 내적 치유를 모든 고통을 치유하는 만병통치약쯤으로 생각하는 사람들도 있다. 그렇지 않다. 모든 사람이 그와 같은 영적 수술을 받아야만 한다고 믿는 사람들도 있는데, 그 역시 결코 진실과는 거리가 멀다. 내적 치유란 단지 당사자를 고통스런 과거와 연결시켜서 예수님의 치유하시는 손길을 느끼게 해 주기만 하면 된다고 믿는 사람들이 있는데, 역시 아니다. 또한 성숙하게 자라기 위한 노력은 절대 안하면서, '축복 성회'에 참석해서 양파 껍질 벗기듯 자신의 과거만 계속 들추어내는 사람들도 있다. 물론 이것은 하나님의 음성을 듣고 사람들의 말에 귀를 기울이는 태도를 통해 인격이 성숙해서 많은 열매를 거두는 과정을 다소 희화한 것이다.

데이비드 왓슨도 지적했듯이, 오용과 남용을 막는 해결책은 사용을 전혀 안하는 것이 아니라 올바로 사용하는 것이다. 내적 치유 사역에 대한 평판이 나빠지는 시기가 오면 그런 소리를 듣지 않도록 위험성을 깨닫고 올바로 사용하는 데 전력을 기울일 필요가 절박하다는 이야기다.

최근 도버에서 칼레(프랑스 북부, 도버 해협에 임한 항구 도시-역주)로 여행하면서 이 문제에 대해 곰곰이 생각해 봤다. 남편과 나는 여객선 터미널에 가기 위해 짙은 안개 속을 뚫고 차를 몰았다. 갑판에 서서 출발을 기다리는 동안 나머지 땅은 여전히 우윳빛처럼 흰 안개에 휩싸여 있었지만, 햇볕이 도버의 하얀 절벽에 내리쬐고 있었다.

상쾌한 가을 공기를 마시면서 여객선이 출발하는 것을 지켜보았다. 항구에 더 이상 묶여 있지 않았다. 자유롭게 영국 해협을 가로질러 과감히 나아갔다. 하지만 누군가가 엔진을 켜서 항해를 시작하기로 마음먹지 않았다면 그렇게 움직일 수 없었을 것이다. '여객선이 칼레에 도착해 정박을 해도, 항해는 여전히 끝난 것이 아니다.' 라고 속으로 생각했다. 프랑스에 도착하면 완전히 새로운 모험이 시작되기 때문이다. 거기서 길을 '잘못' 들어섰을 경우 운전하는 법을 알아야만 하고, 다른 언어를 말할 줄 알아야만 한다. 내적 치유 사역도 그와 비슷한 게 아닌가 생각했다. 예수님이 감정적인 고통을 겪고 있는 사람에게 다가가서 가장 내면에 있는 상처를 어루만지고, 가라앉히고, 치유하시는 순간은 마치 그들 인생의 여객선이 출발하는 것과 같다. 그들은 더 이상 과거에 얽매일 필요가 없다. 하지만 그 사람은 여전히 용기를 내서 인생의 시동을 켜고, 미지의 바다를 향해 항해를 시작해야만 한다. 또한 레이더와 같은 믿음의 언어도 배워야만 한다. 게다가 목적지에 도달했다고 생각하는 순간, 더 많은 도전이 기다리고 있을 것이다. 성숙의 과정도 영원의 관점에서 볼 때 결코 멈추지 않을 것이다.

데이비드와 나는 도버의 자랑거리인 하얀 절벽이 수평선 위의 흰 점이 될 때까지 갑판에 있었다. 그리고 안개 속을 뚫고 운전한 것과 이 유유한 항해를 이 장에서 이야기한 간증에 비유해 보았다. 변화할 필요가 있었던 내 행동 양식을 점점 더 많이 파악해 가는 것은 마치 짙은 안개 속을 운전하는 것 같았다. 그러나 그것으로 인해 새로운 자유를 발견했고, 당시에는 훨씬 더 해방감을 누렸다. 하지만 사람들의 성장과 하나님의 영광을 가져올 수 있는 가능성이 넘치는 내적 치유 사역이, 그것을 행하는 사람들이 위험성을 깨닫지 못함으로 인해 좋지 않은 평판을 듣게 되었다는 것은 참으로 슬픈 일이었다.

위 험 요 소

이제 이와 같은 많은 위험 요소들을 정확히 지적했기 때문에, 듣기와 치유의 방법을 좀 더 신중하게 사용하고, 경청의 치유 기술과 더불어 올바른 자리매김을 해 주었으면 하는 것이 나의 바람이다. 그 형태가 돌봐 주기를 잘하는 동료의 긍휼이 넘치는 경청이든지, 정신과 의사, 심리학자, 심리 분석가, 심리 치료사 같은 전문가들이 행하는 보다 체계적인 기술이든지 간에 말이다.

부디 그렇게만 된다면, 사람들에게 이런 사역을 받아들이도록 조심스럽게 설득해야만 한다. 때가 되고, 자기들한테 적절한 방법이라는 것을 그들도 알 것이다. 또한 그들이 스스로 이 결론에 도달한다면, 자신의 행동에 대해 기꺼이 책임을 지려고 할 것이다.

그들이 이 사역이 성숙을 향해 첫 걸음을 내디딜 수 있는 한 가지 길이라고 결론을 내린다면, 또 그와 같은 깊이 있는 사역에서 너무나도 쉽사리 벗어날 수 있다는 점에 유의해야 한다. 그러므로 가능하면 유능한 상담자와 같이 일하고 혼자 시도하지 않는 것이 중요하다. 결국 우리가 다루는 것은 쉽사리 대체할 수 있는 기계가 아니라 하나님께 소중한 존재인 복잡한 사람들이기 때문이다. 위험을 감수하면서까지 그들에게 더 이상의 상처를 주어서는 안 된다. 그리고 정말 심각하게 우리가 사역을 벗어나고 있다고 생각되면 정직하게 인정하고, 우리보다 더 훌륭한 상담자에게 요청해야 한다. 그렇게 한다고 패배를 인정하는 것은 아니다. 그것은 현명하고, 사랑에서 우러나오는 책임감 있는 행동이다.

또한 특정한 성격을 가진 사람들에게 이런 치유 사역을 받아 보라고 권면하는 데 유의해야만 한다. 씨맨즈가 『상한 감정과 억압된 기억의 치유』[5]에서 적절히 지적하듯이, 내적 치유는 감정을 조절하지 못하는 사람들한테 가장 효과적이다. 과거의 기억을 억누른 결과, 감정적, 영적 성숙에 이르는 길이 막힌 이유를 깨닫기 원하는 사람들한테도 가장 효과적이다. 하나님께서 이런 사람들의 생각을 다루실 때, 앞으로 중요한 걸음을 내딛는 데 도움을 얻게 된다.

그렇지만 환상과 공상의 세계로 자주 도피하는 극도로 감정적이고 병적인 사람들한테는 이 사역이 별로 도움이 되지 않는다. 물론 좋아하겠지만, 그런 사역을 행하다가 자칫 자기 방종으로 타락할 수 있다. 그들을 위한 이 자아 여행은 경청자에게는 시간 낭비일 뿐 아니라, 마지막 남은 힘까지 소진시켜 버릴 것이다. 이와 같은 일이 일어나서는 안 된다. 이런 부류의 사람에게는 유능한 전문가의 객관적 상담이 필요하다. 그렇다고 친구들조차 그의 이야기 듣기를 포기하라는 말은 아니다. 하나님은 위대한 하나님이심을 깨닫도록 친구들이 도와줄 수 있다. 그분은 사람들을 도와주는 다양한 방법을 가지고 있다. 때로는 고도의 자격을 갖춘 전문가를 쓰시기도 하고, 때로는 아마추어 경청자를 쓰시기도 하기 때문에 우리가 할 일은 언제든지 준비하고 있다가 최선을 다해 도와주고, 하나님께서 우리를 통해 역사하도록 통로가 되는 것이다. 결국 C. S. 루이스도 지적했듯이, 아슬란(C.S. 루이스의 판타지 소설 『나니아 나라 이야기』에 등장하는 사자로, 마술에 걸린 나니아 왕국을 되찾고자 하는 나니아 나라의 왕 - 역주)은 길들여진 사자가 아니다.

하나님은 우리와 달리 결코 서두르지 않는다. 그러므로 인격의 결함을 빨리 고치는 치료책을 찾으려는 노이로제에서 벗어나야 하고, 즉시 온전함에 이르려는 태도를 버려야 한다. 사실 하나님은 지금도 우리를 영광에서 영광으로 변화시키고 있는 중이다. 그 변화는 언제나 매우 느리며, 가끔 우리를 격려하기 위해 자극도 곁들이는 점진적인 변화이다. 그러므로 우리가 내적 치유를 통해 그리스도의 사랑을 전해 주려고 하는 사람들은 그들 자신에게 어느 정도의 변화가 필요한지, 그리고 필요한 변화가 일어나기 위해 어떻게 해야 되는지 그들 스스로 깨달을 때까지 우리가 그들 옆에 있어 줄 필요가 있다.

그들이 한 단계 발전하기 위한 해결책과 내적 요소를 발견하면, 우리가 필요한 만큼 그들 곁에 머물러 준 것에 대해 크게 감사하게 되고, 상한 심령을 갖고 있는 그들을 발견하고, 사랑을 베풀어 주고, 구원해 주고, 회복시켜 준 하나님의 위대하심에 경탄할 것이다.

내가 안개 자욱한 영국이 뒤로 멀어지는 것을 보면서, 프랑스로 얼굴을 돌렸을 때 내 안에서 솟아난 느낌들은 적어도 그랬다. 그 안개를 보면서, 하나님이 항상 우리가 바라는 대로 구원해 주시지는 않는다는 생각이 떠올랐다. 때로 그분은 우리에게 고통을 허락하신다. 심지어 정신을 못 차릴 정도로 우울증을 느끼는 고통까지도 말이다.

10 우울증에 걸린 사람 돌보기

케임브리지에 있던 내 의사는 우울증의 신호에 주의하라고 경고했다. "누군가가 당신에게 신경 쇠약을 일으키기 위해 모략을 세웠다면, 그는 성공했습니다." 영국에 돌아오자마자 부상 당한 등과 머리를 진찰하고, 아빠의 죽음에 대해 이야기했을 때, 의사가 한 말이었다. "지난 5년간 당신이 겪은 정신적 충격이라면 우울성 질환을 충분히 유발했을 겁니다." 의사는 그 후에도 몇 번이나 더 이 경고를 했다.

이 의사는 내가 존경하는 사랑 많은 그리스도인이었다. 하지만 그의 말을 심각하게 받아들일 필요가 전혀 없을 것 같았다. 나는 헌신된 그리스도인이었다. 믿음이 강한 사람들은 정서적 질환에 걸릴 리 없다고 생각했던 나는 조심하라는 그의 조언을 귀담아들었지만, 그가 예견한 질병이 주의 신호를 깜박이기 시작했을 때 그 병의 징후를 간파하지 못했다.

소 잃고 외양간 고치는 격이지만, 언제 어떻게 우울증이 시작됐는지 알 수가 없다. 다만 기억나는 것은 노팅엄에서 보낸 첫 해에는 열정을 가지고 온갖 교회 활동에 몸을 바쳤지만, 둘째 해 동안에는 뒤로 빠지기 시작했다는 사실이다. 어느 주일 점심시간 때 교회 소풍을 떠나기 직전, 온몸이 지쳐서 펑펑 울었던 게 기억난다. 그날따라 특히 기운이 없는 모습을 보고 염려한 친구는 나에게 소풍을 가지 말고 집에서 쉬는 게 좋겠다며, 자신도 햇볕이 화창한 오후에 야외에서 노는 즐거움을 포기한 채 내 곁에 같이 있어 주었다. 또 한 가지 기억나는 것은 언젠가 교회 강당에서 점심 만찬 파티를 위해 음식을 준비한 후에 몹시 지친 나머지 쓰러졌는데, 특히 그날은 우리가 쉬는 금요일이었기 때문에 나 자신에 대해 굉장히 화가 나고, 후회 막심한 사건이었다. 하지만 내 기억으로는, 두 경우 모두 기운을 차려서 가정과 교구일로 다시 바쁜 나날을 보냈다고 생각된다. 그 후 내가 교구 기도 모임 도중에 갑자기 눈물을 터트려서, 나와 거기 모인 모든 사람들을 크게 당혹스럽게 한 것은 몇 달 후였다.

데이비드는 그때 모인 사람들에게 우리가 휴가를 보냈던 목사관 다락방에 살던 쥐들의 공격에 관한 '농담'을 하고 있었다. 쥐를 잡는 전문가를 불렀는데, 그는 집안이나 정원에 있는 쥐들을 과연 완전히 소멸할 수 있을지 의심하며 부정적인 의견을 내놓았다. "쥐들은 독약에 대해 면역성을 키웁니다. 그래서 이런 시내 중심가에서는 쥐들과 더불어 사는 법을 배워야만 합니다." 그는 철학적으로 말했다.

우리는 정말 그렇게 했다. 어느 날 아침, 쥐 한 마리가 우리 침대에서 죽어 있는 것을 발견했다. 전날 밤에 침대 시트 사이에서 뭔가 꿈틀거린다고 생각했는데, 데이비드는 바보 같은 소리 하지도 말라고 했었다. 하지만 그날 밤 그는 이리저리 굴러다니다가 그 불쌍한 작은 동물 있는 데까지 가서 우리의 몸무게로 죽였던 것이다. 그때 우리는 한바탕 웃었다. 그러나 지금 그가 이 이야기를 모든 사람과 나누며 웃는데, 나는 어떻게 주체해 보려고 했지만 몸을 부르르 떨리더니 눈물이 쏟아지기 시작했다. 이전에 딱 한 번 이와 같은 스트레스의 신체적 징후를 겪었던 적이 있었다. 그때는 자동차 사고의 충격에 시달리면서 유고슬라비아를 떠나 집에 도착하던 밤이었다.

밤에는 쥐가 있는지 쑤셔 보고 긁어 보고, 낮에는 쥐의 분비물을 청소하는 것이 하루 일과가 되어 버렸다. 동시에 9장에서 이야기한, 마땅히 내 차지가 되었어야 할 자리인 남편 곁을 차지해 버린 것 같은 비서 때문에 우리 가정의 사생활이 계속 침해받고 있다는 생각에 가뜩이나 화가 나서 부글부글 끓고 있던 참이었다. 많은 부정적인 면을 다른 사람들한테 그럭저럭 감추고 우울증에 관해서도 대충 자신을 속였지만, 내 상태는 갈수록 악화되고 있었다. 모든 문제 중 특히 쥐 문제는 더 골치 아팠다.

게다가 나는 한바탕 독감 때문에 완전히 무너지고 말았다. 독감을 계속 질질 끌다가 결국 우울증으로까지 번졌고, 그것은 회복할 수 없는 것처럼 보였다. 마침내 그것 때문에 의사를 찾아갔다. 의사가 '우울증'이란 말을 사용했을 때, 그 단어가 주는 오명이 싫었다. 게다가 그가 처방해 준 항우울제를 복용해야 한다는 사실은 더 싫었다. "그냥 위기를 넘길 수 있게 도와주는 안전판이에요."라고 의사가 안심시켰다.

항우울제라! 내 침대 옆에 약병이 있다는 것을 감히 인정할 엄두가 나지 않았다. 엄청난 죄책감이 들었다. 목사의 아내, 엄마, 그리고 그리스도인으로서 완전히 실패자가 아닌가. 그런 것도 극복하지 못할 만큼 나약해진 나 자신에 대해 화가 났다.

나 락 의 끝

며 칠 동 안 항우울제를 먹었다. 그러나 하루 종일 무력감을 느꼈다. 머리가 띵하지 않을 정도로 한 알 두 알씩 먹었지만, 생활은 정상이 아니었다. 나는 약을 먹는 것을 중단해야겠다고 결심했다. 약 없이도 이 위기를 헤쳐 나가리라 결심했다. 이때는 증세 초기였다. 내 믿음은 아직 약해지지 않았다. "하나님의 손길이 닿지 못할 만큼 깊은 나락은 없다."라는 베치 텐 붐(유대인이 아니었음에도 불구하고, 2차세계대전 중 독일의 강제 수용소에서 믿음을 지키며 죽어 간 인물-역주)의 의기양양한 간증을 굳게 믿었다. 필요하다면 나 스스로 이것을 증명해 보이겠다고 마음먹었기 때문에, 의사가 준 약의 도움이 필요 없었다.

항우울제를 먹기를 거부함으로써 나는 위험부담을 안게 되었다. 몸이 완전히 망가질지도 모르는 일이었다. 그러나 중부 미들섹스 병원에 있는 결혼연구소 소장이자 심리 의학 과장인 잭 도미니언의 말처럼, 이것은 우울증 환자가 스스로 선택해야만 하는 문제이다. 그의 주장에 따르면 우울증은 정상적이고도 필요한 경험이다. '필요한 경험'이란 말은 어떤 우울증은 단지 '삶의 현실을 진단해 주고, 우리에게 적절한 반응을 보여 주는 일종의 인간 레이더' 인 경우도 있다는 것이다.[1] 그는 계속 설명하기를, 당사자가 일어나고 있는 변화를 극복하고, 거기에 적응하며, 효과적으로 극복하는 법을 배울 수 있는 경우는 '억압된 우울증' 밖에 없다고 한다.

돌이켜 보니 그것은 바로 내가 겪고 있는 경우와 같았다. 사실 나는 어떤 사람들처럼 하루 24시간 내내, 일주일 내내, 달마다 우울하지는 않았다. 몇몇 정신과 의사들이 나의 경우를 '주기적 우울증' 이라고 불렀다. 가끔 절망에 가까운 깊은 어두움이 몇 주 동안 지속되는 경험을 하곤 했는데, 위기가 지나갔다고 믿음으로써 스스로를 속이면 진정되었고, 비교적 정상적인 시기로 되돌아오곤 했다.

그런 휴식 기간을 누리는 동안, 우울증에 대해 세인트존대학에서 기록한 노트를 뒤적거리고 상담 과정에서 추천받은 책들을 읽었다. 우울증이란 주제는 내 관심을 사로잡았다. 내 마음속에는 답변을 요구하는 많은 질문들이 생겨났다. 도대체 우울증이란 무엇인가? 그 원인은 무엇인가? 그것의 목적은 무엇인가? 그리스도에게 완전히 헌신한 사람도 우울증에 걸릴 수 있는가?

우 울 증 이 란   무 엇 인 가

어 느   책 에 도   우울증 질환에 관한 명확한 정의가 없었다. 한결같이 우울증이란 사람마다 다른 증세를 보인다는 주장만 했다.

예를 들어 어떤 사람이 의기소침해 있거나, 기분이 안 좋거나, 월요일 아침 우울증세로 시달린다고 한다. 또 어떤 사람들은 매달 며칠간 우울증을 앓고 있다고 주장한다. 그들은 우울증이란 말을 월경기의 긴장과 같은 의미로 사용하고 있다. 그러나 주택 구입이 수포로 돌아갔을 때 느끼는 실망감이나 잉꼬 새가 죽었을 때 당하는 슬픔을 표현하기 위해 그 단어를 사용하는 사람도 있다.

이것은 그나마 증세가 가장 약한 정도의 우울증이다. 불안하기는 하지만 심각한 병은 아니다. 이런 우울증은 일시적이고 곧 사라지는 감정이다.

만성 우울증에 시달리는 사람들도 있다. 이 증세는 서서히 발달하지만, 2년 혹은 이상 동안 진정기도 없이 질질 끄는 경우가 많다. 그런 사람들한테는 만사가 글자 그대로 되는 일이 없고, 엉망이 되어 버린다. 감정, 모든 미적 감상 능력, 고요하고도 섬세한 하나님의 음성에 귀를 기울이는 능력, 사랑을 주고받을 수 있는 능력 등 모든 것이 마비된다. 만사가 분명치 않다. 외롭고, 나약하고, 두려워한다. 해리 윌리엄스가 묘사하듯이 지겹고, 슬플 정도로 엄청나게 외롭다. 마침내 검은 구름은 걷히지만, 그것이 자신 위에 드리워 있을 때는 영원히 무기력하고 생기 없는 삶을 살도록 저주받은 것 같은 느낌을 지울 수 없다. 또한 어떤 사람들은 인생이 더 이상 살 가치가 없다고 느껴져서, 자포자기하게 되거나 죽고 싶은 충동을 계속 갖고 살아간다.

다른 종류의 우울증으로 정신병적 우울증이 있다. 정신병적 우울증의 경우, 몹시 혼란스런 상황에 대한 환자의 반응은 현실 판단 능력과 정상적 행동 능력을 손상시킨다. 또한 상당히 오랫동안 지속되기 때문에, 환자의 성격이 완전히 바뀔 경우 특히 위험할 수 있다. 많은 요구사항들을 정상적으로 처리하고, 긴장된 삶을 즐기는 사람도 몇 주 동안에 걸쳐 점차 짜증이 나고, 피곤해지고, 비관적이 되고, 불안을 느끼고, 근심하게 되며, 비합리적인 행동을 보일 수 있다. 삶에 대한 그들의 전망은 시종일관 암담해지고, 우울함의 정도가 심해지면 친척이나 친구들에게 고통을 줄 정도로 행동이 이상하게 된다.

우울증을 다소 영적인 관점에서 설명하기도 한다. 우울증의 의미를 한마디로 '황야에 버려진 듯한 체험', '박탈감', '수련', '제거' 등으로 표현한다. 이런 체험은 신비주의자들이 자주 이야기하는 영혼의 어두운 밤의 상태와 매우 유사해서, 그 둘 사이를 구분하는 것은 거의 불가능할 정도다.

또한 중년기 사람들에게 만연한, 소위 '중년의 위기'라고 부르는 일반적인 불안감도 있다. 이것 역시 우울증의 한 형태이다.

모든 정신과 의사들이 다 우울증을 걱정하는 것은 아니다. 그것은 단지 삶의 일부에 신경을 쓰지 않아서 응급 치료가 필요하다는 것을 보여 주는 영혼의 외침이라고 주장하는 사람들도 있다. 그것은 고통 중에 있는 사람이 듣기 싫어하는 메시지이다. 하지만 그것은 반드시 치료해야 할 부분이고, 배워야 할 교훈이고, 성숙에 이르는 길이기도 하다.

다시 말해서, 우울증은 다양한 면을 내포하고 있다. 젊은이와 노인, 부자와 가난한 자, 성공한 사업가와 실업자, 그리스도인과 비그리스도인 모두가 걸릴 수 있다. 두려움으로 바라볼 수도 있고, 용기 있게 대처할 수도 있다. 사람의 관점으로 볼 수도 있고, 하나님의 관점으로 볼 수도 있다.

우 울 증 의   원 인

그렇다면 원인은 무엇인가? 교과서에 보면 그 원인은 정의만큼이나 다양하고 복잡하다고 나와 있다.

정신과 의사들은 두 가지 종류의 우울증이 있다고 말한다. 반응성 우울증과 심인성 우울증이다. 반응성 우울증은 용어 자체에서 짐작되듯이, 중요한 사람과의 이별이란 상황 때문에 불쾌감과 충격을 받을 때 일어난다. 예를 들어, 배우자와의 사별, 별거나 이혼, 은퇴나 해고로 인한 퇴직, 스캔들이나 소문, 부도덕성으로 인한 명예 훼손, 불임이란 사실과 매우 사랑하는 친구나 동료나 목사가 떠난다는 사실을 깨달음으로써 '미래의 자기 사람'과의 이별 등.

반면 심인성 우울증은 마음속에서부터 생겨나는 것이다. 그래서 원인을 추적하기가 쉽지 않다. 원인이 결코 겉으로 드러나지 않을 수도 있고, 억압된 감정이 해가 지날수록 어두운 그림자처럼 따라다닐 수도 있다.

우울증의 장막이 나한테 드리워졌을 때, 내가 겪고 있는 것은 반응성 우울증이었다. 그 원인이 무엇인지 더 깊이 조사했다. 정신과 의사들은 우울한 감정이 종종 자동차 충돌 같은 인생의 위기적 순간 뒤에 찾아온다고 주장한다. 특히 부상이 지속되거나 신체의 특정 부위, 가령 머리, 등, 눈, 손, 귀 같은 곳에 상처를 입은 경우 그렇다는 것이다. 그 덕분에 나는 우울증의 선구자가 되었다고 생각했다. 또한 종종 내 정신의 허점을 노리고 살금살금 기어들어 온 우울증을 다스리지 못하게 된 데는 구체적이고도 납득할 만한 근본 원인이 있음을 다소 끔찍한 방법이긴 하지만 이것을 통해 알게 되었다. 그러한 경우 '슬픔은 상처를 보상해 주는 자극제 역할을 하는 적절하고도 불가피한 반응'이라는 잭 도미니언의 주장을 접하고 용기를 얻었다.[2] 게다가 흥미로웠던 점은 그가 이 주제를 발전시키면서, 종종 상처의 치유를 도와주는 것은 바로 우울증이며, 필요한 치유와 적응을 할 때까지 우울증은 필요한 보호막 같은 역할을 한다고 제안한 사실이었다.

유아기 때 이별의 정신적 충격을 겪거나, 인생에서 성장이 가장 활발한 이 시기에 필요를 충족받지 못한 사람들은 인생의 후반기에 이와 같은 우울증의 보호막으로 자신을 둘러쌀 가능성이 더 많다. 그런 사람들이 스트레스에 노출되면, 우울증에 걸릴 가능성이 있다는 것이다. 이유인즉 인격이 그러한 공격에 대항해서 싸울 만한 힘을 기르기도 전에 정신적 상처를 입으면, 스트레스를 가져오는 모든 새로운 상황이 어린 시절의 경험을 되살릴 가능성이 있기 때문이었다.

어떤 전문가들은 특히 엄마 같은 사랑하는 대상과 일찍 이별하는 것은 모든 후속 우울증의 근본 원인이 된다고까지 주장했다. 사별과 같은 영원한 이별이 아니라도 말이다. 가령 어쩔 수 없이 입원하게 되어 오랫동안 떨어져 있게 되는 일시적 이별도 원인이 된다는 것이다.

유아기 때, 특히 생후 6개월쯤 이런 정도의 고통을 체험한 사람은 후에 우울증에 빠지면 어릴 때 겪은 두려움과 상처를 다시 경험하거나 재연할 가능성이 있다.

9장에서 이야기했던 내 어린 시절의 기억으로 볼 때, 이 이론은 특히 흥미로웠다. 또한 많은 사람들이 지위나 환경의 변화가 우울증을 유발시킨다고 믿는다는 사실을 알고는 놀랐다. 다시 한 번 내가 이와 같은 우울증을 다룰 자격이 있다는 생각이 들었다. 데이비드와 나는 10년 동안 일곱 번 이사를 했다. 이사할 때마다 새로운 책임을 받아들이고, 친숙한 환경과 정든 친구들과 이별하는 상황을 극복해야만 했다. 아마도 인생의 짐을 지는 들보 때문에 조금씩 신음하고 있었다 해도 과장은 아닌 것 같았다.

게다가 마이라 체이브–존스 역시 매우 유익한 말을 해 주고 있다. "우리는 환경에 의해 불가피하게 영향을 받는다. … 우리가 돌봄과 도움을 받지 못한다고 생각하는 정서적으로 메마른 환경에 살고 있다면, 쉽사리 우울증을 수반할 수 있는 감정, 즉 무시당한다거나 쓸모없는 존재라고 느끼기 십상이다."3 그래서 목사관에서 살았던 게 약간 후회스럽다는 생각이 들었다. 거기서 살 때 처음에는 좋았지만, 생활에서 부딪치는 긴장 요소가 상당히 많았다. 노팅엄의 도심 우회로에 위치한 콘크리트 정글 속에 떡 하니 붙어 있는 완전히 고립된 장소였다. 방랑자들과 술주정뱅이들이 수시로 소리를 지르며 음식이나 돈을 구걸하거나 욕설을 내뱉곤 했고, 집에 아이들하고만 있을 때 그런 일이 일어나곤 했다. 도시의 모든 버스 노선이 우리 집 현관 앞을 통과했기 때문에 소음과 먼지가 끊이질 않았다. 그리고 우리 집은 교회 강당 위에 지어져 있었기 때문에 우리가 교회 행사에 참석하든 안하든 찬송가 부르는 소리가 마룻바닥을 뚫고 다 들렸고, 교구 행사에서 잠시도 휴식할 틈을 주지 않았다. 벌레 문제와 비서 사건이 고통을 더하기 전부터 이 모든 문제 때문에 스트레스가 쌓이고 있었다.

또한 '분위기' 문제도 있었다. 우리 집은 묘지 위에 지어진 것이고, 맞은편에는 대학이 있었는데 그곳 학생들은 보통 신비적인 행사를 많이 가졌다. 도로를 따라 조금만 위로 가면 접신(接神)론학회의 집회 강당이 있었다. 우리는 완전히 악의 세력에 둘러싸인 것 같았다. 지금도 교회 강당에 들어가면 여전히 어두움의 소리가 들리고 때로는 기가 눌린다. 그래서 어떤 우울증은 사도 바울이 에베소서 6장 12절에서 지적하는 것처럼 '권세들과 어두움의 주관자' 들 때문에 생긴다는 것이 쉽게 믿어졌다.

그뿐 아니라, 마이라 체이브-존스는 유전적 요인 때문에 우울증에 걸릴 가능성이 많다고 언급한다. 그녀는 그런 사람들은 질병에 걸리기 쉬운 어떤 유전자를 물려받는다고 주장한다. 내 기억으로 엄마는 레이가 군대에 입대했을 때 우울증에 시달렸고, 환자가 되었을 때도 우울증에 걸렸다. 할머니도 여러 번 신경 쇠약으로 입원을 해야 했다. 내가 그 두 사람 중 한 명으로부터 우울증에 잘 걸리는 기질을 물려받은 것이 아닌가 생각도 해 봤지만 확인할 방법이 없었기 때문에 이 점에 계속 매달려 봐야 아무런 이득이 없을 것 같았다.

어떤 사람들의 경우에는 화학적 불균형이 우울증의 원인이 된다는 마이라의 말도 곰곰이 따져 보았다. 이것은 산후우울증이나 폐경기우울증, 그리고 정도는 좀 덜하지만, 월경 전 긴장 증세를 일으키는 요인이다. 스트레스와 긴장 역시 연료가 다 떨어진 열기구의 풍선처럼 무너지게 만드는 압력 같다. 나는 그처럼 육체적으로 매우 힘든 일이 어떻게 엘리야로 하여금 기진맥진하게 만들고, 그 후에 우울증을 유발했는지 주목했다. 그리고 하나님이 당신의 고난받는 종에게 귀를 기울이고, 그를 돌보아 주며 회복시킨 방법이 참 마음에 들었다.

그렇지만 우울증에 관해 가장 오래되고 널리 받아들여지는 설명은 그것이 항상 역분노, 즉 자기 자신을 향한 분노와 연관되어 있다는 것이다. 겉으로는 매우 온유하고 평온한 사람도 속을 들여다보면 감정 상태가 표출되지 않고 드러나지 않은 분노를 간직한 채 끓어오르는 화산 같은 사람이 있다. 이 억압된 분노는 우울증을 유발하는 가장 일반적 원인으로 간주된다. 가령 과거에 선생님이나 부모나 친척한테 상처를 받았거나, 현재에 어떤 식으로든 자기를 난처하게 만든 권위 있는 사람이나 친구, 동료 때문에 상처를 받거나 모욕을 당할 수가 있다. 그런 사람들은 분노를 인정하고 건전하고 안전한 장소에서 표출하는 대신, 자기를 향해 분노를 쏟아내며, 자신을 나약하다고 비난하고, 실패자요 가소로운 자라고 생각하고, 엎친 데 덮친 격으로 고통에다 죄책감까지 뒤집어쓴다.

내 우울증의 밑바닥에 혹시 억압된 분노가 자리 잡고 있지 않은지 의심해 보았다. 때때로 데이비드는 결혼할 당시에 온유했던 모습의 아내를 잃어버린 것 같아 가슴이 아프다고 말하곤 했다. 특히 나와 단 둘이 있을 때, 내가 당장이라도 폭발해 버릴 것 같은 화산이 되는 것 같다고 했다.

그 리 스 도 인 과   우 울 증

이 주제에 관해 공부를 해 보니 우울증의 원리를 이해하고, 그 결과 나 자신을 이해하는 데도 도움이 되었다. 또한 헌신된 그리스도인도 우울증에 충분히 걸릴 수 있다는 깨달음도 얻게 되었다. 하나님에 대한 견고한 믿음을 갖는다는 것이 이러한 정서적 질환을 완전히 차단해 주는 보험이 아니며, 그런 질병을 예방해 주지도 않는다는 것이다. 뿐만 아니라 나는 약물 없이 우울증을 극복하고 있었지만, 항우울제를 거부하는 것이 모든 사람에게 적절한 대책도 아니라는 것을 깨달았다. 어떤 사람들에게는 절름거리면서 이 황야를 건너기 위해 도움이 되는 버팀목이 필요하다. 마치 아스피린이 두통을 치료하고, 항생제가 세균 감염을 퇴치하는 것처럼 때로는 약도 하나님이 화학적 불균형으로 인한 우울증 질환을 치료하기 위해 쓰시는 방법이다.

하나님의 위대한 사람들도 역시 이와 같은 기이한 정신 질환에 걸린 경우가 많았다. 이 장에서 이미 언급한 엘리야 이외에 시편 기자도 그랬다.

그는 나의 감정과 경험을 너무나도 적절하게 요약했기 때문에, 상태가 정말 안 좋아질 때마다 이 시편 말씀을 의지했다. 이 말씀은 나에게 슬픔에 찬 위로를 안겨 주었다.

"여호와여 내가 고통 중에 있사오니 내게 은혜를 베푸소서
내가 근심 때문에 눈과 영혼과 몸이 쇠하였나이다
내 일생을 슬픔으로 보내며
나의 연수를 탄식으로 보냄이여
내 기력이 나의 죄악 때문에 약하여지며
나의 뼈가 쇠하도소이다"(시 31:9, 10).

"내 눈물이 주야로 내 음식이 되었도다 …
주의 모든 파도와 물결이 나를 휩쓸었나이다"(시 42:3, 7).

"나는 음식 앞에서도 탄식이 나며
내가 앓는 소리는 물이 쏟아지는 소리 같구나 …
나에게는 평온도 없고 안일도 없고
휴식도 없고 다만 불안만이 있구나"(욥 3:24, 26).

"내가 누울 때면 말하기를 언제나 일어날까,
언제나 밤이 갈까 하며 새벽까지 이리 뒤척, 저리 뒤척 하는구나 …
이러므로 내 마음이 뼈를 깎는 고통을 겪으니
차라리 숨이 막히는 것과 죽는 것을 택하리이다 …

사람을 감찰하시는 이여

내가 범죄하였던들 주께 무슨 해가 되오리이까"(욥 7:4, 15, 20).

J. B. 필립스 같은 사람도 있었다. 그는 우울증 증세를 털어낼 수 없었던 탓에 첫 성직을 사임하고, 스와니지에서 은둔생활을 했다. 거기서 그는 다른 우울증 환자인 레슬리 웨더헤드 같은 사람하고 편지를 주고받았다. 잭 필립스에게 쓴 편지에서, 주일마다 설교로 엄청나게 많은 성도들에게 감동을 주었던 이 위대한 설교자는 이렇게 말했다. "내가 30년 전 지옥을 경험해 봤기 때문에, 지금 당신이 말하는 우울증이 심히 염려가 됩니다. 그때 나는 200시간 이상 동안 '정신 분석'을 했고, 마침내 거기서 빠져 나왔지만, … 몇 년이 걸렸어요." 그는 어떤 약이 '굉장히 도움'이 되었다고 계속 고백한다. "지금도 시티 템플에서 주일이 되기 전에 한 개씩 먹는데, 그것 때문에 아직도 불안하답니다."4

윌리엄 쿠퍼란 사람도 있었는데, 그는 우울증 때문에 꼼짝도 할 수 없어서 상원에서 책임 있는 자리를 제안 받았을 때도 근심 때문에 포기할 정도였다. 또한 너무 혼란스런 나머지 몇 차례 자살까지 시도한 적이 있었다. 그는 자신에 관해 이렇게 설명했다. "나는 마치 깊은 우물 속에 빠진 달팽이나 마찬가지다."

세계의 많은 천재들도 비슷한 고통을 겪었다. 아이작 뉴턴, 베토벤, 다윈, 반 고흐, 톨스토이, 스펄전, 마르틴 루터 등. 하지만 그들의 내적 혼란은 창조성을 방해하지 않았다. 반대로 고통이 오히려 위대함에 이바지했다. J. B. 필립스는 우울증을 겪는 동안 신약성경 전체에 대한 강력한 강해서를 저술했다. 윌리엄 쿠퍼는 우울증에 시달리는 동안 가장 뛰어난 찬송가와 시를 작곡했다. 또한 C. H. 스펄전은 우울증에 걸린 기간 중 가장 훌륭한 설교를 남겼다.

우 울 증 에   걸 린   마 음

이 상 의   사 실 을 통해 고통을 무의미하게 지나쳐서는 안 된다는 것을 배웠다. 오히려 그것을 이용할 줄 알아야 한다. 그럼에도 불구하고 다시 한 번 고통의 터널에 빠졌을 때, 고통을 완화시키는 데 아무런 도움을 얻지 못했다. 심정은 항상 똑같았다. 적어도 비참한 심정에서 정도만 다를 뿐이었다.

가장 두려웠던 것은 머리가 터질 것 같은 아픔이었다. 마치 누군가가 쇠틀로 두개골을 꽉 조이는 것 같았다. 살점을 뚫고 들어가서 뇌까지 물어뜯는 것 같았다. 차분하게 생각할 수 있는 능력을 방해하는 것 같았다. 정신도 몽롱하게 되었다. 혼란스러웠다. 생각하는 것조차도 힘들었다.

설상가상으로 기력도 점점 쇠퇴하는 것 같았다. 힘을 쫙 빠지게 만드는 무기력감이 내 인생의 해안가로 휘몰아쳐 와서는 다시 물러가지 않았다. 생각도 너무 둔해져서, 다른 사람들이 빨리 행동하고 반응하는 걸 보면 뺨이라도 한 대 얻어맞는 기분이었다. 잔인해지고, 무감각해지고, 사랑하는 마음이 없어졌다.

웃음소리가 귀에 거슬렸다. 노래는 기진맥진한 신경에 거슬렸다. 인생이 너무 힘들고, 살맛이 나지 않아서 누군가가 조그만 실수만 해도, 가령 수프가 끓어 넘치거나 추운 날 문을 열어 두기만 해도 화를 냈다. 나의 그런 성난 태도 때문에 오히려 나는 자기혐오로 가득 찼고, 화를 내게 만든 사람도 자기보호 본능으로 뒤로 물러났다.

심지어 보통 집안 허드렛일조차 너무 힘이 들었다. "부엌에 가 보니 접시가 지저분하게 산더미처럼 쌓여 있다. 설거지를 하거나 집안을 단정하게 정리할 힘도, 의욕도 없다. … 사람들이 웃는 것도 도저히 못 참겠고, 그들이 건강하게 보이는 것조차 배가 아프다. 상대적으로 나는 완전히 약한 존재다. 주님, 저는 두렵습니다. 언제쯤 이 모든 상황이 끝날까요?" 나는 기도 노트에 이렇게 기록했다.

만사가 재수 없는 것처럼 보였기 때문에 조그마한 실망에도 심신의 균형을 잃어버리고, 더 깊은 절망감 속으로 빠졌다.

태양도 내 기분을 살리지 못했다. "햇빛은 저렇게 눈부신데 만사는 어둡고 아주 음울하구나. 주님, 제발 도와주소서." 사실 햇빛이 쨍쨍할 때 더 심란했다. 태양 광선은 내가 정상적일 때는 감사하는 마음과 기쁨으로 그것을 즐겼다는 사실만 날카롭게 떠올리게 만들었다. 독서의 즐거움, 음악 감상, 더비셔에서 산책하는 즐거움 등 모든 즐거움이 사라진 것 같았다. "어떤 일도 오랫동안 집중할 수가 없다. 책도 재미없고, TV도 관심 없고, 하나님이 계시다는 것도 느낄 수 없다." 인생은 낙이 없고, 희망도 없고, 따분하기만 한 영원히 어두워지는 회색 같았다.

"모든 것이 상처를 준다."는 말은 내 영혼에 스며든 고독을 하나님께 표현하면서 기록한 기도 노트의 마지막 문장이다. "과연 다시 생명력 있는 삶을 살 수 있을까요? 주여, 지금은 심히 외롭습니다. 엄청나게 고독합니다. 누군가 다가와서 내 옆에 앉아서 내가 우는 것을 지켜봐 주고, 이야기를 나누고 싶어 하는 내 마음을 받아 주고, 내가 미치지 않을 거라고 이야기해 주는 사람이 있다면 좋겠어요. 주님, 지금은 미칠 것만 같습니다. 저에게 사람 좀 보내주시겠습니까?" 물론 주위에 사람들은 많았다. 하지만 내가 평상시 웃는 얼굴 뒤에 이와 같은 많은 고통을 숨겼기 때문에 내가 내적 광야에서 헤매고 있다고 짐작한 사람은 없었을 것이다.

언젠가 기도 노트에 이와 같이 고백한 적이 있다. "나는 완전히 철조망 속에 스스로를 가두어 놓았으며, 지금 그 끔찍한 올가미 속에 앉아 있다." 아무도 나에게 접근하지 않았다. 그들이 나를 세심하게 관찰했다면, 교회 예배 때마다 내가 도저히 참기 어려운 고통을 밖으로 쏟아내는 모습을 보았을 것이다. 성만찬 예배 때, 성가대가 고요하고 섬세한 찬양을 노래하는 도중 나는 의자에 무릎을 꿇고 말없이 울었다. 내 영혼 깊이 감추어진 곳에서 흘러나오는 눈물이었다. 또한 내가 알기로 그것은 이제껏 그 의미를 해석할 수 없는 방언 같은 언어였다.

이 눈물은 심히 역겨운 것이었다. 당황 그 자체였다. 가뜩이나 창백한 내 뺨을 한없이 흘러내리는 눈물로 눈이 갑자기 흥건해지면 나는 그것을 굳세게 참아보려고 젖 먹던 힘까지 내곤 했다. "울음을 멈출 수만 있다면 좋을 텐데."는 수시로 내뱉던 소원이었다.

불면증도 찾아왔다. 잠자리에 가서 새벽 두세 시까지 이리 뒤척, 저리 뒤척거리곤 했는데, 심지어 쥐가 우리 침대에서 죽은 그날 밤에도 그랬다.

그러나 뭐니뭐니해도 최악의 심정은 죄책감과 자기혐오였다. 대학졸업생인 나는 이곳에서 남편 곁에서 함께 하나님을 섬기도록 부르심을 받은 전임사역자요, 헌신된 그리스도인이었는데, 어쩌다가 파멸의 지경까지 이른 것이다. 정말 내가 다시 기운을 회복할 수 있을까? 이런 생각을 해서는 안 되는데! 하나님은 나에 대해 도대체 어떤 생각을 하시는가? 나는 스스로 이 문제에 대해 깊이 또 깊이 냉철하게 따져 보았다.

리처드 윈터는 *The Roots of Sorrow*(슬픔의 근원)에서, 우울증에 걸린 사람은 거의 항상 다음과 같은 아홉 가지 증상 중에서 네 가지 이상의 증상을 나타낸다고 주장한다.

식욕 감소 또는 체중 감소

불면증

피로

흥분

사고나 행동의 지연

흥미 상실

집중력 부족

죄책감

죽고 싶다는 생각이나 자살 충동 [5]

더비셔에서 일주일을 머무는 동안 정신이 번쩍 든 순간이 찾아왔다. 간발의 차이로 집으로 가는 버스를 놓쳤는데, 분노가 일 뿐만 아니라 좌절감까지 찾아왔다. 다음 버스가 오기를 초조하게 기다리는 동안 더웰트 강둑에서 햇볕을 쬐며 앉아 있는데, 아래로 힘차게 흘러가는 물은 강으로 뛰어들 수 있는 용기가 있으면 좋겠다는 생각이 들게 했다. 그 후 죽고 싶다는 생각이 주기적으로 찾아왔는데, 한편으로는 공포에 질렸지만, 또 다른 한편으로는 적어도 상상 속에서나마 탈출구를 찾은 것 같았다.

해 야 할 치 료

나는 그래도 운이 좋은 편이었다. 앞서 설명한 대로 내 병은 정신병적 우울증이 아니라 주기적 우울증이었다. 중간 중간에 상태가 수그러들면 이성적으로 생각하고, 책도 읽고, 기도도 하고, 하나님의 임재도 느낄 수 있었다. 게다가 다행히 나한테 일어나고 있는 일에 숨겨진 목적을 깨달을 수 있었다. 초기에 진정 국면에 접어든 언젠가는 나에게 일어나고 있는 상황과 하나님께 고백하는 내용에 대한 충격 때문에 비틀거린 적이 있었다. 그때 두 구절의 성경 말씀과 한 가지 특별한 예언 때문에 다시 안심을 하고, 힘을 얻었다. 첫째, 예수님이 세례를 받고 성령의 기름부음을 받은 후, 시험을 받으러 광야로 이끌려갔다는 사실을 하나님은 내게 일깨워 주셨다. 이 시험은 하나님의 아들을 파멸시키려는 것이 아니라 마치 금속을 사용하기 전에 정련하는 것과 같이, 예수님 앞에 놓여 있는 사역을 감당하도록 하기 위해 더 강하게 하는 데 목적이 있었다. 나에게 있어서 가장 혹독한 순간인 끝없이 길고 어두운 우울증의 터널을 뚫고 기어가고 있었을 때도 나는 그 말씀을 기억하고 내가 겪는 고통에도 이런 뜻이 있을 거라는 소망을 굳게 붙잡았다.

두 번째 성경 말씀은 예수님이 하신 약속의 말씀이었는데, 상황이 힘들었을 때 또다시 이 말씀에 매달렸다. "시몬아, 시몬아," 예수님이 사랑하시는 제자에게 말씀하셨다. "사탄이 너희를 밀 까부르듯 하려고 요구하였으나 그러나 내가 너를 위하여 네 믿음이 떨어지지 않기를 기도하였노라"(눅 22:31, 32). "내가 너를 위하여 기도하였노라."는 말씀에 이루 말할 수 없는 위로를 받았다. 너무나 큰 위로를 받은 나머지, 종이에 "예수님께서 지금 나를 위해 기도하고 있다."라고 쓴 다음, 하나님이 붙잡는 손길을 느끼거나 경험할 수 없는 순간에도 그것을 기억할 수 있도록 기도실 벽에 붙여 놓았다.

마지막으로 하나님께서 내게 보여 주셨다고 생각하는 예언의 말씀이 있는데, 지금도 기도 노트에서 그 말씀을 찾아 읽어 보면 기가 막힐 정도로 놀랍다.

> 자연이 곧 옷을 벗고, 장미꽃잎이 떨어지고, 나무에서 잎들이 펄럭이며 떨어지고, 대지도 딱딱해지고 벌거벗게 되듯이 나도 너를 벌거벗게 할 것이다. 너는 연약한 모습으로 벌거벗고 노출될 것이다.
> 그러나 너는 이것을 분노의 행위로 오해해서는 안 된다. 이것은 보복이나 복수가 아니다. 이것은 위대한 사랑의 벌거벗김이다. 벌거벗은 겨울이 다가오면, 나의 약속도 같이 찾아올 것이다. 봄이 오면, 자연이 신선함과 새로움과 생명력으로 다시 옷을 입는 것과 마찬가지로, 너도 나로 말미암아 새로운 옷을 입을 것이다. 너의 새 옷은 아름다움과 유용성에 있어서 이전에 입어 본 어떤 옷보다 뛰어날 것이다.
> 그러므로 두려워하거나 근심하지 말라. 나는 주 너의 하나님이니라. 네가 어디를 가든지 함께하겠다는 언약을 주노라. 그러므로 평안이 가라. 내가 너와 함께함이니라.

불행히도 나는 두려워하고 무서워했었다. 이 소중한 약속의 말씀을 잊어버린 때도 있었다. 회복의 소망이 사라져 버린 때도 있었다. 고백했듯이 내가 미쳤다고, 혹은 거의 미친 것 같다고 생각한 때도 있었다.

다른 사람 돕기

'그저 들어 주는 것'만으로도 정말 치유 사역이 된다는 것을 깨달은 것은 바로 그때였다. 어느 주일 아침, 내적 혼란이 너무 심했던 나머지 감히 교회 문에 발도 들여놓기가 겁났던 적이 있었다. 집에 혼자 있기 때문에 혼자 생각할 시간이 많았다. 어두움이 나를 짓눌렀고, 눈물이 앞을 가리고, 절망이 집게처럼 나를 꽉 조였기 때문에 정서적 고통 없이 어떻게 인생을 살아갈지 막막했다. 주체할 수 없는 무력감 때문에 나는 전화기를 집어 들고 당시 목사였던 친구 집에 전화를 했다. 사람의 목소리를 듣는 것만으로도 너무 안심이 되었기 때문에 얼마 동안 그냥 흐느끼기만 했다. 그때 무슨 말을 했는지 기억이 안 난다. 한 가지 기억나는 것은 이야기에 초점이 없었다는 것이다. 그럼에도 불구하고, 받아 주고 돌보아 주던 이 친구는 이렇게 대답했다. "네가 엄청난 어두움 속에 갇힌 것 같구나. 우리 집에 와서 같이 이야기하는 게 좀 도움이 되겠니?"

이 친구는 우리 동네에 살지 않았기 때문에 그날 만나는 것은 불가능했다. 그래서 다음날 내가 가기로 했다.

전화기를 내려놓았을 때, 어떤 의미에서 아무 일도 일어난 게 없다. 여전히 완두 수프처럼 질퍽질퍽한 감정적 안개 속 어두움을 뚫고 헤쳐 나가야만 하는 도전에 직면하고 있었다. 그 안개 속에서 어찌할 바를 몰라 헤매고 겁을 집어먹고 있었지만, 또 한편으로는 모든 것이 바뀌었다. 누군가가 나의 고통을 인식하고, 귀를 기울였고, 하나님의 시간에 내가 여전히 중요한 존재란 것을 확인해 주었던 것이다.

가끔 천식으로 고생하는 사람이 주머니에서 분무기 같은 것을 꺼내 입 안에 뿌리고는 즉시 안정을 되찾는 모습을 본 적이 있다. 그 친구의 사심 없는 제안은 바로 내 감정에 그와 유사한 효과를 발휘했다. 그래서 기운을 다시 차리고, 눈을 비비고, 눈물로 퉁퉁 부어오른 얼굴을 씻고, 가족들을 위해 점심을 준비했다.

그렇다고 남편이 들어주지도, 돌봐 주지도 않았다는 말은 아니다. 그는 그렇게 했다. 하지만 우울증에 걸린 사람이 가장 사랑하는 사람들은 그 우울증에 걸린 사람 주위에 거미줄처럼 둘러싸고 엉켜버리는 불합리한 실타래에 종종 걸려 버린다. 이렇게 되는 데는 여러 가지 이유가 있다.

첫 번째, 우울증에 걸린 사람이 가장 바라는 것은 혼란에서 자기를 자유케 하는 기적적인 치유이기 때문에 만약 사랑하는 사람이 마법 지팡이를 흔들 수 없거나 기적을 낳는 완벽한 기도를 할 수 없는 경우, 실망하고 분노하고 심지어 언어적 폭력을 내뱉기도 한다.

두 번째 이유는, 이와 같은 욕설을 듣는 쪽인 친척이나 가까운 친구들이 그 우울증에 대해 책임을 지기 시작하고, "이건 모두 내 잘못 때문이야."라고 믿기 시작한다는 것이다. 그러면 두 당사자가 같이 나가떨어지고, 서로의 고통에 걸려들고, 마침내 서로에게 아무런 도움을 주지 못하게 된다.

이 일이 바로 우리한테 일어났다. 데이비드는 엄청난 희생을 치르면서까지 나의 분노를 많이 받아 주었다. 특히 죽고 싶은 생각 때문에 내가 괴로워한다는 사실을 알았을 때, 그가 나를 얼마나 사랑하고 존귀하게 여기는지를 보여 주려고 애를 썼다. 그럼에도 불구하고 사랑이 넘치는 그의 보호는 나의 부정적 태도와 고통에 아무런 도움도 못 되었고, 공허한 메아리처럼 울리기만 했다. 나는 적절한 처신을 할 수 없는 것 같았다.

앤 롱도 다시 한 번 구원의 손길을 뻗치려고 왔다. 그녀는 이번에도 역시 듣고, 듣고, 또 들어주었다. 우울증에 걸린 모든 사람에게는 바로 이런 사람이 필요하다. 대화의 주제인 자기에 관해 들어주는 데 싫증을 내지 않는 사람 말이다. 들어주는 사람이 별로 도움을 줄 만한 말을 안 해도, 우울증에 걸린 사람이 그 터널 끝에서 마침내 나올 때까지 그 사람과 함께 그 어두움 속에 머물 준비가 되어 있다고 환자에게 확신을 줄 만한 바로 그런 사람이 필요하다. 데이비드 옥스버거는 끈기 있게 들어주는 일을 다음과 같이 잘 설명했다.

듣기가 남을 돌보아 주는 역할을 할 때, 그것은 곧 치유의 과정이다. 이 과정의 정확한 특성은 영원히 수수께끼로 남을지도 모르는데, 그것은 은혜를 선물로 받는 것과 같은 것이다. 직접 선물을 받는 순간에는 무지 감사한 마음이 드는데, 그 전에는 우리가 어느 정도 그 일에 참여했다는 것을 알기 때문에 당연히 겸손할 수밖에 없는 것이다.

각별히 돌보아 주는 듣기를 할 때 상처가 드러난다. 그 순간 분노에 찬 생각 때문에 생긴 마음에 맺힌 고통, 성난 요구의 분출, 무기력하고 억압된 슬픔, 곪아 터진 우울증 등, 모든 것이 빠져 나간다. 빛이 들어가서 세균을 죽이고, 새롭게 성장할 수 있다는 소망과 신뢰의 세포를 자극한다.6

새 로 운   성 장

'새 로 운   성 장 을   시작하다.' 우울증의 흰 서리가 내 몸과 마음과 영혼을 뒤덮은 동안, 나는 얼어붙은 감정적 겨울 상태만 인식했다. 하지만 겨울에는 아이스크림 같은 경치를 보면서 경이로움에 빠지고, 겨울의 정적 밑에는 내적 성숙이 속삭이는 은밀한 침묵의 소리가 감춰져 있고, 벌거벗은 나무와 묵혀 둔 들판이 죽어 가는 것이 아니라, 소생케 되고 있음을 알고 있다. 마찬가지로 내 우울증의 기나긴 겨울 동안 나도 새로워지고 있었다.

새로워진다고? 아니다. 더 정확히 말하자면 새롭게 태어나는 것 같은 경험을 하고 있었다.

내가 우울증을 앓을 때 기도 노트에 기록해 둔 카를로 카렛토의 통찰력은 속박과 어두움의 시간 동안 나한테 일어난 일을 깨닫는 데 도움이 되었다. 카를로 카렛토는 하나님께서 나를 당신의 자녀로 삼고 있다고 주장한다. 하나님은 '나의 탄생을 위한 거룩한 환경을 만들기 위해 우주와 역사'를 사용한다는 것이다.

지금 나는 미성숙한 태아처럼 과거와 미래의 중간 지점에 있고, 아는 것과 모르는 것의 중간 지점에 있다.
그것은 편안한 상황이 아니다.
사실 고통스럽다.
나는 불완전하고, 무지하고, 동경만 할 뿐이다. …
자궁 속에 있기 때문에 어둡고, 잉태 중이고 미성숙한 상태에 있기 때문에 고통스럽다.
하나님은 이와 같이 우리를 만드신다. 물질로써 우리를 지으시고, 사건을 통해 우리를 만드시고, 역사를 통해 우리를 빚으신다. 이것은 어머니가 젖으로 아이를 키우고 사랑으로 따뜻하게 보호하는 것과 같다. …

아이의 잉태 기간은 9개월간 지속된다. 하나님의 아들로서 우리를 품는 기간은 자그마치 전 인생이 걸린다. …

그러나 하나님은 나의 아버지이기 때문에 나를 돌아보신다. 그분은 내 아버지이기 때문에 나를 사랑하신다.

하나님은 내 아버지이기 때문에 영원히 나와 함께 있기를 원하신다.

하나님이 내 아버지라면, 나는 더 이상 어두움을 두려워하지 않는다. 왜냐하면 그분은 어두움 속에서도 계신 분이기 때문에, 적절한 때에 어두움을 생명으로 바꾸실 것이기 때문이다.7

"나는 불완전과 무지와 막연한 동경만 할 뿐이다." "나는 미성숙한 태아와 같다." 이 구절들은 내가 무자비한 우울증의 터널을 통과할 때 느꼈던 것을 정확하게 요약해 준다.

우울증의 터널이라고? 카를로 카렛토의 말이 옳은가? 그렇게 많은 시간 동안 어둡고 달갑지 않게 보였던 그 터널이 결국 하나님이 나를 재창조하는 모태였단 말인가? 어쩌면 프랭크 레이크의 역동적 순환에 비유할 수 있는지도 모른다.

정신적, 정서적 고통을 당한 세월을 지금 돌이켜 보건데, 그것은 인간의 출생 경험과 유사한 측면이 있다. 9장에서 설명했듯이 유아기 시절 엄마가 시력을 잃은 관계로 나는 엄마의 무조건적인 사랑을 받지 못했지만, 어른이 되어서 역동적 순환을 다시 한 번 겪고 난 현재, 하나님께서 내 인생 초기에 부족했던 사랑을 보충해 주기 위해 벌어진 틈새에 당신의 사랑을 쏟아 부어 주셨다. 하나님의 음성을 듣는 기도인 묵상 기도는 심오한 치유를 체험하는 데 주요한 역할을 했다.

그분의 임재 속에서 안식을 누렸을 때, 그분은 나에게 다가 왔다. 그분의 넘치는 은혜를 받기 위해 마음을 열었을 때, 치유하시는 성령의 은사로 나를 충만케 하셨다. 그분의 임재를 느낄 수 없을 때에도, 그분은 내 존재의 핵심부에 머물면서, 나와 함께 그 터널 속에서 계셨다. 그분께 헌신했을 때, 심지어 그분의 임재를 느낄 능력이 없었을 때, 더 정확히 말해서 그분의 임재를 느끼지 못한 때에도 나를 받아 주는 무조건적인 사랑의 팔을 뻗치시고 나에게 다가오셨다. 또한 그분 안에 거하기로 작정했을 때, 말씀과 고요함과 묵상을 통해 나를 먹여 주고 입혀 주셨다. 사방이 어두움으로 둘러 싸였을 때는 그분이 가까이 계신 것을 더 이상 느낄 수 없었지만, 우울증이 사라지고 다시 제 정신으로 돌아왔을 때는 그분이 터널 속에 항상 계셨고, 나의 영혼 깊은 곳에 그분이 계셨다는 것을 깨닫게 되었다.

가장 놀란 점은 그분이 내 분노의 날카로운 공격을 꺾어 버렸다는 것이다. 나는 기도 노트의 페이지마다 하나님께 나를 괴롭힌 고통과 분노와 좌절과 공포를 표현하는 편지로 가득 채웠다. 하지만 그 장황한 투정은 사랑의 메시지로 끝난다. 내 감정이 동상에 걸린 것처럼 마비되었을 때도, 하나님은 우울증에 걸린 나를 사랑한다고 말씀해 주셨다. 그 당시 내가 들은 하나님의 음성을 늘 믿었다고 기록할 수는 없다. 그러나 지금 말할 수 있는 것은 당시 하나님이 내 인생의 근본 바탕에 그렇게 영향을 미쳤기 때문에, 내가 그분 안에서 가치 있고, 고귀한 존재라는 사실을 서서히 그리고 점진적으로 깨닫게 되었다. 그리고 마침내 내가 준비되었기 때문에 때가 무르익었다고 그가 생각했을 때, 새롭게 창조된 나를 그 터널 입구로부터 끌어내셨다. 새롭게 태어났다. 갱생한 것이다. 새로운 능력을 받았다. 이제 그분을 위해 사명을 성취할 준비가 되어 있었다. 그것은 강박관념이나 노이로제 때문이 아니라, 기쁨과 행복에서 나온 것이었다. 예수님이 니고데모에게 "거듭나야만 한다."고 말씀하신 의미를 새롭게 깨달았다.

온전함에 이르는 여정을 출발할 때, 그 길이 고통스러운 우울증의 터널을 통과하고 있었다는 사실을 그때는 알지 못했지만, 지금 되돌아보니 그 여정의 모든 걸음은 그럴 만한 가치가 있었다. 그렇다고 하나님이 이제 나를 돌보시는 일을 완전히 끝내셨다는 말은 아니다. 또한 내가 그렇게도 바라던 상태인 온전함과 성숙에 이르렀다는 말도 아니다. 결코 그렇지 않다. 대부분의 시간 다소 고통스럽긴 하지만, 그 여정은 계속된다. 그러는 동안 나는 그 특별한 개인적인 어두움의 통로를 통해 배운 소중한 것들을 계속 간직할 것이다. 내가 배운 풍성한 교훈들을 하나도 놓치지 않을 것이다.

11

바
퀴
살

　　　우 울 증 을　겪 은 후, 일시적 성격 변화 때문에 모욕을 당하거나, 자제력을 잃거나, 하나님의 임재를 느끼지 못하는 사람들 곁에 같이 있어 주게 될 기회가 많이 있었다. 그런 증상들은 모두 우울증이 한창일 때 나타나는 모습이다. 이런 혹독한 시련을 결코 겪어 보지 못한 사람들은 달마다 우울증에 걸린 사람을 이해하지 못한다. 하지만 비슷한 위기를 겪어 본 사람들은 자기의 영혼 깊은 곳으로부터 돌봄의 필요를 이해하고 또 그것을 베풀 수 있는 의지와 자질이 있다. 메리 크레이그는 이 상황을 다음과 같이 잘 설명한다.

> 고민을 하면서, 그 고민이 무엇인지 아는 친구한테 의지한다는 것이 참으로 역설적이지 않은가? 그 이유는 잘 모르겠지만, 동정을 얻고 마음 깊이 털어놓고 이해를 구하기 위해서는 늘 평탄한 길만 걸어온 친구들한테 가 봤자 별 도움이 안 될 것 같다. 그것은 마치 완전하지 못한 인간이 직접 슬픔을 경험해 보기 전에는 성숙할 수 없는 것과 같다.[1]

하나님이 나에게 오랫동안 어두움을 허락하시고 그 가운데 나를 만나 주시고, 또한 그것을 헤쳐 나갈 능력을 주셨다. 또 거기에서 나왔을 때는 감히 생각도 못할 정도로 더 많이 성숙해진 모습으로 돌아왔다. 바로 그렇기 때문에 이제는 하나님께서 나에게 요구하시면, 나는 완전히 능숙한 솜씨로 상처받고 고통받는 사람들 곁에 있어 주는 것을 특권으로 생각한다. 돌이켜 보건대 나는 나의 개인적 어두움으로 인해 매우 필수적인 성령의 열매인 긍휼을 품는 데 있어서 더욱 성숙할 수 있었다.

어두움의 터널에서 빠져 나오자마자 나는 우울증의 고통으로 신음하고 있는 사람들에게 이끌렸다. 그들을 도와주려고 노력하면서, 사별한 사람들을 도와줄 때 해야 할 것과 하지 말아야 할 것이 있는 것처럼, 우울증에 걸린 사람한테도 해야 할 것과 해서는 안 될 것이 있음을 깨닫게 되었다.

해야 할 것

예를 들어, 무기력하고, 깔끔하지 못하고, 단정치 못하고, 힘이 없고, 짜증을 내고, 근심하고, 눈물을 잘 흘리고, 평소보다 더 자주 우울하다고 불평하는 등, 어떤 사람이 고통스럽다는 신호를 보내기 시작하면 신속한 조치를 취해야 한다. 나는 엘리야가 지치고 우울해 광야에 주저앉았을 때 하나님이 그를 다룬 방법에서 모델을 찾았다(왕상 19장).

이때 내가 하는 첫 번째 일은 경청이다. 민감하고 주의 깊게 듣는다. 하나님이 엘리야에게 모든 감정을 털어놓을 수 있는 완전한 자유를 주신 것처럼, 나도 상대방의 고뇌와 분노, 눈물과 고통, 그리고 내면의 감정적 고통을 조금이라도 표현하거나 느끼지 못하게 만드는 억압 같은 것을 다 받아 주려고 한다. 나 역시 사심 없이 자기 시간을 희생하며 내 말을 들어준 사람들로부터 위안을 받고 감사를 느꼈기 때문이다.

또 하나님으로부터 다른 방법을 배웠다. 하나님께서 실제적인 방법으로 사랑과 용납을 표현하는 것처럼 나도 우울증에 걸린 사람들의 입장에서 실제적인 도움을 베풀려고 노력한다. 예를 들어, 꾸려야 할 가정과 돌봐야 할 어린 자식들과 부양해야 할 가정이 있는 엄마에게 "당신의 우울을 해결하기 위해 해야 할 일이 엄청나게 많습니다."라고 하면, 그녀는 틀림없이 기가 질려 버릴 것이다. 또한 "뭐 도와 드릴 일 있나요?" 혹은 "제가 도울 일 있으면 전화 주세요." 같은 빈 말은 하지 말아야 한다. 대신 그 가정을 방문해 직접 몸으로 돕는다. 싱크대에 지저분한 접시가 가득 있으면 야단스럽게 떠들지 않고 설거지를 해 준다거나, 다루기 좀 까다로운 아이들이 있으면 함께 산책을 가서 그 엄마가 홀로 휴식을 가질 수 있도록 돕는다. 또는 엄마가 시장을 보고 요리하는 데까지 신경 쓸 겨를이 없다면, 쇼핑 목록을 만드는 것을 도와주거나 같이 장에 가자고 한다. 혹은 이미 요리된 음식을 가져가서 냉장고 안에 넣어 두고 필요할 때 꺼내서 데워 먹기만 하도록 한다. 내가 겪은 우울증에 대한 경험은 이제 희미하고 머나먼 과거로 존재하지만, 우리 교회 사람들이 집에서 만든 고기 파이와 초콜릿 수플레 요리, 민스 파이를 가지고 문 앞에 서 있을 때 느꼈던 안도감은 결코 잊을 수가 없다. 그 음식들은 내가 그런 것을 만들 힘이 하나도 없었을 때, 가족들을 위해 요리하는 짐을 덜어 주었기 때문이다.

무한히 받아 주고 베푸는 하나님의 사랑을 모델로 삼았지만, 내가 명심해야 할 것이 있었다. 그것은 나 자신은 하나님이 아니며, 내가 베풀 수 있는 도움에도 한계가 있다는 것이다. 무엇보다도 나에게는 우울증의 전염성이 있었다. 나는 우울증에 빠진 사람과 몇 시간 같이 있으면 그의 어두움이 나한테도 스며들었다. 나의 경우를 보더라도 우울증에 걸린 사람은 밑 빠진 독 같은 인생이며, 거기에 우리는 수없이 많은 시간 동안 무한한 사랑을 쏟아 부어야 한다. 만약 장기적인 치료가 필요하다면 다른 사람의 도움을 구해야 한다.

그렇기 때문에 실제적인 도움을 주거나 경청할 때는 의학적인 도움이 필요한 경우는 아닌지 꼭 판단해 보아야 한다. 우울증세가 길게 이어질 것 같으면 반드시 의사를 만나 보라고 권유하는 것이 현명하다. 나는 필요하다면 상담을 하러 갈 때 함께 간다. 의사의 전문적인 눈으로 봐야지 약물치료가 도움이 되는지 알 수 있다. 우울증의 원인이 화학적 불균형인 경우를 제외하고는, 약물로 치료할 수 없다. 하지만 그리스도인을 포함해서 많은 사람들은 그런 환자에게 약물을 주고 감정을 진정시키고 나서야, 비로소 이런 우울증이 가르쳐 주는 교훈을 배운다. 만약 자신에게 약물치료가 필요하다면, 그것을 받아야 한다. 또한 의사가 심리요법이나 심리분석 같은 '대화 요법'이 필요하다고 진단했다면, 그에 따르는 것이 좋다. 사람의 심리를 이해하는 전문적인 훈련과 기술을 가지고 있는 의사들에게 환자는 그들이 알아야 할 내용을 정확히 알려 주어 그들이 정확한 처방을 할 수 있도록 해야 한다.

동시에 하나님이 이 사람의 인생에서 내가 어떤 역할을 더 감당하기를 원하시는지 분별하기 위해 하나님의 음성에 귀를 기울인다. 그 증상이 만성적이거나 정신병적 우울증을 보이고 있다면, 이 병은 매우 오래 지속될 것임을 예상한다. 하나님이 나에게 어떤 우울증에 걸린 사람을 위해 엄청난 헌신을 요구하심을 깨달은 적이 몇 차례 있었고, 그럴 경우에는 그것을 감당할 만한 거의 초자연적인 능력을 주셨다. 그러나 보통의 경우에 나는 그저 도움을 주는 많은 사람들 중에 한 사람에 지나지 않았다. 그때 내 역할이 무엇이고, 그것이 다른 사람들의 도움과 어떻게 조화가 되는지를 알아야 가장 효과적인 도움을 줄 수 있다. 나는 스스로에게 "시간과 돌봄과 사랑의 관점에서 내가 현실적으로 얼마만큼 도와줄 수 있는가?"라는 질문을 던짐으로써 나 자신을 엄격하게 제어한다. 그 다음에는 꼭 그만큼만 도와주고, 결코 더 이상은 돕지 않는다. 만약 마음이 이끌리는 대로 도왔다가는 힘이 빠져서 결국 내 가족은 물론이거나 아무도 도와줄 수 없게 되기 때문이다.

일정 기간 동안의 상담이나 기도 사역처럼 어떤 사람의 인생에서 내가 중요한 역할을 하고 있다거나, 혹은 매주 그 사람의 고통에 귀를 기울이라는 하나님의 음성을 깨달을 때면, 나는 다음과 같은 네 가지 측면에서 내가 도움을 받고 있는지 반드시 확인해 본다. 첫째, 나를 의지하고 있는 사람들과 기도하고 있는 전반적인 상황, 둘째, 우울증의 현상에 대해 나보다 더 잘 아는 사람, 셋째, 남편의 동의와 사랑, 넷째, 내가 휴식하고, 긴장을 풀고, 개인적인 기도를 할 충분한 시간 확보이다. 이것은 내 자신의 능력이 조그마한 웅덩이 수준으로 고갈되지 않고, 하나님이 원하시는 수준으로 지속적인 공급을 받기 위해서이다. 나를 위해 기도하는 사람들은 내가 도와주고자 하는 사람의 이름조차 알 필요가 전혀 없다. 이는 그들의 도움을 구할 때, 비밀을 보장하기 위해서이다. 물론 비밀이 누설되지 않게 하기 위한 추가 조치로 다른 상담가의 도움이 필요할 때는 우울증에 걸린 사람의 동의를 얻는다.

시 간 내 기

상황을 점검해 보고, 하나님이 나에게 어느 정도 그 일에 관여하길 원하시는지 결정하고 나면, 그 다음부터는 힘든 일들이 시작된다. 왜냐하면 내가 원했던 것들이 금방 생각날 정도로 고통을 겪은 세월이 바로 엊그제처럼 얼마 지나지 않았기 때문이다. "고통을 당하고 있는 내 곁에 누군가가 같이 있어서 꼭 무슨 말은 해 주지 않더라도 그저 손을 꼭 잡고 혼란스러운 생각과 느낌을 받아 주기만 한다면 얼마나 좋을까!" 우울증에 시달리고 있는 사람을 도와주는 가장 좋은 방법은 어둠 속에 갇혀 있는 사람 곁에 언제든지 있을 준비가 되어 있고, 신실함을 통해 우리의 사랑을 보여 주는 것이다. 심지어 이 같은 자기희생 때문에 오히려 면박을 당하고, 상대방이 콧방귀도 뀌지 않고, 의심할지라도 말이다. 게다가 똑같은 슬픔의 넋두리와 똑같은 분노의 폭발, 똑같은 자신감의 부족, 인생에 대한 똑같은 우울한 전망, 똑같은 낮은 자존감의 이야기를 듣고 또 들어줌으로써 우리의 사랑을 보여 주기만 하면 된다.

이렇게 하기 위해서는 인내와 정력, 그리고 우울증을 겪고 있는 당사자가 곧 쓰러질듯 비틀거리며 사는 낯선 상황에서 부딪치는 장면과 소리들을 해석해 줄 수 있는 능력이 필요하다. 그리고 이 터널의 끝에 이르기까지 매우 오랜 시간이 걸린다는 것을 명심해야 한다. 그리고 어두움 속에서 그의 옆에 끝까지 있어 주겠다는 의지도 필요하다.

'낯선 상황에서 부딪치는 장면과 소리들을 해석해 줄 수 있는 능력.' 10장에서 살펴본 바와 같이, 대부분의 우울증 근원에는 분노가 있기 때문에 그들의 내뱉는 소리가 대부분 분노이다. 그래서 나는 그 사람의 분노를 선물로 받아들이고 조심스럽게 처리하는 법을 배우려고 노력했다. 분노 자체는 죄가 아니다. 만약 분노가 죄라면 사도 바울은 "노를 품되 죄는 짓지 말라."고 기록하지 않았을 것이다. 맞는 말이다. 분노는 적대적인 상황에 대한 자연스럽고도 중립적인 반응이다. 공포나 좌절에 대한 일반적 반응이다. 분노가 적절히 처리되지 않는다면, 사람들을 파괴하거나 비난하거나 정죄하는 데 쓰이고 결국 죄를 짓는 데 이용될 수 있다. 하지만 유용한 도구가 될 수도 있다. 그것은 그 사람이 어떤 변화를 겪어야 하는지를 분명하게 보여 줄 수 있도록 공포나 좌절의 근원을 깨닫게 만든다.

그러므로 누군가의 분노라는 선물을 받으면 나는 분노의 몸짓과 독설뿐만 아니라 분노가 일어난 출발점에 대해 귀를 기울이면서 이런 화산 폭발을 일으킨 정확한 원인이 도대체 뭔지 파악하려고 한다. 이러한 공포와 좌절을 파악하기에 앞서, 녹아내리는 용암이 밖으로 쏟아져 나와야 하는 경우가 종종 있다. 밖으로 표현한 이런 것들을 신속하게 적절한 조치를 함으로써 어느 정도 고통을 완화시킬 수 있다.

내가 겪은 좌절과 공포는 많은 경우, 목사관이 주요한 원인이었는데, 그 이후 그 사택은 교회위원회로부터 '주거 불가'라는 판정을 받았다. 그 집을 떠나자마자, 적어도 잠시 동안은 우울증이 사라졌다. 스트레스를 겪는 다른 사람들도 그와 비슷한 극적인 변화를 겪는 모습을 여러 번 본 적이 있다. 파괴적인 환경에서 벗어나면 기적적으로 회복하게 된다.

분노에 싸인 사람은 자기 판단이 정확하다는 생각에 꽉 매여 있기도 하지만, 종종 사실을 왜곡한다는 점도 염두에 두어야 한다. 남편 말에 의하면, 내가 우울증에 빠졌을 때 혹시라도 무슨 이유 때문에 내가 따돌림을 받는다고 생각하면, 다짜고짜 남편이 나를 무시하고 무관심하다고 분노하는데, 아무도 나를 말릴 수 없었다고 한다. 나에게는 누군가가 온화하게 직접 다가와서 나의 생각이 잘못됐음을 가르쳐 줄 사람이 필요했다. 판단의 실수 같은 것을 말이다. 또한 거짓을 진실로 바꾸는 법을 가르쳐 줄 누군가의 도움이 필요했다. 그래서 어떤 사람의 분노에 귀를 기울일 때 나는 분노 아래에 놓인 원인을 파악하고, 얽매여 있는 감정을 받아 주고, 분노하는 그를 있는 그대로 받아 주고, 분노 자체보다는 고통에 더 집중하려고 노력한다. 그러다가 때가 되면 상황을 달리 바라보고, 그것에 대처하는 다른 방법이 있는지 그가 깨닫도록 도와준다. 다시 말해서, 그들이 분노를 파괴적으로가 아니라 건설적으로 사용하도록 도와주려고 노력한다.

자 살

또 한 우울증에 걸린 사람이 자살충동을 느끼거나, 지속적으로 또는 주기적으로 죽고 싶다는 생각에 사로잡혀 있다는 신호에 귀를 기울인다. 엘리야도 하나님께 그와 같은 심정을 잘 표현했다. "여호와여 넉넉하오니 지금 내 생명을 거두시옵소서"(왕상 19:4).

나도 그런 심정을 믿음직한 두 친구한테 털어놓았더니 큰 도움이 되었고, 그들의 치유의 손길이 아직도 내게 남아 있다. 한 사람은 목사인데, 그냥 쓰러져서 죽고 싶다고 엘리야처럼 고백했더니, 그 친구는 깜짝 놀라면서 말했다. "목숨을 끊어야겠다는 생각이 들면, 먼저 나한테 전화하겠다고 약속해." 또 다른 한 친한 친구는 그저 이렇게 강조했다. "너도 죽고 싶다는 생각을 하며 살고 있는 줄은 몰랐어." 그녀는 연민의 눈물을 글썽이며 오랫동안 나를 부드럽게 꼭 안아 주고, 같이 울면서, 다른 친구와 비슷한 말을 했다. "죽어야겠다는 생각이 들면, 나한테 꼭 먼저 전화해."

두 경우 모두 이 친구들이 표현해 준 관심과 사랑은 나의 근심을 파고들었고, 나 자신이 소중한 존재라는 생각이 들었다.

잭 도미니언은 다음과 같은 점을 이해하도록 도와준다. 우울증에 빠진 사람은 때때로 탈출구를 찾고 싶어 하는데, 그것은 죽겠다는 쪽으로 마음을 돌리는 것이며 이는 거의 예측할 수 없다는 것이다.

삶에서 부딪치는 상황 때문에 비참한 사람들과 우울증이 병이 될 정도로 심각해진 사람들한테는 삶이 너무 두려우며, 더 이상 살 수 없을 것 같다는 생각이 찾아온다. 비참한 불행을 겪는 다양한 이유가 존재하는 상황에서, 생을 끝냄으로써 안식을 누려보겠다는 욕구를 느끼는 것은, 그 자체로 비이성적이거나 놀랄 만한 반응이 아니다.[2]

가끔씩 죽고 싶다는 생각을 하며 사는 사람은 많지만, 자살까지 깊이 생각할 정도로 심각한 사람은 거의 없다고 그는 계속 설명한다.

그러나 어떤 순간에는 실제 자살할 가능성이 있는 경우가 발생한다. 그때부터는 고통에서 벗어나기 위한 방법으로, 자기 파괴 행동을 심각하게 고민하기 시작한다. … 그런 사람이나 혹은 그와 같은 정보를 들은 사람들은 더 이상 지체할 여유 없이 도움이 절박하다는 사실을 분명히 깨달아야만 한다.[3]

이와 같은 경고는 굉장히 중요하다. 자살 위협은 늘 심각하게 받아들여야 하며, 그 사람이 자해하지 못하게 보호해 주기 위해 최선을 다해야 한다.

하지 말아야 할 것

우울증에 걸린 사람을 도와주기 위해 해야 할 일이 있는 것처럼, 그에게 더 깊은 상처만 주는 확실한 방법도 있다. 한 가지는 그가 만일 자살 충동을 고백할 때 "네 자신이 부끄러운 줄 알아라."라고 말하는 것이다. 안 그래도 그는 아마 그렇게 생각하고 있을 것이다. 하지만 그의 고백은 정죄가 아니라, 사랑과 온유한 마음만이 채워 줄 수 있는 그런 도움을 달라는 부르짖음이다.

  용기를 내서 자기가 우울증에 시달린다고 고백하는 사람에게 다음과 같이 말하는 것 역시 똑같이 가슴에 못을 박는 일이다. "그렇게 생각하지 마." "너는 너무 지나치게 생각해. 그게 바로 너의 문제야." "정신 좀 차려." 파괴적인 우울증의 희생양이 되고 싶어 하는 사람은 아무도 없다. 그들이 그런 고백을 하는 것은 정죄가 아니라, 들어주는 사랑과 부드러움이 필요하다는 이야기다.

  땜질 처방식 기도 또한 고통만 준다. 우울증의 원리에 대해서는 거의 아는 것이 없는 그리스도인이나 눈물에 찌든 절망적인 사람을 대하면, 안수기도나 기도 한 방으로 모든 복잡한 문제를 해결할 수 있다고 믿는 그리스도인들이 하는 그런 기도 말이다. 그런 사람들은 상처받은 사람 곁에 있어 주기보다는 그 사람이 '단숨에' 완전히 회복되기만을 빈다. 소위 말하는 그와 같은 기도 사역은 상대방을 더 깊은 고통 속으로 빠뜨리며, 만약 실제적 치유가 당장 일어나지 않기라도 하면, 기도해도 슬픔이 치유되지 않기 때문에 심지어 그들은 도움을 받을 수 없다고 단정하기도 한다.

  내가 우울증에 빠졌을 때, 내 안에 있는 귀신을 쫓아내려고 하는 사람은 아무도 없었다. 하지만 우울증 질환을 겪은 친구 중 몇 명이 잘못된 축사 사역을 몇 시간 동안 받기도 했는데, 득보다는 실이 훨씬 더 많았고, 하나님의 치유 사역에 잘못된 오해만 가져왔다. 때로는 우울증에 걸린 사람을 혼란한 감정으로부터 자유케 하는데, 축사 사역이 나름대로 효과가 있는 경우도 있다. 그러나 모든 사람의 침대 밑에 마귀가 있다는 식의 생각은 조심해야 한다. 그리고 우울증이 귀신 들려서 그렇다고 성급히 판단하기 전에 여러 조언을 들어야 한다.

사람들을 도와주는 입장에 있는 우리로서는 두 가지 사실이 긴장 관계에 있음을 알아야 한다. 때로는 사단의 권세 때문에 우울증이 생길 수도 있다는 점과 두 번째는 이 가능성을 지나치게 강조하거나 과장하는 것은 오히려 필요 이상으로 사단의 능력을 과대평가한다는 인식이다. 우울증에 빠진 사람이 그리스도 안에 당연히 존재하는 온전함을 누리기 위해 그 터널에서 빠져 나오게 하려면, 능숙하고도 세심하게 우울증을 치료해야 한다. 설령 우울증에 걸린 사람이 절박한 심정에서, 또는 누군가가 자기 고통을 낫게 할 해결책을 빨리 제시해 주기를 바라는 마음에서 아무 기도나 상담도 상관없다면서 무조건 떼를 쓰더라도, 현명한 경청자는 언제 기도해야 하고, 언제 들어줘야 하고, 언제 사랑을 베풀고, 언제 실제적인 도움을 줘야 할지를 분별해야 한다. 지혜로운 경청자는 측량할 수 없는 지혜와 사랑을 가지신 하나님께서는 항상 즉시에 고통을 없애 주지 않는다는 사실을 안다. 때로는 그것을 극복하고, 그것을 통해 교훈을 얻고, 그래서 마침내 성숙이란 선물을 받을 수 있는 능력을 주시기도 하는 것이다.

이와 같이 우리가 간절히 바라는 상태, 즉 성숙에 이르는 길에서 여전히 헤매고 있는 동안 우울증에 걸린 사람은 틀림없이 최악의 관점에서 자신의 처지를 바라본다. 바로 그 순간 해야 할 일은 옆에서 그를 기쁘게 해 주고, 그의 생각이 잘못된 것임을 깨닫게 해 주고, 그를 칭찬하고 격려해 줌으로써 사기를 북돋아 주는 것이다. 하지만 우리의 친구는 그 말뜻을 제대로 이해할 수 없기 때문에, 그와 같은 격려는 흔히 실패로 돌아간다. 그러면 도와주는 쪽이 자신감을 잃어버린다.

그러나 우울증에 빠진 사람이 받아들일 수 있는 칭찬과 격려를 해 주는 방법이 있다. 질문의 형태로 하는 것이다. "네가 얼마나 잘했는지 아니?",

"네가 자신 있게 그 관계를 처리했다는 것을 알겠니?" 그러면 그들은 마음속으로 천천히 기억을 더듬고 난 후, 이와 같이 반응할 것이다. "아 그래, 이제 알겠어. 맞아. 기분이 좋아지는데." 그와 같은 격려가 오래 지속되지 않을 수도 있지만, 한 줄기 희망의 빛을 던져 줄 것이다. 반면 별 악의 없이 지나치게 칭찬하거나 띄워 주려고 하다가는 거의 백발백중 경멸에 찬 반응만 돌아올 것이다. "뭐야, 내가 실제 모습보다 더 낫다는 것을 억지로 확인하려고 하는 것 아냐!"

팀 사역에 대한 필요

우울증에 대한 극약 처방은 없다. 어떤 경우에는 교훈을 제대로 배우기 위해서 우울증이 이 사람에게 가장 좋은 방법일 수도 있기 때문에, 사실 그런 처방을 찾으려고 할 필요도 없다. C.S. 루이스는 이와 같은 생각을 훌륭하게 설명한다.

당신 자신을 사람이 사는 집이라고 한번 가정해 보자. 하나님이 그 집을 재건축하기 위해 안으로 들어온다. 아마 처음에는 그가 무슨 일을 하고 있는지 짐작할 수 있을 것이다. 그는 배수시설을 고치고, 지붕에 새는 곳을 막는 일 등을 한다. 그런 일을 해야 할 필요가 있었다고 생각했기에, 당신은 그다지 놀라지 않는다. 그런데 지금은 불쾌할 정도로 집안 구석구석을 두드리는 걸 보니, 뭔가 잘못 파악하고 있는 것처럼 보인다. 도대체 무슨 일을 하고 있는 건가? 설명을 하자면, 그분은 당신이 생각한 집과는 완전히 다른 집을 만들고 있는 것이다. 이쪽에 새로운 공간을 만들고, 저기에는 바닥을 넓히고, 기둥도 세우고, 안마당도 만들고 있다. 당신은 번듯한 작은 집 정도를 생각했는데, 그분은 궁전을 짓고 있는 것이다.[4]

재건축이 진행되는 동안, 우울증에 걸린 그 사람 인생의 주춧돌이 붕괴되는 것을 막기 위해 밑에 발판을 설치해 둬야 한다. 그런데 이렇게 무거운 짐을 혼자 감당할 만큼 안전한 구조를 만들고 싶은 사람은 아무도 없다. 다른 사람이 거들어줘야만 한다. 이 점을 인정하는 것은 우리가 나약하거나 실패자라는 표시가 아니라, 상식에 속하는 문제다. 런던에 있는 상담정신과 의사인 가이우스 데이비스는 이 상황을 잘 설명한다. 그의 주장에 따르면, 우울증에 걸린 사람뿐만 아니라 다른 고통을 겪는 사람들을 돕기 위해 필요한 것은 팀을 이루고 있는 사람들이라는 것이다. 팀원 각자는 자신만의 특유 기술을 발휘하면서, 하나님이 그 사람을 완전히 새롭게 하실 때까지 고통 중에 있는 그 사람을 도와주려는 생각을 가지고, 다른 사람들과 상호 협력할 필요가 있다는 것이다.

또 다른 그리스도인 정신과 의사인 로저 허딩은 이와 같이 일단의 돕는 자들이 상처받은 사람의 인생에 왜 그렇게 중요한 역할을 감당하는지를 설명하면서, 그들의 문제를 긴 안목에서 바라보도록 도와준다.

그는 또한 하나님의 형상으로 만들어진 인간이 마음과 육체와 영혼이 혼연일체가 된 존재로 창조되었다고 주장한다. 창조 당시 인간은 완벽하게 통합된 인격체였다. 사고, 감정, 창조, 직관, 행동, 예배, 관계, 그리고 '존재 그 자체' 능력은 완벽한 질서를 이루고, 각각은 나머지와 조화를 이루고 있었다.

그림으로 나타내자면, 타락 이전의 인간은 다음과 같다.[5]

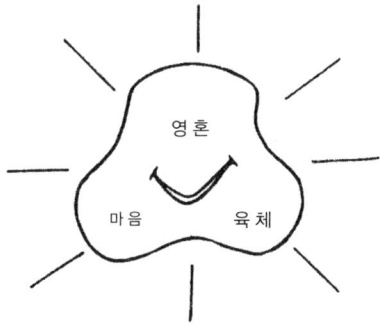

| 하나님의 형상 : 온전함 |

그러나 타락과 함께 재앙이 닥쳤다. 이 형상은 완전히 망가졌다. 그래서 인간의 모습은 다음과 같이 되었다.[6]

| 망가진 형상 : 모든 인류 |

혼자 남게 된 인간은 타락한 상태에서 나머지 인생 내내 불균형과 미성숙, 정체성 상실로 인한 고통을 겪어야만 했다. 그러나 하나님의 말씀인 그리스도를 통해 나타난 하나님의 사랑과 성령과 다른 사람들을 돌봐 주는 사람들과 상담자를 통해 실천되는 그분의 사랑을 체험한다면, 다시 변화를 받

| 균형, 성숙, 정체성 인식 |

아 새로운 행복을 누리게 될 것이다. 이러한 상태는 균형, 성숙, 정체성과 자기 가치를 훨씬 더 많이 깨달은 모습이다. 그때는 위와 같은 모습이다.[7]

이것이 완벽하지는 않다. 완전히 성숙한 상태도 아니다. 그러한 완전한 행복은 영원의 반대편 세상에서만 누릴 수 있다. 그러나 훨씬 더 온전해졌다는 게 어딘가.

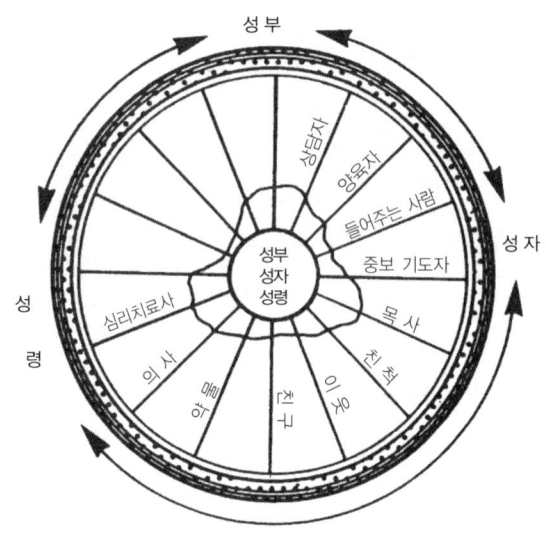

| 바퀴의 살 |

이 그림들은 사람들의 상처를 어루만져 주고자 하는 다른 기독교 공동체에 대한 이상을 꿈꾸게 만들었다. 그래서 C. S. 루이스의 집에 대한 그림을 다른 모습으로 바꾸어 보았다. 그것은 자전거 바퀴이다. 그림으로 표현하자면 왼쪽과 같다.

신비로운 사실은 상처 입은 모든 그리스도인의 마음속에 성부 하나님, 성자 하나님, 그리고 성령 하나님이 이미 내주하고 있다는 것이다. 사도 바울의 말처럼, 영광의 소망이라고 일컬을 수 있는 그 신비는 바로 그리스도께서 우리 안에 있다는 사실이다. 또는 예수님의 말씀대로, 삼위일체를 이루는 세 분이 우리 안에 내주하신다는 것이다. 우리 역시 그리스도와 하나님 안에 우리가 있음을 확신한다. 그래서 모든 상처 입은 인격체는 삼위일체 하나님으로 둘러싸여 있는 동시에 삼위일체 하나님이 우리 안에 내주하신다. 게다가 모든 그리스도인들은 그리스도 몸의 지체이다. 내 소망은 그리스도 몸의 모든 지체들이 자신의 은사를 발견해서 그것을 최대한 발휘하는 것이다. 그렇게 된다면 비록 받은 상처가 심하다고 해도, 한 사람의 인생의 바퀴가 위험하게 흔들릴지 모르지만, 계속 굴러갈 것이다. 이 그림에서 바퀴는 짐을 서로 나누어지는 사람들을 의미하는 바퀴살에 의해 지탱된다. 그런 사람들은 이 책 서두에서 이야기한 로버츠 거리 주민들이 모델이다. 진심으로 서로 돌보아 주는 공동체 안에는 이와 같은 복잡한 바퀴살이 얽혀 있을 것이다. 우리 교회를 보더라도 성도들이 거리로는 서로 상당히 멀리 떨어진 곳에 살지만, 일종의 공동체를 형성하고 있다. 지금 이 글을 쓰는 목적은 '사랑의 치료사'가 누구인지를 분별하는 데 있다. '사랑의 치료사'는 도움이 필요할 때 실제적인 도움을 줄 만큼 남을 성심껏 돌보아 주는 사람이다. 집안 청소나, 요리, 정원 손질 등 두 팔을 걷어붙이고 사랑을 베풀 준비가 되어 있는 사람 말이다. 상담이나 기도 사역같은 앞에 나서서 하는 '화려한' 일보다, 사람들을 돌아보는 사역처럼 숨어서 하는 일에 자원하는 사람들이 훨씬 적다는 것을 알고는 무척 슬펐다. 오늘날의 실천하는 사랑은 신데렐라 같은 사역인이다.

우리는 또한 하나님이 경청하는 특별한 능력을 부어주신 사람들을 찾고 있다. 우리 각자는 듣는 기술을 계속 배울 필요가 있으며, 몇몇 사람들은 이 특별한 사역에 대해 천부적인 재능이 있다.

경청하는 무리들 중에는 매우 많은 상담가들이 있다. 그들은 사회사업가, 보호 관찰관, 결혼상담가들처럼 직업을 통해 이미 상담 훈련을 받은 사람들이었다. 그런 훈련을 받지 않았다면, 상담에 재능이 있는 사람들에게 우리는 기본적인 지침을 가르쳐 준다.

하지만 모든 상담자가 깊이 있는 사역에서 벗어날 우려가 있음을 우리는 알기 때문에, 필요한 경우 조언과 감독을 해 줄 수 있는 심리학자, 정신과 의사, 심리치료사, 심리분석가들에게 귀를 기울이고 있다. 마찬가지로 의사, 물리 치료사, 직업 치료사 같은 분들도 도움을 준다.

이런 부류의 사람들의 바퀴살 이외에 '기도 치료사'도 있다. 그들은 고통을 겪는 사람을 위해 언제든지 중보 기도를 해 주는 사람들이다. 이런 치료사들은 8장과 9장에서 언급한 내적 치유 사역을 체험하게 될 것이다. 그들 중에는 사람들의 문제를 경청한 경험이 거의 없거나 상담 경험이 전혀 없는 사람들도 있다. 그들이 고통 중에 있는 사람들에게 베푸는 것은 하나님이 어떤 식으로든 간섭할 수 있다는 믿음의 은사이다. 특별한 필요를 요청하는 사람과 함께 기도할 때, 그들은 한쪽 귀로는 문제의 본질에 귀를 기울이고, 다른 쪽 귀로는 하나님의 음성을 듣고자 노력한다. 또한 세 번째 그림에서 본 것처럼 그리스도께서 베푼 구속을 받았지만 아직은 온전치 못한 그 사람을 마음속에 그리면서 동시에 하나님을 깊이 의지할 것이다. 하나님을 의지하면서 지혜와 지식의 말씀을 통해 그 사람의 인격과 육체와 영혼에 고통을 안겨 주고 있는 상처 자국에 대해 하나님이 어떻게 사역을 하기를 원하는지를 보여 주게 될 것이다.

도움을 요청한 그 사람이 분명히 객관적으로 봐서 우울증에 걸렸거나 사별한 경우라면, '보호하는 기도'를 해 주는 동시에 적절한 상담을 해 줄 수 있고, 자기보다 더 경험 많은 사람을 소개해 줄 것이다. 그렇게 하는 것이 정확한 치료라고 생각될 경우, 그들은 당사자뿐만 아니라 장기적인 도움을 더 많이 제공할 전문가들을 위해서도 기도할 것이다. 또 문제가 덜 복잡한 경우에는 하나님께서 성령으로 말미암아 원하시는 방법으로 그 사람의 인생에서 역사하도록 기도할 것이다. 성령은 때로 바람으로 일컬어지기도 하기 때문에 만약 그 사람을 위해 기도하던 중, 그 사람의 눈매가 바람을 맞은 듯 사랑을 체험한 것같아 보인다면, 그 기도 치료사는 혼돈 속에서 고통받는 그 사람이 어떤 식으로든 하나님의 손길을 체험했다는 신호로 받아들인다. 혹은 성령은 불이라고도 이야기하기 때문에 기도를 받고 있는 당사자가 열이 난 것처럼 뜨거워지거나 그 사람의 상처 부위나 머리에 손을 얹고 기도를 하는 중 손이 뜨거워지는 것을 체험한다 해도 그다지 놀라지 않을 것이다.

도움을 베푸는 사람 중에서 훈련받지 않은 사람들을 통해 하나님이 기적을 일으키는 것을 여러 번 목격했다. 여기서 기적이란 사람의 생각으로는 설명할 수 없는 치유의 역사를 말한다. 그러나 다른 사람들과 마찬가지로, 나도 혼란에 빠진 사람들을 다시 원상태로 회복시키는 고된 작업을 해 본

적이 있다. 그런데 그런 사람들이 이와 같은 혼란을 겪은 이유는 순진한 기도 치료사가 단순한 두려움을 귀신들렸다고 진단을 잘못 내린 결과, 적절치 못한 사역을 했기 때문이었다.

동시에 나는 정서적으로 미성숙하고 상처받은 사람들 곁에 머물면서, 그들이 대화 요법과 약물치료를 통해 다시 정상으로 회복되는 것을 지켜본 적도 많다. 하지만 마찬가지로 또 어떤 사람들은 정신과 치료를 통해서는 도움을 받지 못했지만, 내적 치유와 기도 사역을 통해 놀랍게 치유되는 경우도 있었다.

바로 이런 이유로 어느 찬송가 작사자가 기록한 말이 더욱더 내 마음속에 와 닿는다. "하나님은 신비한 방법으로 역사하시고 기적을 베푸시네." 하나님은 신비 그 자체이다. 치유 사역은 신비이다. 신비란 인간의 생각으로 보면 너무나 복잡해서 측량할 수 없는 것이다.

그럼에도 불구하고 우리 아버지께서 긍휼하신 것처럼, 우리도 긍휼을 베풀라는 부르심에 책임감 있게 행동하기 위해서는 더 많이 이해하도록 노력해야만 한다. 게다가 나도 지난 몇 년간 학식 있는 사람들을 도와주는 전문가들과 함께 사역하는 특권을 누린 것에 진심으로 감사한다. 또한 '초보'들과도 동역했는데, 그들은 고통받고 있는 이들에게 하나님이 어떤 식으로든 그 사람의 인생을 다루기를 원하신다는 깨달음 외에는 아무런 도움도 주지 못하는 사람들이었다. 이 두 경험은 모두 나에게 도전이 되었다. 전문가들에게서는 복잡한 인간의 성격에 관한 모든 것을 계속 배워야 한다는 것을 알았고, 초보자들을 통해서는 하나님이 원하시는 방법과 시간에 맞춰 쓰임 받을 수 있도록 나 자신을 더 완전히 비우라는 도전을 받았다. 하나님은 당신을 더 의뢰하는 동시에 더 많은 지식을 쌓으라고 도전하신다.

이것은 나를 더 채찍질하고 겸손하게 만든다. 하나님께서는 한 사람을 온전케 하시기 위해 굉장히 다양한 방법으로 다양한 사람들을 사용하시기 때문에 나는 한 사람의 인생의 바퀴에서 그저 하나의 바퀴살이 되는 것만으로도 만족해야 한다. 나는 메시아처럼 행세할 필요가 없다. 전능한 것처럼 행세해서는 안 된다. 또한 나의 한계에 대해 사죄할 필요도 없다. 오히려 그 한계 안에서 사역하는 것이 편하다. 다른 짐은 전문적 기술이 있는 사람한테 기꺼이 맡기면 되는 것이다.

그렇다고 다른 사람을 도와줄 때, 거만하거나 무책임해도 된다는 말은 아니다. 오히려 서로 서로에 대한 책임감을 가져야 한다. 느슨해진 바퀴살은 위험하다. 타이어에 구멍이 나거나, 사고를 일으킬 수 있다. 혼자서 사역하려고 고집을 피우면 그와 비슷한 피해를 가져올 수 있다. 그러므로 듣는 사역이건, 상담 사역이건, 기도 사역이건, 실제적인 도움을 베푸는 사역이건 간에 다른 사람들과 그리고 내주하시는 그리스도와 함께 협력을 해야만 한다. 그래야 그 사람의 인생의 바퀴가 다시 한 번 자유롭게 굴러가게 만들 수 있다.

바퀴살의 자격 요건

" 다른 사람을 돌보는 사역의 바퀴에서 한 살을 차지하고자 하는 사람들을 찾을 때 어떤 자격을 봅니까?" 내가 자주 받는 질문이다. 답변을 하려고 하니, 온갖 종류의 특성들이 머릿속에 떠올랐다.

첫 번째로 가장 중요한 것은 그리스도의 사랑을 실천할 수 있는 사람들을 찾는다. 대부분의 우리들은 마치 자신들이 아버지와 함께 특별한 시간을 갖기 위해 휴가를 떠난 꼬마 소년 같다고 생각한다. 그때 어둠 속에서 낯선 침대에 누워, 외로움과 두려움을 느꼈다. 두려움을 알아챈 아버지는 그는 혼자가 아니기 때문에 두려워할 필요가 없다고 위로하면서 안심을 시킨다. 하나님이 함께 계신다고 말해 준다. 그 아이는 "예"라고 대답했다. "오늘밤에는 하나님이 저를 꼭 껴안아 주셨으면 좋겠어요."

하나님의 사랑을 실천하는 사람들은 우리 마음이 짓눌릴 때 행복하게 해 주는 데 반드시 필요한 기댈 만한 언덕이 되어 주는 '우리를 꼭 껴안아 주는 하나님' 처럼 절실히 필요한 사람들이 되어야 한다. 또한 상처받고 슬퍼하는 사람들을 존중하며, 그들이 고통당할 때 따뜻함과 세심함과 이해와 염려와 무조건인 사랑, 그리고 내가 1장에서 말한 그리스도의 긍휼을 베푸는 사람이다. 그들은 과학자이면서 성직자인 타일하드 드 샤딘이 "그런 사람한테는 말만 해도 기분이 한결 좋아진다. 그것은 그가 당신 말에 귀를 기울이고, 이해한다는 것을 알기 때문이다."라고 말하는 부류의 사람들이다. 뿐만 아니라 심령이 상한 사람들에게 그들이 하나님의 자녀로서 완전한 가치 있는 존재라는 생각을 심어 주는 사람들이다.

둘째, 내가 찾는 사람들은 다른 사람뿐만 아니라 하나님의 음성에도 귀를 기울이고자 하는 사람이다. 하나님 아버지의 마음에 귀를 기울이는 능력은 여러 가지 이유에서 중요하다. 첫째, 프랜시스 맥넛이 언급하듯이, 모든 피조물은 '꼭 안아 주시는 하나님' 과 같은 역할을 가장 잘 수행하는 방법을 아는 지혜를 얻기 위해 창조주에게 의존한다. 왜냐하면 "의사가 정확한 진단을 내리려고 하듯이, 그리스도인 조력자는 기도를 통해 올바른 진단을 내리는 분별력을 얻고자 하기 때문이다."[8] 이 분별력은 *Listening to*

God(하나님의 음성을 듣는 법)에서도 설명했듯이 다양한 방법을 통해 얻을 수 있다. 한 장의 사진을 통해서 얻는 경우도 있고, 때로는 도와주는 사람 입장에서는 별 의미 없는 한마디의 말이 고통을 당하는 사람한테는 큰 도움이 되는 경우도 있다. 만약 그 말이 정말 하나님으로부터 온 것이라면 말이다. 또는 어떤 질문을 해야 하고, 어떤 질문은 피해야 하고, 언제 말을 하고, 언제 침묵해야 하고, 어떻게 기도해 주어야 하는지를 아는 지혜의 형태로 아주 자연스럽게 얻는 경우도 있다. 하나님의 음성에 귀를 기울이지 않는다면, 그 사람의 고통에 대한 우리의 평가 이상은 결코 얻어내지 못할 것이다.

그러나 정말 필요한 것은 하나님의 관점이다. 그것을 가지면, 그 사람이 통과하고 있는 어둠의 골짜기가 자백해서 정결케 되어야 하는 죄 때문에 생긴 것인지, 아니면 하나님의 치유의 손길이 필요한 질병인지, 아니면 하나님의 신뢰를 얻어서 당하는 신비로운 보배인지 분간할 수 있게 된다. 그와 같은 어둠은 프랜시스 톰프슨의 불후의 명언 속에 잘 요약되어 있다.

나의 슬픔은 결국 그분 손의 그림자란 말인가?(*The Hound of Heaven* 중)

하나님의 음성에 가장 민감하게 반응하는 것을 침묵하는 법을 배운 사람들에게서 찾아볼 수 있다. 하나님 앞에서 침묵하는 주의력은 또 다른 이유에서 중요하다. 목사이자 정신과 의사인 래스본 올리버는 이 상황을 다음과 같이 잘 표현한다.

다른 사람을 도와줄 수 있는 당신 능력의 한계는 정신 의학이나 교리 신학이

나 도덕 신학에 관한 당신의 지식에 달려 있지 않고, 당신이 예수님과 함께 동행했다는 것을 상대방에게 확신시키는 정도에 달려 있다. … 불행하고, 걱정하고, 자학적인 사람들은 마치 나방이 촛불에 유혹을 느끼듯이 실제로 거룩한 사람들에게 이끌린다.⁹

다시 말해서 상처받은 사람들이 갈망하는 것은 극히 작은 인간적인 도움이 아니라 하나님의 대리자인 돕는 자들을 통해 하나님의 사랑과 지혜와 치유를 받는 것이다.

우리한테는 심령을 꿰뚫어보고, 대화를 나누고, 치유하고, 위로하고, 도전하고, 맞서 싸울 만한 거룩한 사랑이 없기 때문에, 앞으로 돕는 자가 될 사람들은 하나님의 음성을 듣는 기술을 배워야 한다. 하나님께서는 이 모든 능력을 우리에게 더해 주실 것이다.

우리가 그분 품으로 들어가 자신의 필요와 불안, 두려움, 해결되지 않은 걱정에 얽매여 있는 태도를 과감히 벗어버리고, 상한 심령을 소유한 사람들 곁에서 머물 만한 충분한 능력을 갖춘다면, 하나님은 이 역사를 일으킬 것이다. 이 사랑이 없다면, 상처받은 사람들에게 쏟아 부은 많은 시간은 쓸모없는 것이 되고 만다.

하나님의 음성에 귀를 기울이는 법을 배워야 하는 네 번째 이유가 여기에 있다. 우리가 하나님의 능력과 감싸 주고 치유하는 사랑의 효과적인 통로가 되지 못하도록 가로막는 죄에 대해 용서를 받고 깨끗케 되어야 하는 이유가 바로 이것이다.

다양성의 하나님

분별력과 능력을 받기 위해 하나님을 신뢰해야 할 필요가 있음을 아는 사람들은 하나님을 가장 하나님 되게 하는 사람들이다. 이것이야말로 그리스도의 이름으로 다른 사람을 도와주고자 하는 모든 사람들이 갖추어야 할 자질이다. 이렇게 말하는 이유는 어떤 모임들에서 발견되는 비극적인 갈등 때문이다. 그 상황은 이렇다. 인간 정신의 복잡성을 연구하는 데 많은 시간을 쏟아 부은 몇몇 유능한 정신과 의사들과 심리분석가, 그리고 몇몇 전문가들이 왜곡된 심리를 바로잡고, 상한 감정을 치유하는 작업에 있어서 자기들만 권리가 있다고 가정해 버리는 오류에 빠지고 있다. 물론 하나님께서는 상처받은 사람들을 치유하는 주요한 도구로 그들을 종종 사용하신다. 하지만 또 다른 한편으로는 제라드 휴즈도 언급하듯이, 하나님은 놀라움의 하나님이시다. 그분은 때때로 훌륭한 자격을 갖춘 전문가들의 통찰력을 그냥 지나쳐 버리시는 대신 상담 훈련을 전혀 받은 적이 없는 아마추어가 드린 믿음의 기도를 통해서 상한 심령의 자녀들에게 평안을 가져다준다. 그러나 이 사실을 모르는 사람들이 전문가들뿐이 아니다. 많은 기도 치료사들도 똑같이 근시안적이다. 하나님의 영에 의해 분명히 다루어지지 않았다면, 상처받은 그 사람에게 준 도움은 무효이고, 효과가 없다고 그들은 주장한다. 그 결과 종종 우리의 기도가 우리의 기대와 달리, 즉각적인 치유의 열매를 맺지 못한다는 것을 깨닫지 못한다. 많은 경우, 하나님께서는 정신과 치료, 약물치료, 또는 상담을 통해 효과가 나타나는 점진적이고도 느린 치유를 통해 도움이 필요한 각 사람을 다룰 수도 있는데 말이다. 하나님의 신비는 그분이 우리가 쓰는 방법에 얽매이기를 단호히 거부한다는 데 있다. 그분은 다양성의 하나님이다.

훌륭한 조력자는 하나님께서 상처받은 자녀를 온전케 하시기 위해 어떤 방법을 쓰더라도 기뻐하는 사람들이다. 치유 신학뿐만 아니라 고통, 고난, 죽음의 신학도 알고 있는 사람들이다. 이 말은 도움을 받는 당사자가 즉각적인 치유를 받아야 한다는 주장의 덫에 빠지지 않으며, 오히려 매번 기적만을 바라며 아우성치는 그들 마음속에 있는 요구를 잘 다스릴 줄 안다는 것이다. 뿐만 아니라 그들은 하나님의 섭리에서 볼 때, 고통에는 때로 목적이 있으며, 사실 궁극적인 치유는 죽음밖에 없다는 사실을 알고 있는 사람들이다. 하나님을 하나님 되게 하는 사람들을 찾는 한 가지 이유는 그 사람들은 다른 사람이 발휘할 수 있는 특유의 능력을 깨달았지만, 그렇다고 그들의 존재 때문에 위협을 느끼는 것이 아니라, 이 장에서 이미 설명한 대로 겸손하고 감사한 마음으로 그들과 협력을 하기 때문이다. 따라서 정신과 의사가 아마도 내적 치유 기도 같은 기도 사역에 은사가 있는 사람을 도와주고, 관리도 해 줄 수 있다. 또한 상담가는 한 사람을 온전히 회복시키는 일을 하는 일반 의사, 심리치료사, 심리학자 옆에서 같이 사역을 할 수도 있다. 각자는 도움을 받고 있는 사람을 위해 자기 고유의 재능을 발휘할 것이다. 그러면서 서로 서로에게서 배울 수도 있다.

실력, 책임감, 성장

돌보는 사역의 바퀴에서 살의 한 부분을 감당하고자 하는 사람들이 지닌 세 가지 자질이 더 있다. 하나는 실력이다. 정말 유능한 조력자가 되기 위해서는 근면과 평생 학습이 요구된다. 각 조력자는 끊임없이 배우면서 다른 사람들이 또 다른 상처를 처리하는 방식에 대해서도 책임을 질 필요가 있다. 이 말은 마치 재능 있는 지휘자가 합창단이나 오케스트라가 지닌 최대한의 잠재력을 발휘하도록 이끌어 내듯이, 은사가 있는 헌신된 목회자도 하나님이 돌보라고 맡긴 사람들의 잠재력을 지금까지 설명한 방법을 통해 최대한 발휘하도록 지도해야 한다는 뜻이다. 또한 이 잠재력을 발휘하기 위해서 각각의 조력자는 성공적으로 잘 하고자 하는 필요를 간파할 뿐만 아니라, 개인적인 성장을 도와주는 것을 목표로 삼아야 한다. 다른 사람들의 자아 인식이 개발되도록 도와주는 사람, 그들이 자기 역할 분담을 이야기할 때 조언을 해 줄 수 있는 사람이 필요하다. 뿐만 아니라 다른 사람들이 균형 잡힌 건강한 삶을 살며, 신경쇠약에 걸리지 않도록 그들의 능력을 어떻게, 어디에서 공급받을 수 있는지도 깨닫도록 도와줘야 한다.

이 책을 읽는 사람 중에 과연 이런 일을 감당할 수 있는 능력이 되는 사람이 누구냐고 질문하는 사람이 있을 수도 있다. 대답은 '아무도 없다'이다. 적어도 혼자 힘으로는 그렇다. 하지만 우리는 육신의 힘으로 하나님을 섬기라고 요구받지 않았다. 대신 생명을 불어넣는 성령에 의해 능력과 힘을 얻을 수 있는 특권이 주어져 있다. 영적인 열매가 무르익는 것은 바로 내주하시는 성령께서 우리 안에 생명을 불어넣으실 때 가능하다. 성령의 열매는 다음과 같다. "가장 최고로 위대한 심리치료사이며, … 정신과 전문의가 만들어 낼 수도 없고, 다룰 수도 없고, 베풀어 줄 수도 없는 그 무엇과도 같은 사랑."[10]과 희락과 화평과 오래 참음과 자비와 양선과 충성과 온유와 절제이다(갈 5:22, 23). 내가 강조해 온 바로 그 자질들이다.

고통을 겪는 사람의 인생의 바퀴에서 하나의 바퀴살이 되는 일, 즉 사람들이 흔히 생각하고 있는 것과는 달리 이 일은 화려한 사역과는 거리가 멀고, 힘들며 진을 빼는 사역이다. 앤 롱이 학생들에게 주의를 줬듯이, 도움을 베푼다는 것은 '모든 것을 희생하는 대가를 지불하는' 일이다. 그러므로 인간 바퀴살이 되려면 많은 인내와 정력이 필요하다.

하지만 보람도 있다. 한 가지는 주께서 재림하실 때 누릴 것이다. 마태는 그것을 다음과 같이 강력하게 증거한다.

"인자가 자기 영광으로 모든 천사와 함께 올 때에 자기 영광의 보좌에 앉으리니 모든 민족을 그 앞에 모으고 각각 구분하기를 목자가 양과 염소를 구분하는 것같이 하여 양은 그 오른편에 염소는 왼편에 두리라 그때에 임금이 그 오른편에 있는 자들에게 이르시되 내 아버지께 복 받을 자들이여 나아와 창세로부터 너희를 위하여 예비된 나라를 상속 받으라 내가 주릴 때에 너희가 먹을 것을 주었고 목마를 때에 마시게 하였고 나그네 되었을 때에 영접하였고 헐벗었을 때에 옷을 입혔고 병들었을 때에 돌보았고 옥에 갇혔을 때에 와서 보았느니라 이에 의인들이 대답하여 이르되 주여 우리가 어느 때에 주께서 주리신 것을 보고 음식을 대접하였으며 목마르신 것을 보고 마시게 하였나이까 어느 때에 나그네 되신 것을 보고 영접하였으며 헐벗으신 것을 보고 옷 입혔나이까 어느 때에 병드신 것이나 옥에 갇히신 것을 보고 가서 뵈었나이까 하리니 임금이 대답하여 이르시되 내가 진실로 너희에게 이르노니 너희가 여기 내 형제 중에 지극히 작은 자 하나에게 한 것이 곧 내게 한 것이니라 하시고"(마 25:31~40).

"어떤 일도 괜찮다고요? 청소, 요리, '그저 들어주는 것', 상담도 말입니까?" 그렇다. 어떤 도움도 좋다. 내 간증이 정확한 평가 기준이라면, 보다 즉각적으로 보답을 받는 다른 보람도 있다. 그것은 바로 당신의 도움을 받은 그 사람이 볼품없는 번데기 속에서 기어 나와서, 과거 유충의 모습이 아니라, 이제는 하나님이 항상 바랐던 대로 아름다운 나비가 된 모습을 지켜보는 순전한 기쁨이다. 이제 그는 자유의 몸이 된 것이다.

12

기쁨에 귀 기울이기

      내 가　아 는　한 , 나는 우는 사람들과는 함께 울 수 있었다. 로버츠 거리에서의 삶을 통해 그런 능력이 생긴 것 같다. 세인트존대학에서 상담 과정을 거의 마칠 무렵, 기뻐하는 사람들과 함께 기뻐하는 능력은 부족하다는 생각이 불현듯 들었다. 고통을 겪는 사람들이 있으면 도와주는 역할 속으로 아주 쉽게 빨려 들어갔지만, 사람들이 기쁨을 같이 나누길 원했을 때는 뭔가 불안하고, 동참하지 못하고, 그들이 나에게 기대하는 바가 뭔지 확신할 수 없었다.

나는 이것 때문에 괴로웠다. 그래서 세인트존대학의 세 번째 학기 때, 이 걱정거리를 예비 성직자 소그룹의 사람들과 나하고 같은 '성장 그룹'에 속했던 그들의 부인들과 나누었다. "이것이 내가 가장 많이 성숙해야 할 점인 것 같아요."라고 털어놓았다.

그 문제가 나만의 특별한 문제일 거라고 생각했기 때문에 이 고백을 했을 때 이 젊은 사람들이 충격을 받을 거라고 예상했다. 그런데 그들은 공감하고 이해한다는 표정을 지었다.

그 학기에는 내가 기쁨에 귀 기울이는 데, 왜 그렇게 어려워하는지 그 원인을 찾는 일에 몰두했다. 어떻게 하면 우는 자들과 같이 울어 줄 만큼 기뻐하는 사람들과도 같이 기뻐할 수 있는가? 그 비결이 무엇인가? 이 질문에 대한 해답을 찾기 위해 고심하다가, 내 안에 좀 더 많은 변화의 역사를 일으켜 달라고 하나님께 구했다. 진심으로 다른 사람의 기쁨에 귀를 기울일 수 있는 자유함을 달라고 말이다.

루이스 에벌리의 책 『환희』(*Joy*)와 *Suffering*(고난)[1]은 그 문제에 대해 새로운 관점을 갖게 했고, 기쁨보다는 슬픔을 더 쉽게 받아들이는 이유를 깨닫는 데 도움을 주었다.

예수회에 속한 이 성직자는 기쁨을 같이 나누지 못하는 것은 보편적인 문제라고 주장한다. 또한 예수님께서 우리를 그분의 기쁨을 담는 보고로 만드셨고 기독교는 기쁨의 종교이며 하나님께서 세상을 기쁨으로 충만케 하셨음에도 불구하고, 그리스도인들은 이 귀중한 선물을 소중히 간직하는 법을 여태껏 배우지 못했다고 주장한다. 인간은 기쁨을 맛볼 기회를 놓쳐 버렸으며, 그리스도와 함께 기뻐하기보다는 애통하는 경향이 훨씬 더 많다고 한다. 또한 그리스도와 함께 슬퍼하고, 그의 기쁨보다는 고난에 동참하려는 성향이 더 크다는 것이다.

처음 이 주장을 접하고 상당히 놀랐다. 세인트존대학에 있는 우리만의 문제가 아니었다. 나는 그의 책을 계속 읽어 나갔다.

루이스 에벌리는 그리스도의 십자가 처형 이후에, 몇몇 신실한 친구들이 십자가 밑에서 어슬렁거렸다는 점에 주목한다. 그러나 부활한 날 아침에는 그리스도가 죽음의 구속을 끊어 버리고, 천사들이 돌을 굴려서 치운 것을 목격한 사람이 아무도 없었다. 따라서 부활 후 예수님이 하신 일은 그의 동료들이 기쁨의 현실을 받아들일 수 있도록 한 명 한 명을 변화시키는 것이었다. 한 명씩 그들의 손을 붙잡고 이 기쁨을 받아들이는 법을 가르쳐야만 했다.

기쁨을 받아들이는 법

하나님께서 이런 식으로 나를 변화시켜 달라고 계속 기도하는 동안, 이 예수회 소속 저자가 관찰한 몇 가지 사실에 대해 깊이 생각해 보았다.

그는 예수님께서 제자들에게 기쁨을 받아들이는 비밀을 이미 가르쳤다고 설명한다. 그것은 예수님의 말씀 "구하라 그리하면 받으리니 너희 기쁨이 충만하리라."(요 16:24)에서 보듯이 기도로 출발한다. 예수님은 동전의 양면처럼 다른 면이 있다며, 그들이 기쁨을 마음껏 누리며 살고 싶다면 먼저 자신에 관한 편견을 버려야만 한다고 하셨다.

이 점이 바로 부활하신 그리스도께서 엠마오로 가는 길에서 제자들 생각 속에 못이 박힐 정도로 심으려 했던 교훈이다. 예수님께서 그들과의 만남에서 첫 번째 하신 일은 그들이 결국 기쁨으로 그리스도를 영접할 준비가 되도록, 그들 생각 속에 짙게 드리우고 있는 편견과 선입견을 제거하는 것이었다. 예수님은 도마의 의심도 비슷한 방법으로 다루신다. 그에게서 의심이 사라졌을 때 눈에서 비늘 같은 것이 벗겨지고, 기뻐서 소리쳤다. "나의 주시며 나의 하나님이시니다"(요 20:28). 가장 감동적인 장면은 예수님께서 갈릴리 바닷가에 서서 위대한 배신자인 베드로와 대화하시는 모습을 엿듣는 것이다. 베드로는 바로 그날 아침 옛 생활, 즉 갈릴리 바다에서 고기를 잡는 일로 되돌아가고자 결심했다. 그때 예수님은 가야바의 관저에서 베드로가 예수님을 알고 있다는 것을 전면 부인하던 그날 밤에 대한 쓰라린 기억을 떠올리게 한 다음, 그 자리에 기쁨을 대신 부어 준다. 베드로를 여전히 사랑하고, 그가 다른 사람을 사랑할 수 있으며, 쓸모 있는 존재일 뿐 아니라, 다시 사명을 맡았다는 바로 그 기쁨 말이다.

'그래, 루이스 에벌리의 말이 옳다. 다른 사람의 기쁨을 같이 나누기 전에 먼저 나 자신에 대한 편견을 벗어 버리고, 자신을 보호하는 것들 역시 벗어 버릴 준비를 해야 하며, 하나님께 새롭게 헌신해야만 한다. 다른 사람의 좋은 소식이 내 보호막을 위협하는 것처럼 보일 때는 결코 진심으로 기쁨을 받아들일 수 없다.' 나는 속으로 생각했다.

나의 방해 요소가 이기심이라는 것을 깨닫기 시작했다. 친한 친구 한 명이 약혼한 때가 생각났다. 그녀는 사랑에 빠진 젊은 남자와의 관계에 대해 장황하게 이야기했다. 그 대화를 통해 서로를 향한 친밀감은 더욱 깊어졌다. 마침내 그녀가 남편 될 사람에게 헌신을 약속했을 때, 나는 우리 둘 사이의 관계가 변해야 된다는 것을 깨달았다. 내가 이제 뒤로 물러나야만 할 때가 온 것이다. 결국 그녀가 결혼하면 우리 동네를 떠나야 했기 때문에, 나는 그녀를 잃어버릴 것이다. 당연히 즐겁게 수다를 떨면서 기뻐하고 남자 친구에게도 축하를 해 줬지만, 그녀의 기쁨은 오히려 나의 심신 안정을 위협했기 때문에 만약 그들이 서로 파혼할 경우 겪을 수 있는 고통을 받아 줄 만큼 세심하게 그들의 기쁨을 받아들이지는 못했다.

상담 관계가 자연스럽게 끝났을 때도 종종 비슷한 모순을 드러냈다. 언젠가 내가 도움을 주고 있었던 한 소녀와 어떤 친밀감이 형성되었다. 여러 달 같이 일하는 동안 하나님께서 놀랄 만한 방법으로 그녀의 삶을 치유하셨는데, 그건 우리 둘 다를 흥분시키고 격려해 주기에 충분했다. 하지만 그것은 당연히 더 이상 상담을 할 필요가 없는 때가 왔음을 뜻했고, 우리는 둘 다 바쁜 사람들이기 때문에 더 이상 각자의 영역을 침범할 수 없었다. 그녀는 그 후에도 하나님께서 계속 자기를 치유의 손길로 어루만지셨다고 가끔씩 편지를 보내왔다. 그녀를 생각하면 기분이 좋고, 나도 기쁘다고 편지를 썼지만, 이 기쁨에는 뭔가 공허함이 자리 잡고 있었다. 그것은 깊은 감정은 아니었고, 그저 피상적인 것이었다. 또 다시 내 문제는 자기중심성에 있었다. 그녀와의 우정에 집착하려는 이기심을 버리기 전까지는 진심으로 그녀에 대해 기뻐할 수 없었다.

나는 기도 노트에 이렇게 적었다. "분리! 그것이 비밀이다! 내가 진심으로 기쁨에 귀 기울이는 법을 배우고자 한다면, 분리하는 훈련과 기술을 배워야만 한다. 첫째는 자아로부터의 분리이고, 둘째는 세상적 생각으로부터의 분리이다. 내 안정의 근본은 사랑을 품고 끊임없이 나에게 미소 지으며, '내가 결코 너를 떠나지 아니하며 버리지 않으리라.' 는 사랑의 약속을 굳게 보장하는 하나님이 아니라, 사람들과 소유의 관계에 있다는 생각에 나는 아직도 넘어가고 있었다."

나는 루이스 에벌리의 다음과 같은 주장으로부터 위로를 받았다. "기쁨은 서서히 우리 마음을 감동시킨다."[1] "진실한 기쁨은 단계적으로 점진적으로만 얻을 수 있다." 그리고 나중에 정말 그렇다는 것을 깨달았다. 고통에 귀를 기울이는 만큼, "이 사람의 선물을 받고 조심해서 다루어야겠다."고 다짐하는 세심함과 배려하는 자세를 가지고 기쁨에 귀를 기울이는 법을 알게 되었을 때, 그 점을 깨달았다.

이 같은 결심을 한 후, 기뻐하는 사람의 눈이 말하는 언어를 읽을 수 있게 되었다. 불꽃처럼 반짝이는 그들의 눈을 보았다. 그와 비슷하게 흥분이 담긴 목소리의 어조에 귀를 기울이는 법도 알게 되었다. 광채를 띤 얼굴을 보고, 그 속에 담긴 기쁨도 이해하고, 그것을 내 영혼 깊이 받아들이고, 그 달콤함을 맛보게 되었다. 하나님께서는 이 새로운 기술을 연습할 너무나도 많은 기회를 주셨다. 지금도 계속 기쁨을 들을 수 있는 특권을 주시고 있다.

이 장을 쓰면서 이 사실을 더욱 깨닫고 있다. 12월이 되면 매년 친구들에게 소식지를 써 보낸다. 그 해를 돌아보고 무엇을 쓸지를 결정하면서 지난 열두 달이 특별한 기쁨으로 충만했다는 사실에 감사하는 시간을 갖는다. 그것은 고통이 없었기 때문이 아니라 슬픔을 극복한 후에 찾아오는 진실한 기쁨이 마치 수줍은 앵초가 봄에 산울타리를 수놓는 것과 똑같이 나의 시간을 수놓았기 때문이다.

예를 들어, 언젠가 남편과 같이 오스트레일리아의 브리즈번에 위치한 차이나타운에 있는 중국 레스토랑에서 광동 요리를 즐기고 있었다. "이 음식은 싱가포르에 대한 향수를 불러일으키는 것 같애." 나는 이렇게 말했다.

그 말이 내 입에서 떨어지기가 무섭게, 한 남자가 레스토랑 창문으로 나에게 미소를 짓는 것을 보았다. 나는 내 눈을 거의 믿을 수 없었다. 그는 언젠가 싱가포르를 방문했을 때 자기와 아내가 불임이라는 소식을 듣고는 아이를 갖고 싶다면서 나에게 기도해 달라고 부탁했던 바로 그 싱가포르의 친구였던 것이다. 그때 나는 기도해 주었다. 몇 달 후 그의 아내는 기쁜 소식이 담긴 편지를 보냈다. 그녀가 임신했다는 것이었다. 아기가 태어나고 그 사진을 보내왔는데, 아직도 우리 집 부엌 벽에서 나에게 미소를 짓고 있다.

그리고 지금 브리즈번에서 그들이 함박웃음을 지으며 우리에게 인사하기 위해 레스토랑 안으로 걸어 들어오고 있었다. 그 기적의 아기가 내 팔에 안겼을 때, 마치 물리적인 형태의 기쁨을 어루만지는 것 같았다. 그것은 강렬하고 순전한 기쁨의 순간이었다.

그날 저녁때 우리 호텔 방에서 그 친구들과 이야기를 나누는 동안 이 기쁨은 더욱 흘러넘쳤고, 신비로운 방법으로 서로 만나게 하신 하나님께 진정으로 감사를 드렸다. 우리는 정말 우연히도 똑같은 시간에 똑같은 장소에 있는 똑같은 레스토랑에서 만났던 것이다. 또한 "내 기쁨이 너희 안에 있겠고, 너희 기쁨이 충만하리라."는 예수님의 약속이 성취된 것에 대해서도 감사했다.

기쁨은 다소 불분명한 방식으로 찾아온 경우도 있었다. 어느 여름 말레이시아에서 남편과 나는 지금은 자기 고국으로 돌아간 우리 교회 옛 성도들과 재회를 즐기고 있었다. 나에게 인사를 건넨 첫 번째 사람은 노팅엄에서 학생으로 있었을 때 내가 도움을 준 소녀였다. 그녀는 우울증을 겪었던 어두운 시절과 그때 우리가 나눈 대화를 나에게 상기시켜 주었다. 그녀의 눈빛에서 감사하는 마음을 보았고, 그녀의 입술에서 감사하는 미소를 읽었고, 그녀가 포옹해 줄 때 따뜻함을 느꼈다. 또한 그녀의 사랑과 감사뿐만 아니라, 그녀에게서 넘쳐흐르는 기쁨도 내가 받아들이고 만끽하고 있다는 것을 깨달았다. 그것은 또 다른 놀랄 만한 기쁨의 순간이었다.

하지만 아마도 가장 감동적인 순간은 내 조국 영국의 조용한 마을에서 성찬식을 할 때였다. 그 예배는 어느 목사가 인도하고 있었는데, 그가 우울증의 어두운 터널에 빠졌을 때 나와 남편은 끝이 보이지 않는 어두움 속에 갇혀 있는 그와 함께했었다.

J. B. 필립스가 우울증에 빠진 동안 신약성경 전체를 번역하고, 윌리엄 쿠퍼가 우울증의 어두운 수렁 속에서 가장 심오한 시와 찬송가를 만들고, 레슬리 웨더헤드가 우울증에 사로잡혔지만 설교를 통해 수천 명을 매료시킨 것처럼, 그리스도를 위한 이 목사님의 놀라운 사역도 그 어두움 때문에 막히지 않았고, 오히려 그 광야의 순간은 풍성한 성숙을 가져왔다.

천국의 떡인 그 갈색 조각을 그가 손가락으로 누르는 것을 보았을 때, 수많은 순간에 대한 기억이 마음속에 밀려왔다. 한때 그의 손가락은 그를 괴롭힌 무력감을 대변하듯이 목적 없이 무기력하고 따분하게 떨고 있었다. 예배 도중 그의 얼굴이 빛나는 모습을 경이롭게 지켜보는 동안, 그 얼굴이 한때 외로움과 고민으로 짓눌렸던 많은 순간들이 떠올랐다. "나는 지금 하나님 말씀에 푹 빠졌어요."라고 고백하는 그의 목소리는 흥분으로 떨리고 있었다. 그 순간 옛날 몇 시간 동안 하나님이 안 계신 것 같다며 하나님의 계시된 말씀에 집중할 수 없는 것 때문에 탄식하는 그의 목소리가 생각났다. 그리고 기적이 내 눈앞에서 벌어지고 있다는 것을 깨달았다.

그 기적은 그분이 어느 날 우울증에 시달리고 있다가 그 다음날 어두움 속에서 빠져 나와 자유를 만끽했다는 의미에서 극적인 치유를 체험했다는 그런 기적이 아니었다. 오히려 그의 변화는 점진적인 것이었다. 하나님께서는 그를 어두움의 골짜기에서 꺼내어 오아시스로 데려오기 위해 약물치료, 대화 요법, 기도 사역, 그리고 사랑의 치료법을 사용하셨다. 하지만 내가 그때 지옥 같은 상황에 빠져 있는 그의 곁에 있는 특권을 누린 것과 마찬가지로, 지금은 그의 사역을 받는 입장에서 훨씬 더 큰 특권과 기쁨을 누리고 있었다.

'위대한 특권과 기쁨.' 맞는 말이다. 그 순간은 심오한 기쁨을 누린 순간이었다. 도깨비불같이 잠시 여기에 있다가 곧바로 사라져 버리는 그런 피상적이고 일시적이고 순간적인 기쁨이 아니라, 맛을 음미하고 묵상할 수 있는 그런 깊고 오래 지속되는 기쁨이었다. 또한 놀람과 사랑과 경배와 찬양 가운데서 그리스도의 십자가 아래에 얼굴을 숙이고 엎드러지게 만들며, 기쁨의 눈물을 흘리게 만드는 그런 기쁨이었다.

그날 놀람의 하나님께서는 기쁨으로 나를 놀라게 하셨다. 이 겸손한 목사의 순수한 사역을 통해, 그분은 내 존재의 깊은 곳에서 그가 만들고 있는 것을 보여 주었다. 그것은 기쁨의 깊은 성품이었다. "다른 사람들을 통해 너에게 주는 내 선물이다."라고 속삭이는 것 같았다. "네가 그들의 고통을 받아들이기 위해 몸부림친 것처럼, 이제는 그들의 기쁨으로 풍성해지리라."

몇 가지 영향

그 후 나는 기쁨으로 풍성해졌다. 세인트존대학의 성장 그룹에서 내가 드린 기도에 대해 하나님께서 응답하신 방법들을 되돌아보면,

예수님께서 베드로에게 부활의 기쁨을 받아들이라고 가르치자 그의 인생의 진로가 바뀐 것처럼, 내가 기쁨에 귀를 기울이게 되었을 때 하나님으로부터 다시 사명을 받았다는 것을 깨달았다. 약혼한 커플을 위한 세미나를 만들어야겠다는 생각이 떠오른 것은 바로 우리 교회의 약혼 커플들이 표현한 기쁨에 내가 귀를 기울였을 때였다. 또한 내가 교회에서 첫 예비 엄마 아빠 모임을 인도해야겠다는 생각을 품게 된 것도, 바로 한 커플이 첫 아이를 임신했다는 비밀의 기쁨을 나한테 이야기했을 때였다. 결혼한 부부들을 위한 수련회를 개최해야겠다는 생각을 실천에 옮긴 것도 바로 결혼한 부부들이 우리를 초대해서 우리 집에서 연 결혼 세미나가 그들의 인생에 일대 변화를 가져왔다는 기쁨을 나눈 때였다.

약혼 커플 주간, 결혼 실행 주간, 그리스도인 리더를 위한 결혼 회복 수련회, 예비 부모 모임 등 이 모든 행사에는 한 가지 목적이 있다. 그것은 바로 하나님이 우리가 가정이란 관계 속에서 주고받기를 원하시는 기쁨에 초점을 맞추고, 이 기쁨을 맛보는 최상의 방법이 무엇인지 발견하는 것이다.

이와 같은 수련회는 힘들기도 하지만, 재미있다. 그 행사들은 다른 사람들에게 귀를 기울이는 사역에 관해 완전히 새로운 장을 열어 주었고, 우리 교회에 대해 훨씬 더 큰 꿈을 가지도록 용기를 불어넣었다. 우리는 고통받고 죄로 물든 이 세상에 살고 있기 때문에, 이 책에서 설명한 것 같은 위기에 대처하는 상담이 늘 필요하다. 그러나 역시 예방이 치료보다 나은 법이다. 나는 모든 교회들이 상처받은 사람들의 부서진 자국들을 다시 끼워 맞추는 일에 모든 힘을 쏟고, 그 결과 교회가 아픈 사람들을 치료하는 병원이 아니라, 그리스도가 약속한 풍성한 삶을 맛본 사람들의 기쁨과 회복에도 귀를 기울이는 곳이 되길 소망한다. 우리는 지금 기쁨이 넘치는 회복에 대해 이야기하고 있다. 위기에 처한 사람들에게 주님이 주신 기쁨을 더 깊이 누리는 법과 가정과 사회에서 성숙에 도움이 되는 좋은 관계를 발전시키는 법, 문제를 예견하는 법, 문제가 일어날 때 대처하는 법을 가르쳐야 한다. 우리는 또한 부모들에게 자녀들 안에서 기쁨을 발견하는 법과 자녀들이 개성을 발휘하면서 성장하도록 하기 위해 그들을 소중히 다루는 법을 가르치고자 한다. 마찬가지로 자녀들에게는 부모를 이해하는 법과 그들 안에서 기쁨을 찾는 법과 부모들이 소중한 존재임을 보여 주는 법을 가르칠 것이다.

뿐만 아니라 사랑에 빠진 십대들의 기쁨에도 귀를 기울일 것이며, 풋사랑에 빠질 때 반드시 찾아오는 쓰라리면서도 달콤한 감정을 다루는 법도 가르칠 것이다. 약혼한 커플에게는 결혼의 기쁨을 준비하도록 도와주고, 결혼한 사람들에게는 서로에게서 더 많은 기쁨을 발견하는 법을 가르쳐 주고, 미혼자들에게는 미혼만이 누릴 수 있는 특별한 기쁨도 가르쳐 줄 것이다. 우리는 거기서 멈추지 않을 것이다. 또한 젊은이들이 거절하는 중년층이나 노년층에게도 특별한 기쁨이 언제든지 찾아올 수 있다. 그렇기 때문에 책, 비디오, 세미나, 설교를 통해 사람들의 기쁨에 대한 갈망을 북돋아 주고, 중년과 은퇴와 심지어 노년의 기쁨을 누리는 법도 가르쳐 줄 것이다.

그 무엇보다도 모든 기쁨의 근원인 예수님 바로 그분을 소개할 것이며, 언젠가 그가 재림할 때 우리의 것이 되는 형용할 수 없는 기쁨을 이야기해 줄 것이다. 그와 얼굴을 대면하고, 이 땅에서의 사역 대신 영원히 그분을 섬기는 하늘나라의 사역에 참여하는 그날에는 이 세상의 슬픔과 근심이 환희로 변할 것이다.

그 위대한 날이 오면, 내가 기도실에 갈 때마다 체험하는 신비를 포함해서 믿음의 신비를 더욱더 완전하게 이해하게 될 것이다. 내 기도실에는 한 수녀님이 나를 위해 만들어 준 깃발이 하나 걸려 있다. 광대한 우주를 상징하는 푸른 바탕색 배경 위에 영광을 받은 그리스도의 형상을 흰 펠트 천에 수놓은 것이다. 두 팔을 뻗쳐 환영하는 그의 모습은, 영광을 받으신 그리스도인 동시에 환영하는 그리스도임을 보여 준다. 그러나 그의 손과 발을 자세히 살펴보면, 영광을 받으셨지만 여전히 상처를 가지고 있음을 보여 주기 위해 못 자국이 선명하게 수놓아져 있다. 또한 십자가에 못 박힌 그리스도의 형상의 수도 있다. 우리에게 자신의 영광을 나눠 주시기 위해 우리의 고통과 수치를 대신 짊어진 모습이다. 또한 갈보리 언덕을 지나가기를 거부하시고, 궁극적인 기쁨인 부활절을 맞이하기 위해 겟세마네 동산과 성금요일의 고뇌를 통과하시기로 작정한 모습이다.

이 모습이 어찌나 생생하고 영광으로 빛나든지, 가끔 감동할 때가 있다. 어떤 때는 그의 연약한 모습 때문에 가슴이 저려오곤 한다. 거기에서 신비가 느껴진다. 기쁨과 고통이 뒤얽혀 있다. 그 둘은 영원히 동전의 양면같이 공존한다. 둘 다 인간성의 본질이다.

이 책의 마지막을 정리하는 지금, 라디오에서 캐럴이 나오고 있다. 이 곡은 베리 하트가 죽기 전에 로버츠 거리의 주일 학교에서 어렸을 때 배운 것이다.

> 가난한 내가 무엇을 그분께 드릴까
> 목자라면 양을 바치고
> 지혜로운 자라면 내 역할을 다할 텐데
> 그분께 드릴 것은 내 마음 뿐이라네.
>
> — C. 로제티

'내 마음을 드리네.' 어릴 적에 그 노래를 불렀을 때도 마음이 이상하게 따뜻해지는 것을 느꼈다. 나는 그저 사랑과 예배, 경배, 찬양을 드려야만 했기 때문에, 지난 몇 년간 그 따뜻함이야말로 내게 필요한 전부라고 생각했다. 하지만 지금 보니 그것은 전부일 뿐만 아니라 그 이상이다. 왜냐하면 그리스도께서 우리가 긍휼한 마음을 다른 사람들에게 베풂으로써 자기를 섬기도록 부르셨기 때문이다. 또한 하나님의 음성을 듣고, 다른 사람들에게 귀를 기울이는 듣는 마음을 품으라고 우리를 부르신다. 그 마음은 슬픔에 민감하고 동시에 기쁨에도 재빠르게 반응하는 마음이다.

13
부록

다음의 자료들을 요약하여 듣기에 관한 세미나 때 참고자료로 사용하면 도움이 된다.

듣기는 상당히 배우기 힘든 훈련이다. 먼저 습득해야 할 몇 가지 기본적 태도가 있다.

1. 도와줄 수 있는 능력: 상대방에게 다음과 같은 것을 줄 수 있는 능력
   • 시간
   • 집중적 관심

- 당신의 전부

2. 눈으로 관찰하면서 들어야 할 것
   - 몸짓 언어
   - 눈
   - 손
   - 눈물
   - 얼굴 표정
   - 단정치 못한 태도나 옷차림새 등, 고통스러운 감정을 파악하는 데 도움이 되는 비언어적 단서

3. 해야 될 것과 하지 말아야 할 것을 잘 지키면서 귀로 세심하게 듣기

   하지 말아야 할 것
   - 끼어들지 말라.
   - 상대방에게 말할 것을 가르치지 말라.
   - 설명하거나 해석하지 말라.
   - 성급하게 결론을 내리지 말라.
   - 충고하지 말라.
   - 당신은 기분 좋을지 몰라도 듣고 있는 상대방에게는 아무런 도움이 안 되는 멋있는 성경 말씀을 인용하지 말라.

   해야 할 것
   - 말하는 속도나 목소리의 어조에 귀를 기울이라.

- 침묵, 눈물, 한숨, 숨 돌림의 언어에 귀를 기울이라.
- 당신의 반응을 살필 뿐만 아니라, 상대방에게 완전히 집중하라.
- 상대방이 표현하는 감정의 미묘한 차이도 정확히 파악하도록 하라.
- 그런 감정들을 그대로 받아 주고, 상대방이 자기감정에 대해 천천히 따져 보도록 도와주라.
- 당신이 알고 있는 정보를 사용하라.

4. '제3의 귀', 즉 당신의 직감과 민감성으로 들어야 할 것
    - 분위기
    - 뭐라고 이름을 붙일 수 없지만, 이야기가 풍기는 느낌들
      분노, 공포, 분개, 흥분 등.
    - 하나님의 음성에 가장 귀를 기울이라.

5. 다음과 같은 질문을 던짐으로써 자신에게 귀를 기울이라.
    - 내가 이 사람의 상황이라면 어떤 기분일까?
    - 이 사람은 어떤 기분일까?
    - 당신과 상대방 사이에 일어나고 있는 상황을 파악하면서,
      그들은 당신에 대해 어떻게 생각하는가?
      당신은 그들에 대해 어떻게 생각하는가?
    - 당신에게 하나님의 은혜가 필요하다는 것을 인식하라.
    - 그 사람이 성숙에 이르라는 도전에 직면한 것처럼, 당신도 지속적인 성장 곡선 위에서 살아가고 있다는 사실을 유념하라.

5장과 6장에서 설명한 대로 이와 같은 방법으로 다른 사람에 귀를 기울이는 것은, 다음에 나오는 경배 합창곡에 매우 아름답게 요약되어 있는 진리를 실천하는 것이다.

> 모든 아이는 특별한 존재
> 인정받고 사랑받는구나
> 예수님께서 위에 계신 아버지께
> 드리는 사랑의 선물

서문에서 대략 밝힌 대로 내 환경이 바뀐 이후 줄곧 부딪혀 온 한 가지 문제는, 나는 사역을 위해 해외에 살기 때문에 내가 힘들 때나 기쁠 때, 또는 고통스럽고 좌절할 때 바로 옆에서 도움을 줄 사람이 없다는 것이다. 이런 부족한 점을 느끼는 것은 나만이 아니다. 해외에서 사역하는 대부분의 사람들이 이런 손해를 안타까워한다. 그래서 우리는 편지에 굉장히 의존하고 있다. 또한 운 좋게도 전화선이 잘 깔린 나라라면 전화에도 많이 의존한다. 따라서 영국을 떠난 이후, 몸짓 언어를 볼 수도 없고, 말의 속도나 목소리의 어조에도 신경을 쓸 수 없는 편지나 카드나 전화 통화의 가치에 대해 깊이 생각해 보게 되었다. 하지만 스스로 선택한 나라에서 이방인 같은 존재인 우리들에게 그런 의사소통 수단은, 고립된 곳에 사는 사람들에게나 마찬가지로 정말 여러 가지 이유로 구세주와도 같다. 그런 방법을 통해 우리의 생각과 느낌을 마음껏 쏟아낼 수 있다. 또한 우리 생활 속에 나타난 모순에 대해 주의를 줄 만큼 신실한 사람을 만남으로써 하나님께서 주는 도전을 받기도 한다. 또한 신실한 경청자가 우리 삶의 문제들에 관한 넋두리를 들어줌으로써 하나님의 도전을 받을 수도 있다. 게다가 사랑하는 마음으로 다른 사람들의 편지에 귀를 기울임으로써, 그들에게 도움과 격려를 줄 수도 있다. 이런 식으로 상호 관계의 바퀴에 윤활유를 치게 된다. 그렇기 때문에 책의 부록에서는 이제껏 이 책에서 살펴보지 않은 세 가지 형태의 또 다른 듣기에 대해 집중하고자 한다.

- 편지에 귀 기울이기
- 카세트테이프에 귀 기울이기
- 전화 통화에 귀 기울이기

편 지 에   귀   기 울 이 기

남편과 나는 편지를 우리 집 문 앞까지 배달해 주지 않는 나라에 살고 있기 때문에, 혹시 사랑하는 사람이나 기도 후원자로부터 편지나 카드가 올 경우, 우리가 사는 작은 마을에 있는 우체국까지 매일 순례 여행을 하는 것이 습관이 되어 버렸다. 혹시 팩스 소리가 울리기라도 하면 펄쩍 뛴다. 그것은 사업 용무가 아니라 친구한테서 온 편지일 것이다.

편지가 올 때면, 마크리나 위더커의 주장이 생각난다. "하나님은 우편함에서도 찾을 수 있다."[1] 그래서 그분을 찾다가, 때로는 그가 페이지를 가로질러 내 마음과 생각 속으로 걸어 들어오는 것을 볼 때 놀라곤 한다.

예를 들어, 이 장을 쓰기 바로 전에 받은 편지가 생각난다. 그것은 한번도 본 적 없는 사람에게서 온 편지였는데 A4 용지 네 장에 빽빽이 적힌 글을 읽을 때 나는 하나님이 누구이신가를 묵상하지 않을 수 없었다. 그분은 신실하시고, 온유하신 치료자이시다.

내가 잘 모르는 그 친구는 처음으로 묵상의 시간을 체험한 이야기로 편지를 시작했다. 그녀의 회상을 천천히 묵상하면서 읽고, '이 평안하고 아름다운 시간'이란 구절을 음미하면서 나는 '하나님께서 사람들이 그분을 위해 특별한 시간을 쪼개어 드릴 때, 그렇게 짧은 시간에도 그토록 많은 일을 하실 수 있구나.'라는 생각을 했다. 그녀가 묵상회 이후에 받은 감정적 상처와 하나님께서 상처 입은 그녀를 만족시키기 위해 식물의 눈을 사용하셨다는 것을 읽었을 때, 하나님의 자비하심에 가슴 뭉클한 감동을 받았다. 왜냐하면 보드랍고 털이 많은 껍데기가 그 눈을 보호하는 것처럼, 하나님께서 그녀를 보호하고 있다는 확신을 주었기 때문이다. 그녀가 어떻게 해서 자신에 관해 그토록 많은 이야기를 나에게 나눌 수 있었는지를 설명한 마지막 문단을 읽고 또 읽었을 때 더 많은 감동을 받았다. "당신의 글을 통해 당신이 지난 몇 달 동안 나와 동행했다는 생각이 들어서, 이렇게 글을 쓰고 싶었습니다." 그 말에 나는 겸손해졌다. 동시에 그 말을 읽으면서 하나님으로부터 큰 확신을 얻었다. 그 편지는 길고도 힘들었던 가르치는 여행에서 회복하고 있는 시점에 도착했기 때문에 더욱 감사했다. 나는 격려가 필요했다. 그날 하나님께서는 우편함을 통해 확실히 나를 만나 주셨던 것이다.

받은 편지에서 하나님을 만나고자 한다면, 그냥 대충 읽어서는 안 된다. 전체적으로 한 번 읽고 난 후에 다시 읽을 때는 가능한 천천히 읽으면서 쓰인 말뿐만 아니라 숨은 뜻도 파악함으로써 전달되는 메시지를 이해해야 한다. 한 발짝 물러나서, 편지에 쓰인 내용을 정중하게 받아들일 수 있도록 도와달라고 하나님께 기도하는 것도 도움이 될 것이다. 편지를 읽는 도중 하나님께 자신의 반응을 표현하며, 기도하는 사람들도 있다. 그들은 편지를 다 읽고 난 후에, 편지 보낸 사람을 사랑의 하나님께 올려 드린다. 편지를 읽고 난 후, 다음과 같은 질문을 스스로에게 던져 보는 것도 유익하다.

- 이 사람이 왜 이 순간에 편지를 보냈을까?
- 어떤 핵심 구절이나 문장이나 묘사가 특별히 내 주의를 끄는가?
- 이 사람이 편지를 쓸 때 어떤 심정으로 썼을까?
- 이 편지를 읽고 난 후 나의 느낌은 어떤가?
- 이 편지에 어떤 답장을 쓰고 싶은가?

이런 질문에 대답하면서 나는 하나님께서 친구들의 편지에서 표현된 애정을 통해 나를 얼마나 위로하시고 사랑하시는지를 깨닫게 된다. 예를 들어, 이 장을 쓰기 바로 직전에 받은 또 다른 편지가 생각난다. 친딸처럼 나를 아끼는 80대 할머니한테서 온 편지였다. 그녀가 왜 이 특별한 순간에 편지를 보냈을까 생각하다가 답을 얻었는데, 그것은 내가 소중하고 사랑받는 존재이기 때문이다. 그녀가 편지를 쓴 것은 내가 5주 동안의 인도, 파키스탄, 네팔 여행을 끝내고 막 돌아왔다는 사실을 알았기 때문이었다. 내가 도착한 바로 그때 그녀의 편지가 도착했다는 사실 그 자체만으로도 내가 '회복 기간'으로 정해 놓은 그 시간 동안 다음과 같은 메시지를 전해 주었다. "너를 굉장히 사랑하기 때문에, 너의 여행 일정표를 따라가면서 기도 속에서 함께 여행을 했고, 지금도 네 곁에 있단다."

그 편지에는 나와 내 가족에 대한 지극한 사랑과, 하나님의 선하심에 대한 절대적 신뢰와, 그분의 신실하심에 대한 감사가 넘쳐흘렀다. 나는 마음이 따뜻해지고, 감동을 받고, 힘을 얻고, 영감을 받았다. 그래서 여러 번 그 편지를 읽고 영적인 양식을 공급받았다. 이것이 편지의 가치이다. 매크리나 위더커는 이 점을 이와 같이 설명한다.

> 전화 통화와 달리 편지는 반복해서 읽을 수 있다. 깊이 묵상할 수도 있다. 자기 것으로 완전히 소화할 수도 있다. 편지를 읽을 때는 늘 차 한 잔과 편안한 의자를 준비하라. 천천히 그 '편지 읽기'를 즐겨라. 편지를 빨리 읽는 것은 편지에 대한 도리가 아니다.
> 나는 편지를 새벽 일출같이 소중히 여긴다. 한 줄 한 줄 사이에서 빛을 본다. … 손에 원본인 한정판을 들고서 우편함 앞에 서 있는 것은 마치 큰 즐거움 앞에 서 있는 것과 같다.²

이 점은 특히 크리스마스와 생일 카드에도 적용된다. 크리스마스 때는 수많은 카드와 편지가 우리 집에 도착하기 때문에, 우리는 한 친구가 보낸 소식지에서 처음으로 알게 된 방식을 따라하게 되었다. 이 편지에서 그녀는 신년 초에 신발 상자에 자기와 남편이 받은 모든 크리스마스카드를 담아 두는 습관이 있다고 했다. 그리고 그 다음 해 내내 매일 그 상자에서 카드 한 장씩 꺼내어 읽고 그 내용을 알고 보낸 사람을 위해 기도한다는 것이었다. 나도 남편과 같이 매일 성찬식 처음에 이렇게 함으로써, 이 사랑의 축제 속에서 카드 보낸 사람에게 하나님의 사랑의 축복을 베푼다. 이 장을 완성해 가고 있는 요즘, 우리가 선택한 카드는 너무나도 사랑하는 우리 친척에게서 온 것이었다. "두 분 다 건강하시고, 새로운 부르심을 따라 사시기를 빕니다. 저희는 많은 관심을 가지고 두 분의 삶을 따라가고자 합니다." 오늘은 바로 그동안 크리스마스 때 할 수 없었던 일, 즉 잠시 멈춰서 겸손케 만드는 그 사랑이 담긴 이 문장을 묵상하고 음미하는 일을 해야 할 때이다. "저희는 많은 관심을 가지고 두 분의 삶을 따라가고자 합니다." 또한 오늘은 크리스마스 때 할 시간이 없었던 일, 즉 사촌이 보낸 카드에 있는 그림을 감상하는 일을 해야 할 때이다.

아시아 여행에서 돌아온 직후 도착한 또 다른 편지는 내가 이미 언급했다. 그것은 성격상, 어조상 완전히 다른 편지였지만, 앞서 언급한 크리스마스카드나 다른 편지들처럼 사랑이 담긴 것이었다. 여행 도중 내가 쓴 많은 기록들을 보내 준 그 친구한테서 온 편지였다. 여행 도중 내가 겪은 경험과 생각들을 정리해야 했기에 나는 여기에 도움이 될 만한 질문들을 보내달라고 부탁했다. 그 대답으로 보내 온 편지였다.

나는 그녀의 일처리 방식에 감동을 받았다. 자신의 소중한 시간을 들여서 내가 쓴 기록을 읽고 또 읽어 주었던 것이다. 그 후 어떤 부분의 글을 선택해서 너무 사실적이라고 지적해 주고, 온유하고 사랑하는 마음으로 질문하면서 도전을 주었다.

예를 들어, 그녀는 이렇게 썼다. "델리에서 네가 인도한 첫 번째 묵상회가 반쯤 진행되었을 때, 너는 이렇게 썼어. '나는 정말 기쁘다. … 선교 동역자들은 영적으로 너무나 생명력 있고, 모든 것을 수용할 만큼 마음이 열려 있다. … 마치 목이 바짝 타는 듯한 갈증을 느끼는 사람에게 물을 주는 것 같다.' 너의 기쁨은 네가 베푼 것에 대한 동역자들의 반응에서 나온 것이니? 아니면 하나님을 향한 그들의 갈망을 만족시켜 주는 사역을 하는 데 있어서, 하나님께서 너를 사용한 것 때문에 느낀 만족감이니? 혹은 그 둘 다일까?" 그녀는 내가 그 기쁨의 근본 원인을 정확히 아는지 스스로에게 질문해 보라고 지적해 주었다.

기도 노트에 그 질문에 대한 답을 적어 내려가면서 일부는 나의 자기만족 때문이라는 것을 깨달았다. 이 방법은 내 자신에 관해 많은 것을 가르쳐 주었다. 하나님과의 관계에서 내가 어디에 서 있는지, 그분을 효과적으로 섬기기 위해 내게 무엇이 필요하다고 생각하는지 등에 관해서 말이다.

그 친구가 며칠 후 보내 준 카세트테이프에서, 그녀는 내가 이전에 그녀와 하나님 앞에서 털어놓았던 거절감에 대해 당당하게 맞서게 만들었다. 이 테이프는 정면 돌파 방식이 공격적일 필요가 없으며, 상처를 받고 감정이 상한 채로 뒤로 물러나게 만들 필요도 없다는 점을 알려 주었다. 오히려 온유하고, 사랑스럽고, 지혜로우며, 성숙에 이르게 하는 것일 수 있다는 사실을 말이다. 정면 대응은 바로 그와 같았다. 비난도 없었고, 꾸중도 없었고, 단지 성숙과 변화의 길로 들어서게 하는 관찰과 자유롭게 대답할 수 있는 질문밖에 없었다.

- 당신의 고통 속에 나도 들어가 보았기 때문에, 당신의 심정을 충분히 이해합니다. 당신은 거절감의 고통을 당했고, 나도 당신 처지에 공감합니다.
- 당신도 알다시피, 내가 그 자리에 당신과 함께 있었다면, 그 사람의 행동을 다르게 받아들였을 것입니다. 당신의 감정적 반응의 힘의 근원이 무엇인지 스스로에게 물어보겠습니까? 상대방이 한 행동 때문인지, 아니면 당신도 알다시피 과거의 고통 때문에 무디어진 당신 자신의 판단력 때문인지 말입니다.
- 그 사람과 이 문제에 대해 차근차근 이야기해 보겠습니까?

- 그 사람이 당신을 너무나 사랑하기 때문에 고의로 당신을 거절할 리가 없다는 것을 알고 있습니까? 그 사람의 행위가 당신에게 어떤 영향을 미치는지 그가 깨닫도록 도와줄 수 있겠습니까?

그녀가 사용한 표현과 카세트테이프에 담긴 목소리의 어조로 보아, 이 질문들은 사랑하는 마음과 내가 하나님의 치유의 손길을 경험하길 바라는 소망에서 나온 것임을 알았기 때문에, 하나님께서 그 사람이 아니라, 바로 내가 어떻게 변하기를 원하시는 지를 보여 달라고 간구하면서, 그 질문들에 답변을 할 수 있었다.

카세트테이프에 귀 기울이기

지금까지 살펴본 대로 받는 사람 입장에서 편지의 가치는 반복해서 읽을 수 있다는 것이다. 읽고 즐길 수 있다. 우리가 편한 때, 묵상하기에 도움이 되는 장소에서 언제든지 편지 쓴 사람에게 나아갈 수 있다. 보내는 사람 입장에서 편지의 가치는, 읽는 사람이 메시지를 정중히 받아들인다고 가정한다면, 하고 싶은 말을 신중히 그리고 원하는 때에 선택할 수 있다는 것이다. 물론 듣는 사람 입장에서 편지의 단점은 눈과 귀로 들을 수 없기 때문에 보내는 사람이 전달하려고 하는 핵심 내용을 놓칠 수 있다. 설상가상으로 말하고자 하는 내용을 완전히 오해할 수도 있다. 마찬가지로 카세트테이프를 통해 의사소통하는 것도 장단점이 있다. 장점은 메시지를 카세트테이프를 통해 구두로 전달할 때, 목소리의 어조나 속도를 포착할 수 있기 때문에 보낸 사람이 말하고자 하는 내용을 분명히 더 잘 이해할 수 있다.

이 장을 쓰기 직전에 한 친구가 카세트테이프를 보냈다. 옛날 함께 휴가를 보낸 때를 생각하면서 킬킬거리고 웃고 있었다. 그녀의 웃음은 전염성이 있었다. 나도 웃음이 나왔다. 지금은 대륙을 사이에 두고 떨어져 있지만, 함께 정을 나누는 아름다운 시간이었다. 나중에 그녀가 당시에 극복하려고 애쓰고 있었던 몇 가지 어려움에 대해 호소했을 때, 목소리의 어조는 극적으로 바뀌었다. 이 변화를 듣고, 대화 전문가들이 발표한 몇 가지 놀랄 만한 통계가 생각났다. 그들의 주장에 따르면, 우리가 대화할 때 메시지의 7퍼센트는 선택하는 말에 의해 전달되고, 38퍼센트는 목소리를 통해, 즉 어조, 속도, 음조, 휴지, 침묵을 통해 전달되고, 나머지 55퍼센트는 비언어적 몸짓 언어를 통해 전달된다. 그러니까 편지나 카세트테이프를 통한 의사전달의 주요한 단점은 상대방의 몸짓 언어를 볼 수 없다는 것이다. 이것은 편지와 카세트테이프가 효과적인 의사소통 수단으로서 약점을 지니고 있음을 강조해 준다. 대화를 나누는 상대방이 그 자리에 같이 있는 효과가 전혀 없는 것이다. 하지만 상대방이 그 자리에 없을 때, 여유를 가지고 편지나 카세트테이프를 들을 수 있는 공간이 없을 때, 상대방에게 시간과 관심과 우리의 모든 것을 줄 수 없을 때, 그들이 표현하는 감정의 미묘한 차이를 들을 수 없는 때, 그들의 모습을 그려보는 것은 도움이 될 수 있다. 상대방이 글을 쓰거나 말하는 순간, 어떤 몸짓을 하고 있을까? 그들이 우리와 대화할 때, 그들의 눈을 쳐다본다면 그 마음의 창은 무슨 말을 하고 있을까? 그들의 얼굴 표정을 본다면 어떤 것을 짐작할 수 있을까? 사랑이 담긴 미소, 또는 긍휼의 표정, 그 외에 다른 것들일까?

편지나 카세트테이프를 듣는 또 다른 단점은 상대방이 우리를 대면할 때처럼 분명하게 의사 전달하는 것이 불가능하다는 것이다.[3] 또한 우리가 듣고 이해한 메시지가 상대방이 전달하려고 한 것인지 확인할 수도 없다.

그럼에도 불구하고 훌륭한 경청의 많은 원리를 적용할 수 있는 부분이 대단히 많기 때문에, 카세트테이프로 의사소통하는 것도 매우 가치 있는 방법이다. 편지를 읽는 것처럼 편한 때에 언제든지, 그리고 우리가 집중해서 들을 수 있는 곳이면 어디서든지 상대방에게 귀를 기울일 수 있다. 또한 우리가 듣는 동안 상대방을 방해하거나, 상대방에게 할 말을 가르치거나, 설명을 늘어놓거나, 충고를 하거나, 그들의 말을 해석하려 들거나 하는 행동을 할 수 없다. 적어도 그 사람에게 직접 말이다. 또한 그들이 사용하는 표현, 목소리, 잠시 동안의 쉼, 눈물, 감정을 주의 깊게 들어보면, 그 사람에 대한 그림을 그려 볼 수 있다. 실제로는 볼 수 없는 그들 눈빛에 담긴 표정, 얼굴 표정, 몸짓 언어를 상상할 수 있다는 말이다. 또한 그 사람에게 귀를 기울일 때, 분위기를 파악하고, 감정을 이해하고, 하나님의 음성을 들을 수 있다. 다시 말해서, 전달되는 메시지를 정확하게 듣는 것이 가능하다.

답장을 쓸 때 그를 존중한다는 뜻의 선물을 보낼 수도 있다. 그들의 입장에 충분히 공감하고, 같은 심정을 느낀다는 것을 보여 줄 수 있다. 또한 그들이 꺼낸 몇 가지 문제에 대해서, 실제로 우리가 그들 옆에 있었다면 할 만한 질문을 던질 수도 있다. "~에 대해 좀 더 말해 보는 게 도움이 되겠니?" 같은 질문 말이다. 내 친구가 나에게 도전을 줄 만큼 나를 사랑한 것과 마찬가지로, 우리도 상대방에게 필요하다면 은연중에 드러난 그의 문제점을 지적해 주면서 온유하게 도전을 줄 수도 있다. 하지만 그렇게 하려면 앤 롱이 *Listening*(듣기)에서 지적한 경고에 대해 유의할 필요가 있다. 직언은 상대방과 마음이 맞는 좋은 관계에 있거나, 관계가 안정되어 있거나, 근본 동기가 상대방에게 최상의 것을 주고 싶은 사랑에서 나온 것일 때만 하라는 것이다. 상대방에게 화가 나거나, 짜증이 난 상태에서는 해서는 안 되는 방법이다.[4]

카세트테이프로 의사소통을 할 때, 대화를 하고자 하는 상대방이 우리가 전달하려고 하는 내용을 정확히 알아들을 수 있도록 하기 위해 몇 가지 해야 할 일이 있다.

- 카세트테이프에 메시지를 녹음할 때, 앉아 있거나, 서 있거나, 걸어가는 장소를 묘사함으로써 이야기를 시작하는 것이 듣는 사람에게 도움이 된다. 또한 우리가 어떤 복장을 하고 있는지도 말해 주면 우리의 모습을 상상하는 데 도움이 된다.
- 목소리의 어조를 가급적이면 말하는 내용과 어울리게 맞춤으로써 듣는 이에게 혼동을 주지 않는 것이 중요하다. 예를 들어, "저에 대해서는 염려 안 하셔도 되요. 저는 괜찮아요."라고 말하는데, 목소리는 무덤덤하고, 힘이 없고, 단조로우면, 메시지가 완전히 죽어 버릴 것이다. 듣는 사람은 낙관적인 말과 축 처진 목소리의 어조 중 어느 장단에 춤을 춰야만 할까?
- 때로는 몸짓 언어를 묘사하는 것도 도움이 된다. "눈물이 앞을 가려요." "울음이 나올 것만 같아요." "최근 몸무게가 너무 늘어서, 풀이 죽은 상태고, 우울해요."
- 우리 감정을 분명히 말하는 것도 듣는 사람에게 도움이 될 것이다. 슬픔, 만족, 기쁨, 흥분, 분노, 두려움 등 말이다.

전 화 에
귀 기 울 이 는 것

해외에 사는 우리 같은 사람들에게 특히 카세트테이프로 대화하는 한 가지 단점은 카세트테이프가 도착하고, 그에 대한 반응을 전달하는 데 시간이 너무 많이 걸린다는 것이다. 예를 들어, 내가 이 방법으로 안부를 주고받는 친구가 있었다. 서로 너무 멀리 떨어져 있기 때문에 카세트테이프를 보내는 쪽에서 녹음된 답장을 받는 데 적어도 7주나 걸렸다. 엄청 느린 속도지만, 편지로 쓴 글과는 정반대로 말로 전한 목소리의 따뜻함과 진실함은 기다릴 만한 가치가 있다고 생각한다. 이처럼 즉각적인 의사소통이 불가능한 점 때문에, 어떤 사람들은 곧잘 전화기로 달려간다. 전화의 장점은 분명하다. 즉시 연락할 수 있다는 것이다. 온정도 즉시 전할 수 있고, 또 느낄 수 있다. 서로에게 격려, 도움, 조언, 안내, 사랑, 그리고 앞에서 언급한 부드러운 직언도 서슴없이 할 수 있다.

그렇다고 전화로 하는 의사소통이 문제가 전혀 없는 것은 아니다. 전화통화에 귀를 기울이기 위해서는 사람들이 거의 알지 못하는 어떤 기술이 필요하다. 전화 통화는 온통 문제투성이기 때문에, 이 점이 상당히 안타까운 노릇이다.

다른 종류의 경청, 가령 우리와 만나기로 약속이 되어 있는 사람의 말에 귀를 기울이거나, 편지나 카세트테이프에 귀를 기울이는 것과 마찬가지로, 언제든지 가능한 시간에 통화할 수 있다. 그러나 또 다른 한편으로는, 전화통화는 종종 갑자기 이루어진다. 외국에 사는 사람들한테 통화자가 시간대가 다르다는 사실을 깜박 잊어버린 경우, 한밤중에 전화가 걸려오기도 한다. 설사 통화 가능한 시간이라 하더라도 일을 하고 있는데 느닷없이 걸려 오기도 한다. 식사 중이거나 다른 계획에 대해 한창 생각하거나 열중하고 있는 중에 갑자기 전화가 온다. 그런 경우에는 종종 전화를 건 사람이 소식을 전해와도, 듣는 사람은 늘어놓는 이야기에 집중을 하려고 애를 써야 한다. 왜냐하면 자기 할 일을 제쳐 두고 전화 건 사람에게 집중해서 들을 준비를 미처 하지 못했기 때문이다. 게다가 국제 통화를 할 때는 항상 전화비까지 신경을 써야 하기 때문에 가장 세심한 배려를 하는 유능한 경청자마저도 전화비를 아끼기 위해 대충대충 이야기하거나 쉽고 편안 대답을 찾아내거나 앞서 언급한 '해서는 안 될 일'에 넘어가려는 유혹을 느끼기 십상이다.

- 설명하지 말라.
- 끼어들지 말라.
- 멋있는 성경 구절을 말하지 말라.
- "걱정하지 마, 모든 게 잘 될 거야." 같은 판에 박힌 말을 하지 말라.

혹은 대화중인 문제에 대한 해결책을 빨리 찾아야만 한다고 믿고 싶은 유혹도 느끼고, 전화 건 사람이 전화를 끊기 전에 기분이 좋아지도록 하기 위해 지혜가 담긴 말을 해 줄 수 있는 영감이 떠올라야 한다고 생각하기 쉽다. 또한 전화한 사람이 당한 것처럼 보이는 무력감에 자신도 걸려들 수 있다. 혹은 상대방이 설명하는 문제의 중압감에 우리도 짓눌려 버릴지도 모른다.

전화 대화가 상처를 주는 것이 아니라 치유를 베푸는 것이 되려면, 전화

통화가 주는 특별한 스트레스를 인식하고 그것을 해결할 필요가 있다. 특정한 상대방과 정기적인 전화 연락을 하길 원한다면, 그 사람과 '전화 데이트' 약속을 하는 것이 도움이 된다. 우리는 해외에서 살았기 때문에, 아들과 그런 식으로 연락을 주고받았다. 그 애가 교구 목사였을 때, 그가 언제 무엇을 하고 있는지 파악할 수가 없었고, 우리 사역도 마찬가지로 예측하기 어려웠기 때문에 그 애 시간으로 주일 아침 9시에 전화를 하기로 '약속' 했다. 나중에 보니 굉장히 효과적인 연락 방법이었다.

또 몇 가지 해야 할 일이 있다. 전화를 걸어서, 특히 듣는 상대방과 깊이 있는 대화를 나누고 싶다면, 그들에게 이와 같이 물어보는 것도 도움이 된다. "지금 바쁘세요? 괜찮으시다면 몇 가지 이야기를 해도 될까요?" 또한 전화를 받는 입장인 경우라면, 한쪽 귀로 대충 듣고 흘려버리지 않고 마음이 분산되어서 대화를 할 수 없는 그런 때에 전화가 왔다면, 정직하게 말해 주는 것이 더 사려 깊은 자세이다. "지금 통화를 하고 싶지만, 사정이 허락하지를 않는데요. 제가 다시 전화를 드려도 괜찮겠습니까?" 그러면 대부분의 사람들은 이런 질문을 이해하고, 정직하게 말해 준 데 대해 감사하고, 서로 동의하는 시간을 기꺼이 정할 것이다.

전화 통화는 오해의 소지가 상당히 많기 때문에 들을 때 전화 건 사람뿐만 아니라, 자신에 대해서도 주의 깊게 들어야만 한다. 가끔 우리의 반응을 기록해 두거나 스스로에게 다음과 같은 질문을 함으로써 그와 같이 할 수 있다.

- 이 특별한 전화와 전화한 사람에 대해 어떻게 생각하는가?
- 우리 사이에 무슨 일이 일어나고 있는가?

- 내가 전화한 사람이 하는 말을 듣고 있는가? 그도 내 말을 듣고 있는가?
- 이 사람은 자기 인생에서 특별한 이 순간에 왜 전화를 했는가?
- 이 대화에 대해 상대방이 어떻게 느낀다고 생각하는가?
- 그들의 감정에 대한 내 판단이 정확하다면, 그 감정은 얼마나 적절한 것인가?
- 내가 말뿐만 아니라, 목소리 어조로도 애정과 따뜻함을 전달하고 있는가? 전화한 사람이 각별한 존재라는 사실을 분명히 보여 주면서, 그 사람의 특별함을 인정해 주는가? 아니면 그가 귀찮은 존재라는 인상을 주는가?
- 이 전화 통화 후에 어떤 식으로든지 계속 연락을 할 필요가 있는가?

청각장애인과 시각장애인

듣기에 대한 글을 마치기 전에, 청각장애인과 시각장애인들의 특별한 필요에 대해 언급해야겠다는 생각이 강하게 들었다. 세 가지 점 때문에 그에 대한 이야기를 해야겠다. 첫째는 이 장을 쓰기 몇 주 전에 읽은 교회 출판사에 온 편지 때문이다. 그 편지는 많은 그리스도인들이 어떤 식으로든지 관계를 맺는 법을 잘 몰라서 시각장애인들과 대화를 피한다는 내용이었다. 좀 더 심한 경우에는 정신적으로 문제가 있는 사람처럼 대한다는 것이다. 두 번째는 한 청각장애인의 언니가 나에게 여러 번 한 말 때문이다. "사람들은 내 동생한테 말도 걸지 않으려고 합니다. 완전히 무시합니다. 눈만 안 보이는 게 아니라 벙어리고 또 바보라고 생각합니다. 하지만 동생은 말도 유창하게 하고, 사실 굉장히 영리하고 재미있는 사람인데도 말입니다." 세 번째 이유는, 한 시각장애인과 함께 시력과 청력 모두에 장애가 있는 그녀의 친한 친구를 위해 언젠가 기도회를 인도한 경험이 있기 때문이다. 청력 장애를 앓고 있는 그는 정상적으로 듣는 사람들이 청각장애가 있는 사람들에게 말하거나, 그들의 말을 듣는 것을 거부할 때 종종 그녀와 다른 동료 장애인들에게 밀려오는 고독을 시를 통해 표현했다.

> 요란한 소리, 왁자지껄한 소리
> 사람들의 소리가 여기 저기 흘러가네.
> 미소를 지으며 돌아가는 상황을
> 아는 척 애써 표정을 짓네.
> 농담, 비명 같은 웃음
> 어쩔 수 없는 기쁨이 들리네.
> 웃으면서 나도 그 가운데 있는 척
> 애써 표정을 짓네.
> 왜 내가 그렇게 해야 하지?
> 마음속에서 울려 퍼지는
> 울음을 왜 결코 표현을 못하는 걸까?
> 웃고 떠드는 사람들 속에
> 앉아 있지만, 나는 외톨이가 되어
> 저만치 떨어져 있구나.[5]

'저만치 떨어져 있는 사람' 귀가 먼 그 사람은 종종 그렇게 느꼈다. 이 책에서 설명한 대로 나는 청각장애 어린이들을 가르치는 훈련을 받았다.

또한 청각장애 어른들과도 얼마간 같이 일한 적이 있었는데, 많은 훌륭한 그리스도인 청각장애인들의 믿음의 여정에 귀를 기울이면서 내 삶은 더욱 풍성해졌다. 진심으로 그런 사람들에게 귀를 기울이고자 한다면, 이 장과 앞 장에서 설명한 똑같은 듣기 기술을 적용할 필요가 있다. 그들에게 시간과 관심을 베풀고 존중해 주어야만 한다. 그들의 눈빛, 몸짓 언어, 눈물에도 세심하게 귀를 기울여야 한다. 그들의 억양과 감정의 힘뿐만 아니라, 그들 인생에서 직면하는 지속적인 도전을 그들이 어떻게 극복하는지도 관심을 가져야만 한다. 또한 어디에서, 어떻게 그들에게 귀를 기울일 것인지에 대해서도 창조적인 결정을 내려야만 한다. 만약 그 사람이 한쪽 귀에는 청력이 어느 정도 남아 있고 다른 쪽은 아예 들리지 않는 경우, 그가 좋은 쪽 귀로 가장 잘 들을 수 있는 곳에 앉아 이야기해 주면 많은 도움을 줄 수 있을 것이다. 그 사람이 이것에 대해 최선의 조언을 해 줄 것이다. 그가 독순술에 능하다면, 우리 입술을 명확하게 볼 수 있도록 빛이 우리 얼굴을 비치도록 하는 것이 중요하다. 마찬가지로 정상 속도로 말하고, 그들이 입술을 읽는 것을 지나치게 도와주려고 하다가 우리 얼굴이 일그러져 아예 독순이 불가능해지도록 하지 않는 것이 중요하다. 그리고 천천히 말해야만 한다. 독순술이 상당히 힘들다는 사실에 주의해야 한다. 또한 청각장애인들이 자기들이 받아들여지는지, 혹은 거부당하는지를 알기 위해 얼굴 표정도 읽을 수 있다는 사실에도 유념해야 한다. 우리 눈에 비치는 사랑과, 얼굴에 빛나는 미소와, 포옹해 주는 따뜻함과, 손을 꼭 잡아 주는 행위를 통해 가장 강력하게 인정을 전달할 수 있다. 마찬가지로 시각장애인들에 귀를 기울이기 위해서도 똑같은 기술, 아니 그 이상이 필요하다. 그런 사람들의 말을 경청한 내 경험은 매우 제한적이지만, 이 주제에 관한 논의로써 이 책을 끝내고

자 한다. 그 이유는 내가 이 후기를 쓰고 있는 지금도 이 책은 눈이 먼 내 친구에 의해 점자책으로 번역되고 있기 때문이다. 그래서 정상적 시력이 있는 사람들이 시각장애 친구들과 아는 사람들에게 귀를 기울이고, 시각장애인들끼리도 서로에게 귀를 기울일 수 있다는 생각에 벌써부터 흥분되기 시작한다.

누군가에게 귀를 기울일 때마다, 특히 시각장애인들에게 귀를 기울일 때면, 마치 내가 그들 마음속에서 아마 몇 달이고, 몇 년이고 품어온 소중한 생명을 태어나도록 도와주는 산파 같다는 생각이 든다.

'산파'라는 말을 생각할 때마다, 첫 아이를 출산하는 것을 도와준 여자가 떠오른다. 그 당시 적어도 내가 살았던 그 지역에는 산전 교육이라고는 전혀 없었다. 그래서 진통이 시작되었을 때, 순진하게도 흥분과 염려가 교차했다. 그래서 첫 아이를 출산하는 것과 같은 험난하고도 친밀한 경험에 동참해 주고 수고스럽게도 나와 한마음이 되어 준 그 산파가 정말 고마웠다. 그 후 우리 사이는 빠르게 친구관계로 발전했다. 그녀에 대한 신뢰가 생겼기 때문에, 나는 진통할 때 그녀가 '힘껏 밀라'고 격려하자 나는 그대로 했다. 조금 쉬었다가 하자고 하면 베개에 기대고 쉬었다. 그녀가 자주 반복해서 "참 대단해요."라고 인정해 준 한마디 말 때문에, 내가 보지 못하는 것을 그녀가 본다는 사실이 안심이 되었다. 또한 그녀가 세심하게 손을 사용하는 기술을 발휘해 준 것에도 감사했다. 내가 안정이 필요할 때 내 손을 토닥거려 주었고 기운이 빠질 때면 내 손을 꼭 잡아 주었고, 내 아들이 이 세상에 태어나도록 인도해 주었다. 마침내 핏덩이 같은 아기를 내게 건네주었을 때, 그녀는 감동의 눈길로 아기를 쳐다보았고 완벽한 아기의 손가락과 발가락을 보면서 마치 전에는 신생아를 본 적이 없는 사람처럼 감

탄했다. 내 인생의 중요한 순간에 그녀의 존재는 하나님의 선물 같았다.[6]

그 산파가 나와 관계를 맺기 위해 수고한 것처럼, 우리가 시각장애인들의 신뢰를 얻기 위해서는 그들과 좋은 관계를 맺음으로써 그들의 존경과 신뢰를 얻는 것이 중요하다. 그 산파가 "참 대단해요."라고 인정해 주면서 나에게 용기를 불어넣은 것처럼, 시각장애인이 자기 기쁨이나 슬픔이 담긴 이야기, 즉 밖으로 꺼내야만 하는 그 이야기를 하도록 인정해 줄 필요가 있다. 또한 산파가 오랜 기다림의 시간 동안 나를 위로하기 위해 손을 능수능란하게 사용한 것처럼, 눈이 보이지 않는 사람에게 귀를 기울일 때 손을 사용하는 가치를 새삼 깨달을 필요가 있다.

시각장애인은 우리를 볼 수 없기 때문에 적절한 시기에 부드럽게 포옹해 주는 것도 우리가 그들 곁에 있음을 알릴 뿐만 아니라, 우리가 그들을 어떻게 생각하는지를 아는 데 도움이 된다. 또한 우리 눈빛 속에 담긴 사랑과 존경을 그들은 볼 수 없기 때문에 가끔씩 손을 토닥거려 주거나, 꼭 붙잡아 준다면 그들에게 베풀고 싶은 온정과 애정과 호의를 제대로 전달할 수 있다. 들어주는 사람이 가끔씩 전개되고 있는 이야기에 대해 구체적으로 반응해 주는 것도 도움이 된다.

시각장애인은 듣는 사람의 몸짓 언어를 볼 수 없기 때문에, 자기들이 하는 이야기에 대해 그가 충분히 공감을 하는지, 아니면 슬퍼하는지 감을 잡을 수 없다. 그래서 듣는 사람이 자기 느낌을 설명해 준다면 도움이 된다. "당신이 그 이야기를 했을 때, 정말 눈물이 핑 돌았어요."라든지 "그 이야기는 정말 재미있군요."라든지 "나한테 그 이야기를 해 주었을 때, 정말 공감이 갔어요." 등 말이다. 시각장애인들이 마음의 눈으로 보는 능력, 즉 직감이 신체에 달린 눈으로 보지 못하는 것을 보충하기 위해 굉장히 예민하다는 것을 종종 느낀다. 그렇기 때문에 그들에게 마음에 없는 말은 하지 말고, 진심을 전달하는 것이 중요하다.

시각장애인이 정상적인 사람의 눈의 언어를 읽을 수 없듯이, 정상적 시력을 가진 사람도 시각장애인의 눈빛을 읽을 수 없기 때문에 그들의 마음의 창을 들여다볼 수 없다. 하지만 그렇다고 그들에게 귀를 기울이는 것이 어렵다는 말은 아니다. 눈빛을 읽지 못하지만, 자신을 표현하는 얼굴 표정은 파악할 수 있다. 눈살을 찌푸리거나, 미소를 짓는 것, 당황한 표정이나 눈물은 볼 수 있다. 또한 대단히 많은 것을 전달해 주는 몸짓 언어에도 귀를 기울일 수 있다.

그들이 나누는 이야기를 우리가 이해했고 특히 우리가 정상적 시력을 가진 사람이라면, 그들도 우리의 반응을 알아들었다는 것을 분명히 확인하는 것이 특히 중요하다. 정상적 시력을 가진 사람들은 상대방도 볼 수 있다는 가정 하에서 이미지를 묘사하는 표현을 주로 사용한다. 시각장애인과 이야기할 때 이 점을 민감하게 인식하고 우리가 하는 말들이 상대방에게 전혀 전달되지 않을 수도 있다는 사실을 알아야 한다. 이 점에 대해 유념하며 우리 언어를 그들에게 맞춰 바꿔야 할 필요가 있다. 소리, 냄새, 촉각, 동작 등 다른 감각에 호소하는 말을 사용하면 된다. 우리의 역할이 그 사람의 마음속에서 오랫동안 쌓인 기쁨과 고통을 표현하는 것을 도와주는 일이라는 것을 명심한다면, 이와 같은 일은 어렵고 힘들지만 충분히 할 만한 가치가 있다.

누군가에게 귀를 기울이는 것은 매우 가치 있는 일이다. 이 책의 독자들이 다음 기도를 함께 드리길 원한다. 특히 그 사람의 영적, 정서적 산파가 되어 주는 특권을 부여받을 때 말이다.

주님, 가장 가까이에 있는 사람들

내 가족, 친구, 동역자에게

귀를 기울일 수 있도록 가르쳐 주옵소서.

내가 어떤 말을 들을지라도,

그 메시지는

"있는 모습 그대로 나를 받아 주고, 나의 말을 들어달라."라는 내용임을

깨닫도록 도와주옵소서.

주님, 나한테서 멀리 떨어져 있는 사람들,

소망을 잃은 사람들의 속삭임,

잊혀진 사람들의 간구,

괴로워하는 사람들의 절규에

귀를 기울일 수 있도록 가르쳐 주옵소서.

주님, 나 자신에게

귀를 기울일 수 있도록 가르쳐 주옵소서.

더 이상 두려워하지 않고,

내 영혼 가장 깊은 곳에 있는

음성을 신뢰하도록 도와주옵소서.

주님,

바쁜 가운데서도, 권태 가운데서도,

확신 가운데서도, 의심 가운데서도,

소란 가운데서도, 침묵 가운데서도,

당신의 음성을 듣는 법을 가르쳐 주옵소서.

주님, 듣는 법을 가르쳐 주옵소서.7

주

서문
1. Peter Dodson, *Contemplating the Word* (SPCK, 1987), p.1.
2. Eugene Peterson, *The Message*의 마태복음 25:31.
3. 위의 책, 마태복음 25:35, 36.
4. 위의 책, 마태복음 25:40.

1장
1. 헨리 나우웬 외, 김성녀 옮김, 『긍휼』(서울: IVP, 2002).
2. 위의 책.
3. 위의 책.
4. 위의 책.

2장
1. 게리 콜린스의 말.
2. 게리 콜린스, 정동섭 옮김, 『훌륭한 상담자』(서울: 생명의말씀사, 1993).
　　　　　, 피현희·이혜련 옮김, 『크리스챤 카운슬링』(서울: 두란노, 1997).
3. 헨리 나우웬 외, 김성녀 역, 『긍휼』(서울: IVP, 2002).
4. 위의 책.
5. 존 A. 샌포드, 심상영 옮김, 『탈진한 목회자들을 위하여』(서울: 나단, 1995)의 서론.
6. F. B. Meyer, *The Shepherd Psalm* (Marshall, Morgan and Scott, 1953), pp. 28, 30.

3장
1. 헨리 나우웬, 이상미 옮김, 『영적 발돋움』(서울: 두란노, 1998).
2. 위의 책.

3. Katherine Makower, *Follow My Leader* (Kingsway, 1986), p. 116.
4. H. R. Niebuhr, 알려지지 않은 출처.

4장
1. 충분한 논의를 원하면 존 스토트의 『현대 사회 문제와 그리스도인의 책임』 (정옥배 역, 서울: IVP, 2005) 1장을 읽기 바람.
2. 위의 책.
3. Alan Burgess, *The Smaill Woman* (Pan, ch. 1. 1957), p. 111.
4. 위의 책.
5. John Stott, *Alive to God Notes*, SU (October/December 1987).
6. 존 스토트, 정옥배 옮김 『현대 사회 문제와 그리스도인의 책임』 (서울: IVP, 2005).
7. 위의 책.
8. 위의 책.

5장
1. 헨리 나우웬 외, 김성녀 옮김, 『긍휼』 (서울: IVP, 2002).
2. 조이스 허기트, 편집부 옮김, 『결혼과 사랑의 미학』 (서울: IVP, 1993)의 서문.
3. 마이라 체이브-존스가 1986년 9월 세인트니콜라스교회가 한 설교 참조.
4. 앤 롱이 세인트존스대학에서 학생들에게 나누어 준 강의 노트.
5. Norman Wakefield, 'Learn to be a listener!' *Counsellor's Journal*, CWR, Vol. 4, No. (1981), p. 10.
6. Michael Jacobs, *Swift to Hear* (SPCK, 1985), p. 124, 125.
7. Myra Chave-Jones, *The Gift of Helping* (IVP, 1982) 중 존 스토트의 서문, p. 8.
8. 게리 콜린스, 정동섭 옮김, 『훌륭한 상담자』 (서울: 생명의말씀사, 1993).
9. Roger Hurding, *Restoring the Image* (Paternoster Press, 1980), p. 17.
10. Michael Jacobs, *Swift to Hear* (SPCK, 1985), p. 28.
11. David Augsburger, *Caring Enough to Hear and Be Heard* (Heral Press, 1982), p. 25.
12. 위의 책.

6장
1. 존 포웰, 정홍규 옮김, 『대화 길잡이 25; 진짜 나누기 위하여』 (칠곡군: 분도출판사, 1993).
2. Myra Chave-Jones, *The Gift of Helping* (IVP, 1982), p.39.
3. 존 포웰, 앞의 책.
4. 위의 책.
5. 위의 책.

6. 게리 콜린스, 정동섭 옮김, 『훌륭한 상담자』(서울: 생명의말씀사, 1993), 3장.
7. Abraham Schmitt, *The Art of Listening with Love* (Abingdon Press, 1977), p.169.
8. 마이라 체이브-존스가 노팅엄의 세인트니콜라스교회에서 한 연설 중.
9. 존 포웰, 앞의 책.
10. Agnes Sanford, *Sealed Orders* (Logos, 1972), pp. 112, 114.
11. Joyce Huggett, *Listening to God* (Hodder and Stoughton, 1986).
12. Michel Quoist, *Prayers of Life* (Sheed and Ward, 1963), pp. 91, 92.
13. Catharine de Hueck Doherty, *Poustinia* (Fount, 1975), p. 20.
14. Abraham Schmitt, *The Art of Listening with Love* (Abingdon Press, 1977), p.9.
15. 로저 허딩, 김예식 옮김, 『치유나무』(서울: 한국장로교출판사, 2000).
16. 테레사 수녀, 다프네 래이의 *Love Until It Hurts* (Hodder and Stoughton, 1981)에서 인용된 카디널 뉴먼의 기도문 각색.

7장

1. 마이라 체이브-존스가 노팅엄의 세인트니콜라스교회에서 한 연설 중.
2. 존 포웰, 정흥규 옮김, 『대화 길잡이 25; 진짜 나누기 위하여』(칠곡군: 분도출판사, 1993).
3. Simon Stephens, *Death Comes Home* (Mowbrays, 1972), p. 66.
4. Colin Murray Parkes, *Bereavement : Studies of Grief in Adult Life* (Pelican, 1972), p. 189.

8장

1. 게리 콜린스, 피현희·이혜련 옮김, 『크리스챤 카운슬링』(서울: 두란노, 1997).
2. Francis MacNutt, *Healing* (Ave Maria Press, 1974), p. 181.
3. 프랭크 레이크가 고안한 모델에서 따옴.
4. Francis MacNutt, 앞의 책, p. 183.

9장

1. Francis MacNutt, *Healing* (Ave Maria Press, 1974), p. 170.
2. 위의 책, pp. 183~4.
3. Frank Lake, *Clinical Theology* (Darton, Longman and Todd, 1966), p.140.
4. John & Paula Sandford, *The Transformation of the Inner Man* (Logos, 1982), p. 19.
5. 데이빗 씨맨즈, 『상한 감정과 억압된 기억의 치유』(서울: 죠이선교회출판부, 1999).

10장

1. Jack Dominian, *Depression* (Fontana, 1076), p. 149.

2. 위의 책, p. 150.
3. Myra Chave-Jones, *Coping With Depression* (Lion, 1981), p. 16.
4. Vera Phillips and Edwin Robertson, *The Wounded Healer* (Triangle, 1984), p. 103.
5. Richard Winter, *The Roots of Sorrow* (Marshalls, 1985), p. 25.
6. David Augsburger, *Caring Enough to Hear and be Heard* (Herald Press, 1982), p. 152.
7. Carlo Carretto, *Summoned by Love* (Darton, Longman and Todd, 1977), pp. 23, 24, 55, 56.

11장

1. Mary Craig, *Blessings* (Hodder and Stoughton, 1979), p. 134.
2. 위의 책.
3. 위의 책, p. 142.
4. Mark Gibbard, *Dynamics of Love* (Mowbrays, 1974), p. 1.
5. Roger Hurding, *Restoring the Image* (Paternoster Press, 1980), pp. 8~11.
6. 위의 책, pp. 8~11.
7. 위의 책, pp. 8~11.
8. Francis MacNutt, *Healing* (Ave Maria Press, 1974), pp. 195~6.
9. Rathbone Oliver, 출처 불분명.
10. Gordon Allport, 게리 콜린스의 『크리스챤 카운슬링』 (서울: 두란노, 1997)에서 인용함.

12장

1. 루이스 에벌리, 김동찬 옮김, 『환희』 (서울: 가톨릭출판사, 1975).

부록

1. Macrina Wiederkehr, *A Tree Full of Angels* (Harper and Row, 1988), p. 107.
2. 위의 책, p. 105.
3. p. 86을 보라.
4. Anne Long, *Listening*, p.42를 보라. 이 책의 2장 전체에는 장차 듣는 사역자가 될 사람들을 위한 소중한 깨달음에게 대해 이야기한다.
5. Tracey Williamson.
6. 나는 경청자를 설명하기 위해 '산파'란 단어를 사용해 왔다. Margaret Guenther가 Holy Listening(DLT)에서 사용한 동일한 비유는 내가 이 이미지를 더 발전시키는 데 도움이 되었다.
7. John A. Veltri SJ, *Orientations: A Collection of Helps for Prayer* (Loyola House, Guelph, 1979), p. 46.

추천도서

상담
- 『크리스챤 카운슬링』, 게리 콜린스 지음, 피현희 옮김, 서울: 두란노, 1997.
- 『아직도 가야 할 길』, 스캇 펙 지음, 신승철 · 이종만 옮김, 서울: 열음사, 2002.
- 『자기 대화와 상상 요법』, 노만 라이트 · 게리 콜린스 지음, 안석모 옮김, 서울: 두란노, 2002.
- 『훌륭한 상담자』, 게리 콜린스 지음, 정동섭 옮김, 서울: 생명의말씀사, 1993.

다른 사람 돕기
- 『긍휼』, 헨리 나우웬 지음, 김성녀 옮김, 서울: IVP, 2002.
- 『상처입은 치유자』, 헨리 나우웬 지음, 최원준 옮김, 서울: 두란노, 1997.
- 『영적 발돋움』, 헨리 나우웬 지음, 이상미 옮김, 서울: 두란노, 1998.

내면 치유
- 『상한 감정의 치유』, 데이빗 A. 씨맨즈 지음, 송헌복 옮김, 서울: 두란노, 2001.
- 『상한 감정과 억압된 기억의 치유』, 데이빗 A. 씨맨즈 지음, 송헌복 · 송복진 옮김, 서울: a 죠이선교회출판부, 1999.

사별
- 『헤아려 본 슬픔』, C. S. 루이스 지음, 강유나 옮김, 서울: 홍성사, 2004.
    *C. S. 루이스가 아내를 잃었을 때의 감정을 역동적이고도 힘 있게 잘 표현하고 있다.